오늘도 변함없이
미국 주식 투자의 정석을 지키고 있는
여러분을 환영합니다.

미국주식
투자의 정석

일러두기

경제용어는 통상적 사용과 가독성을 중심으로
띄어쓰기를 통일하였습니다.

미국주식 투자의 정석

US STOCKS INVESTMENT BIBLE

최철 지음

BM 황금부엉이

유튜브에 또 악플이 달렸다.

온라인에 마련된 공간에서 대중과 소통하는 인플루언서라면 '악플'은 피할 수 없는 일상 중 하나다. 특히 주식 관련 콘텐츠는 돈과 관련된 민감한 주제를 다루기 때문에, 현명하게 대처하지 못하면 일은 물론이고 개인적인 삶에까지 심각한 영향을 받을 수 있다.

나 역시도 2022년 베어마켓이 한창 진행 중일 때는, 하루에도 수십 개씩 올라오는 악성 댓글 때문에 유튜브 채널 운영 자체에 회의가 들기도 했다. 난생처음 번아웃(Burn out)이라는 걸 느낄 정도였으니, 구독자 댓글이 어느 정도의 압박감을 조성할 수 있는지 느낌이 올 것이다.

하지만 요즘은 상황이 좀 다르다. 2023년에 S&P 500 기준 약 24%나 상승했던 미국 증시는, 2024년 12월 말까지도 25% 넘는 상승 추세를 이어가고 있다. 내가 유튜브나 멤버십에서 주로 다루는 '미주은 탑픽'의 상황은 더더욱 좋다. 미주은 탑픽 14종목 중 지난 1년간 200% 이상 상승한 종목만 3종목이고, 100% 이상 상승한 종목은 7종목이나 된다. 말 그대로 '대박 치고' 있다.

그런데도 악플이 달린다.

시장 지수가 1년에 25% 이상 상승하는 상황에서도 주식 투자로 부를 축적하기는커녕 돈을 잃고 있는 투자자들이 꽤 있다는 뜻이기도 하다. 안타까운 일이다. 한편으로는 이상한 일이기도 하다. 미주은에 악플을 달았다는 건 미주은 콘텐츠에 의지하면서 투자를 진행했다는 말일 것이다. 그런데 왜 이 투자자들은 의지했던 나만큼 혹은 최근 미주은에 찬양을 아끼지 않는 다른 구독자만큼 높은 수익을 보지 못했을까?

애초에 나는 좀 더 많은 사람에게 선한 영향력을 끼치고 싶다는 마음에 인플루언서가 되기로 결심했었다. 그래서 나 혼자 투자 잘해서 미국 주식으로 은퇴 자금을 쌓아가는 것은 큰 의미가 없다. 미주은과 함께하는 모든 멤버와 구독자, 나아가 구독도 하지 않고 도강(?)하는 시청자까지도 모두 미국 주식 투자에서 성공했으면 하는 욕심과 바람이 있다.

이런 욕심과 바람은 자연스럽게 나를 수많은 시도와 고민, 학습과 리서치에 빠져들게 했다. 그 과정에서 우리의 주식 투자가 자꾸 실패로 이어지는 이유를 하나둘씩 파악할 수 있었다. 이 책은 이런 과정을 거쳐 얻은 귀중한 결론을 전하기 위해 썼다.

개인적으로 2023년과 2024년은 한 사람의 투자자로서, 또 '미국주식으로 은퇴하기 - 미주은'이라는 채널을 운영하는 인플루언서로서 많은 즐거움과 보람을 느낄 수 있는 시간이었다. 개인적으로는 50대에 접어든 나이에 다시 한번 '성장'의 기쁨을 만끽하면서, 30대의 나 자신이 부럽지 않은 삶을 살고 있다. 하루하루 조금씩 앞으로 나아가고 있는 스스로를 칭찬하고, 에너지 넘치는 삶을 즐겨 가며 제2의 전성기를 누리는 기분이다.

한 사람의 투자자로서, 성공적인 투자는 은퇴 자금 축적 이상의 의미를 선물해 주었다. 하루가 다르게 늘어나는 주식 계좌의 숫자들이 매일 삶의 재미와 성취감을 안겨주기 때문이다. '미주은'이라는 이름의 인플루언서로서도 마찬가지다. 나를 믿고 함께 투자하는 멤버들과 구독자가 성공적인 투자를 하게 만드는 데 다소나마 도움이 된다는 것은 뿌듯함을 넘어 흥분까지 느끼게 만든 지난 2년이었다. 그래서 기억해 낼 수 있었다. 내가 왜 잘 나가던 커리어를 버리고, '유튜버'라는 이름으로 새로운 출발을 결심했었는지, 그리고 왜 그 결정이 괜찮은 선택이었는지 다시 한번 확인할 수 있는 소중한 시간이었다.

하지만 거기서 만족할 수는 없었다.

이렇게 좋은 시장 상황에서 악플을 달 정도로 주식 투자에 실패한 구독자가 있다는 것은, 인플루언서로서의 내 역할을 제대로 수행하지 못했다는 방증이기 때문이다. 그래서 미주은 채널에서 악플이 완전히 사라지는 그날까지 나의 고민과 발전은 계속되어야 한다는 것이 나의 신념이다.

이 책은 미국 주식에 관심이 있고 조금씩 투자하고 있지만, 이제는 진지하게 투자하고 싶은 독자를 위한 것이다. 주식 시장을 움직이는 여러 변수와 기업의 주가를 움직이는 주식의 펀더멘탈을 이해하면서 제대로 투자하고자 하는 모든 투자자를 위한 것이기도 하다.

'나도 미국 주식으로 큰돈을 벌어 보고 싶다', '미국 주식을 제대로 알고 투자하고 싶다'라는 막연한 목표를 가진 투자자부터, '내가 주식 투자로 수익을 내지 못하는 이유는 무엇일까?', '내가 모르는 다른 방법이 있나?', '투자 종목은 어떻게 골라야 하지?', '좋은 투자 종목은 무엇일까?' 등 투자자라면 누구나 가질 수 있는 근본적인 질문에 대한 해답을 찾고 싶은 동료 투자자들을 위해 썼다.

이 책은 분량이 꽤 된다. 부담 없이 손이 갈 수 있어야 서점에서 인기가 있을 텐데, 출판사에서 조금은 난감할 것 같다. 하지만 이 책이 두꺼워진 것은 5년 가까운 시간을 매일 10시간 이상 주식과 씨름하고 리서치하고, 공부하고, 고민하면서 스스로 찾아왔던 성공적인 주식 투자로의 '제대로 된' 길을 단 한 권의 책에 모두 담고자 하는 욕심이 깃들었기 때문이다. 그래서 제목도 조금은 식상할 수 있지만《미국 주식 투자의 정석》으로 결정했다. 학창 시절 우리 시대 모든 수험생의 길잡이였던《수학의 정석》, 그 바이블처럼 어떤 시장 상황에서도 수시로 펼쳐 보고 또 볼 수 있는 그런 책을 만들고 싶었기 때문이다.

미주은의 모든 방송에는 스크립트가 없다.
그래서 이 책을 썼다.

'미주은'은 미국 주식 관련 뉴스를 읽어가면서, 그때그때 떠오르는 생각을 즉흥적으로 덧붙이는 형식으로 방송이 만들어진다. 그래서 어쩌면 조금은 더 자연스럽게 느껴질 수도, 조금 더 진솔하게 느껴질 수도 있겠지만, 전달하고자 하는 메시지를 최대한 논리적으로 그리고 효과적으로 피력하는 데는 한계가 있을 수밖에 없다.

그래서 이 책을 썼다. 그동안 전달하고 싶었던 제대로 된 주식 투자 이야기를 정확하고 자세하게 공유하기 위해서 말이다. 이 책을 집필하기 위해 나는 3개월 이상 모든 토요일과 일요일을 포기해야 했다. 평일에는 방송 진행과 멤버십 운영으로 책 쓸 시간을 확보하기 어려웠기 때문이다. 반년 가까이 소중한 토요일을 포기한 대가로 완성할 수 있었던 《미국 주식 투자의 정석》이 지금 미국 주식에 베팅하는 투자자들을 도와 투자의 실패 확률을 줄이고, 성공적이고 행복하게 투자하는 데 도움이 되기를 간절히 바란다.

CHAPTER 3
미국 주식 투자의 정석

CHAPTER 4
어떤 미국 주식에 투자해야 하는가?

CHAPTER 5

투자 종목 후보 발굴하기

CHAPTER 6

미국 경제 따라잡기 - 매크로 분석의 끝판왕

CHAPTER 7

분위기 파악 잘 못하는 당신을 위해

CHAPTER 8

주린이를 위한 차트 분석 기초

CHAPTER 9

성투보다 중요한 행투

아직도
미국 주식 투자
안 하세요?

내가 대학에 진학했던 1992년, 한국에서는 어린이를 위한 책 한 권이 베스트셀러가 되었다. 《논리야 놀자》라는 제목이었는데, 철학 분야 책으로는 국내 최초로 100만 부 이상 판매될 정도로 인기가 대단했었다. 당시는 대학입시 제도가 학력고사에서 대학수학능력시험과 논술로 바뀌면서, 논리력과 사고력의 중요성이 부각하던 시기였다. 이 변화에 따라 학부모들 사이에서 논리 학습에 관한 관심이 높아진 것이, 이 책이 대성공을 거둔 배경이었다.

이 책은 논리적 사고가 인간을 다른 동물과 구별 짓는 핵심 능력임을 강조한다. 올바른 판단과 결정을 내리기 위해서는 논리적 사고가 필수적임을 전래 동화 이야기 형식으로 쉽고 재미있게 설명하면서 대박이 났다.

나는 마지막 학력고사 세대라 사지선다형 교육에 익숙하지만, 평생을 논리적 사고를 하기 위해 노력해 왔다. 논리적으로 합당한 결정은 성공 확률이 높다는 믿음을 가지고 있기 때문이다. 논리가 뒷받침된 결정은 견디는 힘이 있다.

살다 보면 뜻밖의 변수로 모든 일이 계획대로 되지는 못하는데, 논리적인 사고를 통해 만들어진 결정은 이런 위기의 순간을 슬기롭게 넘길 힘을 준다. 그뿐만이 아니다. 논리적인 근거를 토대로 만들어진 결정은 유연하게 수정할 수도 있다. 내 논리가 어긋나는 지점을 찾아 빠르게 수정하고 보완하면서, 인생의 중요한 결정들을 다듬어 나가는 큰 힘이 있는 것이다. 요즘처럼 세상이 급격하게 변하는 시대에서는, 이런 유연성과 민첩성이 점점 더 중요한 개인의 자질이 아닐까 생각한다.

투자도 마찬가지다. 투자에 관심이 없던 사람이 투자를 시작하기로 마음먹는 가장 중요한 첫 번째 결정을 필두로, 투자 여정은 한 마디로 꼬리에 꼬리를 무는 결정의 연속이다. 수많은 투자 자산 중 어디에 투자할 것인지, 부동산인지 금인지 주식인지? 주식 투자를 결정했다면 한국 주식을 살 것인지, 중국 주식을 살 것인지, 그도 아니면 미국 주식을 살 것인지? 미국 주식을 산다면 가치주를 살 것인지, 성장주를 살 것인지? 또, 성장주를 산다면 어떤 종목을 살 것인지, 얼마나 살 것인지, 언제 사서 언제 팔 것인지?

이렇게 주식 투자의 여정은 반복되는 결정의 연속이다. 그래서 논리가 중요하다. 미래의 승률을 조금이라도 더 높이려면, 감이나 느낌으로 혹은 미주은 같은 유튜버 말만 믿고 투자를 결정하면 안 되기 때문이다.

게다가 우리가 투자하는 기업은 살아 움직이는 유기체와 같다. 어제 최고의 종목이 오늘의 최악의 종목이 될 수도 있고, 좋은 주식을 찾았어도 매매 시점에 따라 수익률이 천차만별로 달라질 수 있는 것이 주식 투자다. 그래서 주식 투자는 신념으로 하는 게 아니다. 믿음과 인내, 그리고 한없는 기다림은 우리의 투자 수익률을 지켜주지 못한다. 오로지 논리적인 사고와 결정, 그리고 논리로 중무장한 실행력과 변화에 유연하게 대처하는 순발력만이 우리의 투자를 성공으로 이끌 수 있다.

01

투자,
그거 꼭 해야 하나?

그렇다면 왜 투자해야 할까? 논리적인 이유가 있을까?

나는 '변화'라는 단어를 통해 투자의 중요성을 강조하고 싶다. 우리가 투자해야 하는 첫 번째 이유는, 우리 자신이 계속해서 변화하기 때문이다. 그리고 변화는 우리의 인생에 다양한 리스크를 초래한다. 우리는 하루하루 나이를 먹고 있고, 신체적인 능력은 매일 조금씩 쇠퇴하고 있다. 사실 이것만으로도 투자 이유는 충분하다.

시간이 지나면 현역에서 물러나 은퇴해야 한다. 언젠가는 생산 활동을 중단하고 인생 초반의 20년간 그랬던 것처럼, 다시 생산 없이 소비만 하는 존재로 돌아가게 된다. 이러한 인생의 변화는 불 보듯 뻔한 것이며, 피할 수 없는 것이며, 생각보다 멀지 않은 것이기도 하다. 따라서 생산과 소비를 동시에 진행할 수 있는 인생의 중간 지점에서, 더 이상 생산할 수 없는 인생의 후반부를 준비하는 것은 어찌 보면 너무나 당연한 삶의 이치다.

안타깝게도 우리에게 주어진 생산의 시간은, 태어나는 순간 시작해 세상을 떠나는 순간까지 마무리되는 소비의 시간에 비해 터무니없이 짧다. 고등학교 졸업과 동시에 삶의 현장에 뛰어들었더라도 우리에게 주어진 생산의 시간은 길어야 50년을 넘기지 못한다. 개인에 따라 단 30년간 생산하고 준비한 자산으로 100년을 버티며 살아가야 하는 것이 현실이다.

절대 충분하지 않다. 우리에게 주어진 30~40년이라는 시간도 충분하지 않고, 그동안 모을 수 있는 미래를 위한 준비 자금도 절대 충분할 수 없다. 물론 연봉이 3~4억이 넘어가는 능력자들은 예외일 수 있지만, 이 책을 쓰고 있는 나나 이 책을 읽고 있는 당신에게는 절대 충분하지 않다. 그래서 투자해야 한다. 우리가 평생 생산할 수 없기에 투자해야 하고, 평생 생산하고 싶지 않기에 투자해야 한다. 평생 열심히 생산만 하다가 이 세상을 떠날 수도 없는 노릇 아닌가?

또 하나, 우리가 처한 개인적인 상황이나 주변 상황 역시도 언제든지 변할 수 있다. 예상치 못한 인생의 이벤트 때문에 내일부터는 생산을 더 해야 할지도 모른다. 아니, 생산을 갑자기 멈출 수밖에 없을지도 모른다. 삶의 변화는 소리 없이 찾아온다. 오늘부터 당장, 열심히, 그리고 성공적으로 투자해야 하는 이유가 여기에 있다.

투자해야 하는 두 번째 이유 역시도 '변화'다. 우리만 변화하는 것이 아니다. 세상도 변화한다. 우리가 사용하는 테크놀로지도, 세상의 경제 상황도, 정치적인 상황도, 문화적인 상황도 매일 급격하게 변화하고 있다.

문제는 그 변화의 속도가 너무 빨라지고 있다는 점이다. 전 세계적으로 1억 명의 인구가 인터넷을 사용하기까지는 약 7년 정도가 걸렸다.

TV 사용자의 수가 5천만 명을 넘어서는 데 무려 13년이 걸린 것을 고려하면 매우 빠른 전파 속도였다. 그 이후 등장한 페이스북이나 유튜브도 1억 명의 사용자를 확보하는 데 4년 이상의 시간이 필요했다.

하지만 최근 들어 세상은 기하급수적으로 새로운 변화에 반응하는 속도를 올리고 있다. 틱톡을 통해 짧은 동영상을 시청하는 인구가 1억 명을 넘어서는 데는 단 9개월이 필요했고, 2022년 11월 등장했던 챗GPT는 단 두 달 만에 1억 명을 찍었다. 그리고 2023년 메타가 론칭한 스레드(Threads)는 단 5일 만에 1억 명의 사용자를 확보했다.

이제는 강산이 변하는 데 10년이 필요하지 않다. 자고 일어나면 사람들이 어제 보지 못했던 새로운 기기를 사용하고, 기업들은 들어보지도 못한 새로운 방식으로 일을 처리하고 상호 소통하며 생산성을 극대화하고 있다. 단 2년 전만 해도 우리가 인공지능과 대화하는 세상을 예측하지 못했던 것처럼 내년, 내후년에는 어떤 일이 일어날지 상상조차 하기 어려운 변화의 시대가 찾아온 것이다. 이 변화를 따라가지 못한다면 우리의 생산은 생각보다 더 빨리 멈춰 버릴 가능성이 높다.

그래서 투자해야 한다. 우리가 세상보다 더 빨리 변화할 수 있다는 보장이 없기에, 누구도 자신할 수 없기에, 어느 순간 앞서가는 세상의 변화에 뒤처졌을 때 도태될 수밖에 없기에 생산하지 못하는 우리의 미래를 준비하기 위해 투자해야 한다.

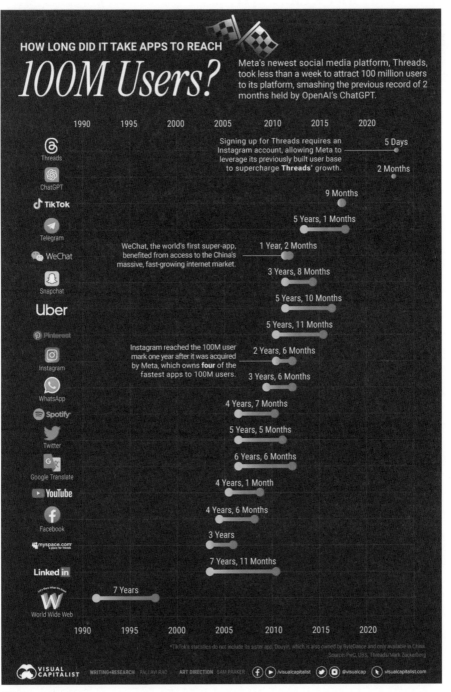

출처: voronoiapp.com

02

부동산도 있고, 적금 & 채권도 있는데
왜 하필 주식 투자를?

전 세계적으로 한국인만큼 부동산 투자에 열광하는 민족도 많지 않을 것이다. 역사적으로 농경 사회였기 때문에, 땅이나 집을 소유하는 것에 대한 집착은 어찌 보면 당연하다. 부동산은 실물 자산이라 분실 위험이 없고, 시장 변동에도 덜 민감해 안전한 투자로 인식되는 것도 한몫하는 것 같다.

게다가 한국의 부동산 가격은 과거 미국 증시가 우상향했던 것처럼 장기적으로 꾸준히 상승하는 경향이 있어, '부동산 투자 = 성공적인 투자'라는 공식이 한국인들 마음속에 뿌리 깊게 자리 잡은 것도 사실이다. 우리가 부동산 투자를 선호하는 이유는 그뿐만이 아니다. 한국 사회에서 부동산 소유는 성공과 부의 상징으로 인식되어 왔기 때문에, 한 개인의 사회적 지위를 높여주는 역할을 해왔다. 월세나 전세가 아니라 '우리 집'이 있다는 사실이 가족의 주거와 정서에 안정감을 제공한다는 무형적인 가치도 인정해야 한다.

그런데도 나는 주식 투자를 강력하게 주장하고 싶다. 그 이유는 아주 간단하다. 부동산이나 금, 현금에 투자하는 것은 앞에서 내가 열정적으로 설명했던 '투자의 목적'에 부합하지 않기 때문이다.

첫째, 부동산이나 금, 현금은 생산성이 없다. 앞에서 나는 우리가 평생 생산할 수 없으니 투자해야 한다고 주장했다. 따라서 우리를 대신해 생산해 줄 수 있는 자산을 찾아 투자하는 것이 '논리적'이다. 부동산이나 금, 현금은 생산하지 못한다. 이들 자산을 통해서도 시세차익이나 월세로 돈을 벌 수 있다고 생각할 수 있으나 근본적으로 생산성을 통한 자산 증식이 아니다. 따라서 우리의 생산성이 약화하는 시기에 우리를 대신해 생산할 수 있는 대안이 될 수는 없는 것이다.

둘째, 앞에서 나는 이 세상이 너무 빨리 변화하니 투자해야 한다고 설명했었다. 그러나 부동산이나 금, 현금은 변화하지 못한다. 아니 오히려, 앞으로 세상이 어떻게 변화하느냐에 따라 향후 그 가치나 운명이 좌지우지될 리스크를 안고 있는 자산이다.

과거 한국의 부동산 시장이 지속적으로 호황을 보였던 이유는 부동산이 세상의 변화에 잘 적응해 왔기 때문이 아니다. 지금까지의 세상, 즉 한국 사회의 변화가 부동산이라는 자산에 긍정적인 방향으로 흘러왔기 때문이다. 한국 경제가 급격히 성장하면서 그 구성원 모두가 함께 상응하는 부를 축적해 왔다. 수도권을 비롯한 특정 지역의 인구가 급격하게 증가하는 등 부동산이라는 자산에 유리한 변화들이 이어졌기 때문에, 부동산 불패 신화가 완성될 수 있었다는 말이다.

하지만 투자는 미래를 보면서 하는 것이다. 앞으로 펼쳐질 미래에도 과연 세상의 변화가 부동산이나 금 같은 자산에 긍정적으로 작용할지는 사실 아무도 알 수 없다. 그리고 투자에 있어 이러한 '불확실성'은 하나의 리스크로 작용한다.

주식 투자는 다르다. 주식 투자는 살아 숨 쉬는 기업에 투자하는 것이기 때문이다. 기업은 끊임없이 생산한다. 우리가 노는 시간에도, 쉬는 시간에도, 심지어 자는 시간에도 우리가 투자한 기업들은 끊임없이 생산한다. 그리고 그렇게 생산한 이윤을 우리 투자자들에게 나눠 준다. 더 이상 생산할 능력이 없는 투자자에게 이보다 더 적합한 투자처는 없다.

또한 기업은 변화한다. 기업은 세상의 변화에 가장 먼저 적응할 뿐만 아니라 세상의 변화를 적극적으로 주도하고, 그 변화에 이바지한다. 끊임없이 변화하는 미래를 대비하기 위해 투자해야 한다면, 그 변화의 중심에 서 있는 기업에 투자하는 것보다 더 나은 대안이 있을까?

우리가 그토록 애정하는 부동산을 뒤로하고, 주식 투자에 관심을 가져야 하는 이유는 그 밖에도 많다. 일단 주식은 소액으로도 시작할 수 있어 초보 투자자도 쉽게 접근할 수 있다는 엄청난 장점이 있다. 사실 따지고 보면 투자로 부를 축적하기 위해 가장 중요한 요소는 '시간'이다.

비슷한 투자 금액을 가지고 5년 투자한 사람이, 30년 투자한 사람보다 더 많은 부를 창출할 가능성은 지극히 낮다. 그 유명한 '복리의 마법'이 작용하기 때문이다. 따라서 누가 하루라도 빨리 투자를 시작하느냐는 누가 더 빨리 부자가 될 수 있느냐의 결과 도출에 결정적인 역할을 한다. 주식 투자는 지금 바로 시작할 수 있다. 아파트 보증금을 마련하기 위해 당신의 투자를 4~5년 뒤로, 심지어는 10년씩 뒤로 미룰 필요가 없다는 말이다.

게다가 주식 투자는 공간적인 제한에서 자유롭다. 한국 시장이 좋지 않으면 유럽 시장으로, 중국 경제가 좋지 않으면 미국 시장으로, 그때그때 글로벌 경제 상황에 따라 유연하게 대처할 수 있는 민첩성을 갖춘 투자 자산은 주식이 유일할 것이다.

03

왜, 미국 주식이어야 하는가?

그러면 왜 미국 주식에 투자해야 할까? 이제 한국에도 글로벌 기업이 넘쳐나는데, 우리에게 익숙한 한국 기업들을 놔두고 왜 하필 미국 기업 주식에 투자하라고 하는 걸까? 이 질문에 대한 답은 다음 3가지로 압축된다.

첫째, 역사는 반복되기 때문이다.

미국 주식 시장은 장기적으로 우상향 추세를 보여왔다. 그리고 이는 우연이 아니다. 미국 증시의 지속적인 성과는 미국 경제의 지속적인 성장, 꾸준한 미국 기업 이익의 증가, 그리고 타의 추종을 불허하는 기술 혁신에 기인한다.

물론 천하의 미국 주식 시장도 경기 순환에 따라 주기적으로 상승과 하락을 반복해 왔다. 1929년 대공황, 1970년대 오일쇼크, 2000년 닷컴 버블 붕괴, 2008년 글로벌 금융위기는 많은 투자자를 길고 긴 절망의 늪

28

에 빠져들게 했었다. 하지만 대부분의 하락 이후 미국 시장은 다시 회복하여 새로운 고점을 경신하는 경향을 보여왔다.

게다가 미국 증시의 상승 추세는 최근 들어 오히려 더 강화되고 있다. 예를 들어, 미국 나스닥 100지수를 추종하는 QQQ ETF는 지난 10년간 수익률이 약 400%를 넘어선다. 10년 전에 1억을 투자했다면, 지금은 5억을 넘어서는 금액으로 둔갑했다는 말이다. 인류의 역사는 반복되는 경향이 있다. 우리 인간이 역사적으로 비슷한 순간에 비슷한 결정을 반복적으로 해왔기 때문일 것이다. 따라서 미국 증시의 역사도 반복될 가능성이 높다.

둘째, 4차 산업혁명이 본격화되고 있기 때문이다.

4차 산업혁명은 쉽게 말해 정보통신기술(ICT)의 융합으로 이루어지는 차세대 기술혁명이다. 기술 발전의 속도, 범위, 영향력 면에서 이전 혁명들과 근본적인 차이가 있다. 따라서 경제 및 산업뿐만 아니라 사회 전반에 걸쳐 큰 변화를 가져올 것으로 예상된다. 미국 기업들은 인공지능, 빅데이터 분석, 클라우드, 증강현실(AR) 등 4차 산업혁명의 핵심 신기술 분야에서 새로운 사업모델을 창출하고 있다.

실리콘밸리를 중심으로 한 세계적 수준의 창업 생태계를 바탕으로 민간 기업들이 그 혁신을 주도하고 있다. 그리고 이는 우연이 아니다. 엔젤 투자와 대규모 벤처캐피털은 기존 기업이나 스타트업에 자금을 원활히 공급할 수 있는 생태계 시스템을 갖추고 있다. 게다가 미국 정부역시 개인정보 보호, 데이터 보안, 자율주행 자동차 관련 제도 등 4차 산업혁명으로 발생할 수 있는 특정 이슈에 적극적으로 대응하고 있다. 이러한 요소들이 복합적으로 작용하여 미국이 4차 산업혁명을 주도하고 있음을 보여준다.

아주 오랫동안 관념적인 단어로만 회자하던 4차 산업혁명은 2022년 11월 드디어 그 화려한 시작을 알렸다. 챗GPT의 등장으로 '인공지능'이라는 기술력이 가장 먼저 그 모습을 제대로 드러낸 것이다. 인공지능의 화려한 등장 뒤에는 엔비디아, 마이크로소프트, 구글을 비롯한 미국 테크 기업들의 독무대가 함께 하고 있었다.

오른쪽 위에 있는 글로벌 AI 지수(The Global AI Index)는 각 국가의 인공지능 구현 수준, 혁신, 투자를 벤치마킹하기 위한 최초의 지수다. 국제적 수준에서 각국의 AI 역량을 기준으로 순위를 매긴다. 절대적 측정과 상대적 측정을 통해 국가별 AI 역량을 살펴보고, 최종 지수 점수는 이 2가지를 합산하여 산출한다. 이는 다시 '규모'와 '강도'로 세분할 수 있다.

'규모'는 한 국가의 절대적인 AI 역량을 측정하여 글로벌 무대에서의 성과를 보여주며, 미국과 중국이 이 부문에서 절대적 우위를 점하고 있다. '강도'는 국가 인구 또는 경제 규모 대비 AI 역량을 측정한다. 싱가포르, 이스라엘, 스위스 같은 소규모 국가가 집중도 순위에서 선두를 차지했다. 하지만 인구 대국이자 경제 대국인 미국의 AI '강도' 지수 역시 이런 작은 나라에 비해 절대 뒤지지 않는다.

글로벌 AI 지수는 주기적으로 업데이트된다. 2024년 9월 19일 다섯 번째로 발표된 현황에 따르면(오른쪽 아래 표 참고), 미국은 전체 7개 평가 부문 중 인재(Talent), 인프라(Infrastructure), 연구(Research), 개발(Development), 상업화(Commercial) 등 5개 부문에서 선두를 달리고 있다.

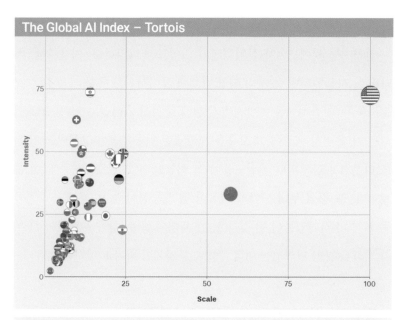

The Global AI Index – Tortois

Ranking Table

Countries are ranked by their AI capacity at the international level. This is the fifth iteration of the Global AI Index, published on 19 September 2024.

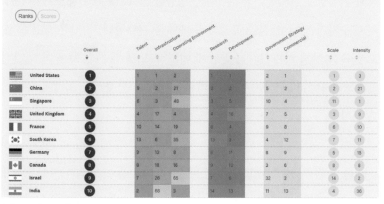

	Overall	Talent	Infrastructure	Operating Environment	Research	Development	Government Strategy	Commercial	Scale	Intensity
United States	1	1	1	2	1	1	2	1	1	3
China	2	9	2	21	3	2	5	2	2	21
Singapore	3	5	3	48	3	5	10	4	11	1
United Kingdom	4	4	17	4	4	16	7	5	3	9
France	5	10	14	19	6	4	9	8	6	10
South Korea	6	13	6	35	13	3	4	12	7	11
Germany	7	3	13	8	6	11	8	9	5	15
Canada	8	9	18	16	9	10	3	6	8	8
Israel	9	7	26	65	7	6	32	3	14	2
India	10	2	68	3	14	13	11	13	4	36

출처: tortoisemedia.com

인공지능 혁명은 미국이 독점하고 있다고 말해도 과언이 아니다.

인공지능 외에도 4차 산업혁명의 키워드는 다양하다. 자율주행, 메타버스, 사물인터넷 등 아직 시작 단계에 들어서지도 못한 괴물 같은 기술력들이 그 잠재력을 폭발시키기 위해 줄지어 기다리고 있다. 2022년 11월 가장 먼저 세상에 그 모습을 드러냈던 인공지능이 그랬던 것처럼, 또 다른 4차 산업혁명 키워드들이 그 허물을 벗고 날갯짓하는 날이 올 것이다. 그 중심 무대는 다시 미국이 될 가능성이 높고, 무대의 주인공들 역시 미국 기업들이 될 것이다. 한 세대에 한 번 찾아올까 말까 한 투자 기회를 잡기 위해서는 미국 주식에 투자해야 한다고 말하는 이유다.

셋째, 주식 시장의 원리와 관계되어 있기 때문이다.

아주 쉽게 설명하자면 주식 시장은 일종의 경매 시장이다. 시장에 상장된 기업들의 지분인 '주식'이라는 상품을 놓고 다수의 매도자와 다수의 매수자가 만나 가격을 흥정하고 매매를 진행한다. 똑같은 상품을 놓고 한쪽은 이제 비싸졌다는 판단에 매도하고, 또 다른 한쪽은 아직 저렴하다는 판단에 매수하는 아주 흥미로운 상황을 연출하는 경매 시장이기도 하다.

여기서 주식의 가격 즉 '주가'는 '수요와 공급의 법칙'을 따른다. 특정 주식을 특정 시점에 사고자 하는 매수자가 더 많으면 주가는 상승하게 되고, 매도자가 더 많으면 그 주식의 주가는 하락한다.

따라서 우리 투자자가 주식 시장에 참가해서 장기적으로 돈을 벌기 위해서는, 주식을 사고자 하는 수요가 주식을 팔고자 하는 공급을 지속적으로 초과하는 것이 매우 중요하다. 이걸 주식 공부 좀 한 사람들은 유식하게 '유동성'이라고 부른다.

주식 시장에서 유동성은 매우 중요한 개념으로, 시장에 돈이 얼마나 많이 있는지를 의미한다. 유동성이 높으면 더 많은 투자자가 시장에 참가하게 되어 매수 수요가 증가할 수 있으며, 그만큼 주가가 상승할 확률 역시 높아진다. 흔히 말하는 주식 시장의 버블(거품)은 단기간 시장에 유입되는 투자자금이 급등하면서 유동성이 지나치게 높아지는 상황을 뜻한다.

어쨌든 결론부터 말하자면 미국 주식 시장은 앞으로도 계속해서 유동성이 풍부해질 가능성이 매우 높다. 앞에서 언급한 것처럼 4차 산업혁명을 주도하는 최고의 기업, 즉 최고의 상품이 거래되고 있는 경매 시장이 바로 미국이기 때문이다. 하물며 주말에 장을 볼 때도, 우리는 집 근처 슈퍼를 놔두고 차를 몰아 이마트나 홈플러스를 찾는다. 조금이라도 더 다양한 옵션 중에 가장 좋은 물건을 고르기 위해서다.

더욱이 미국 주식 시장은 더 이상 미국인들만의 동네 시장도 아니다. 이제 방구석에 앉아 스마트폰 클릭 몇 번만으로, 미국 시장에서 벌어지고 있는 경매에 참여할 수 있는 시대가 도래했다. 한국만 해도 그렇다. 불과 몇 년 전만 해도 미국 주식에 투자하는 한국인들(일명 서학개미)은 극소수에 불과했다. 최근 들어서는 한국 투자자들의 해외주식 투자, 특히 미국 주식에 대한 투자가 급격하게 증가하고 있다. 증권사들이 해외주식 거래 서비스를 보편화하면서 한국 투자자들의 미국 증시 접근성이 좋아졌기 때문이다.

참고로 국내 증권사들이 해외주식 위탁매매수수료로 벌어들이는 수익은 2021년 8,507억 원을 기록했는데, 이는 2018년 대비 7배 이상 증가한 수치라고 한다. 또한 2023년 6월 말 기준 해외주식 보관금액은 1,273억 달러(약 176조 원)로 집계되었는데. 이는 2019년 말 대비 3배나 급증한 규모다. (출처: '해외주식투자 30년간 70만 배 증가', naeil.com) 동시에 미국 증시에 참여하고 있는 투자자의 수도 기하급수적으로 증가했다. 2024년 미국 주식 투자자 수는 약 710만 명을 넘어섰다. 2023년 말에 비하면 50만 명 이상 급등한 수치다. 한국에서 주식에 투자하는 전체 인구가 1,400만 명 정도라고 하니, 이제 한국 주식 투자자의 50% 이상이 미국 주식에 투자하고 있는 셈이다.

한국에서만 이럴까? 2023년 말 미국의 외국인 직접투자 총액은 5조 4천억 달러에 달했으며, 이는 2018년 이후 29%나 증가한 수치라고 한다. 지난 몇 년 동안 외국인 투자가 매우 많아졌음을 나타낸다. 예를 들어, 인도 사람들의 미국 증시 투자는 지난 5년 동안 거의 3배 증가하여 2023년 기준 170억 달러에 달했으며, 남아공의 누적 투자는 2018년 이후 50% 가까이 증가했다는 통계가 있다. (출처: 'Foreign Direct Investment in the United States 2023 - GBA', globalbusiness.org)

이런 데이터가 미국 주식 시장에 대한 외국인 투자 현황의 완전한 그림을 제공하지는 않지만, 전반적인 추세는 외국인 투자가 지속적으로 증가하고 있음을 보여준다. 다시 강조하지만 주식 시장은 경매의 원리로 작동한다. 미국 주식을 사고자 하는 투자자금이 전 세계 각지로부터 계속 유입된다면, 미국 주식에 대한 수요는 공급을 계속 앞지를 가능성이 커지고, 미국 주식 가격은 지속적으로 상승할 수밖에 없을 것이다.

우리가 세상보다 더 빨리
변화할 수 있다는 보장이 없기에
생산하지 못하는
우리의 미래를 준비하기 위해

투자해야 한다.

우리의 주식 투자를 실패로 이끌어 온 그럴듯한 투자 조언들

'의지의 한국인'이라는 말이 있다. 우리는 짧은 기간 동안 눈부신 경제 성장을 이루어냈으며, 이러한 성과는 한국인들의 강한 의지와 노력의 결과로 볼 수 있기에 나온 말이다. '성공'이라는 경험은 무서운 힘을 발휘한다. '열심히 노력하면 안 되는 일이 없구나!' 같은, 상황에 따라서는 다소 위험할 수 있는 믿음을 갖게 될 수도 있다.

그래서 우리는 주식 투자도 정말 열심히 한다. 아주 열심히 공부한다. 주식 투자의 노하우를 알려주는 대가들의 책부터 나 같은 유튜버들이 얕은 지식으로 집필한 투자 조언서까지 가능한 한 많은 투자 조언을 습득하기 위해 최선을 다해 공부한다. 투자 경력은 1~2년도 채 되지 않는 투자자가, 투자 관련 서적은 20~30권 이상 섭렵하면서 주식 시장의 성공 이론과 주옥같은 조언들로 중무장하는 상황이 발생하는 것이다.

의지의 한국인 중 한 명인 나 역시 그랬다. 일주일에 한 권씩 투자 조언서를 읽다 보니 조금씩 성공적인 투자를 위한 길이 보이기 시작했고, 여러 대가가 공통으로 말하는 불변의 진리에 대한 확신이 들었다. 이미 성공한 투자 방식을 따라가면 절대 실패하지 않으리라 믿으면서 과감한 투자를 이어갔다.

문제는 주식 시장이 그렇게 단순하지 않다는 데 있다. 주식 시장은 수많은 요인이 서로 영향을 주고받는 복잡한 시스템 즉 '복잡계'다. 단순히 하나의 원인이 하나의 결과를 낳는 것이 아니라, 여러 요소가 복합적으로 작용해 시장의 움직임을 만들기 때문이다. 예를 들어, 투자의 결과를 결정하는 대표적인 변수로는 펀더멘탈, 유동성, 센티멘트 등이 있다. 게다가 이들 요소의 상대적 중요도는 그때그때 시장 상황과 투자하는 개별 종목에 따라 다르다.

복잡계의 특성상 결과를 예측하기란 쉽지 않으며, 직접적인 영향보다 간접적인 영향이 더 큰 효과를 낼 때도 있다. 그래서 주식 시장의 움직임을 정확히 예측하기는 매우 어렵다.

그렇다면 복잡계라는 성격을 지닌 주식 시장에서 성공하는 방법은 무엇일까? 주식 시장의 복잡성을 고려할 때, 확률론적 투자 접근법이 중요하다. 성공 확률을 높이고 실패 확률을 줄이는 전략을 수립해야 한다는 말이다. 주식 시장을 복잡계로 이해하는 것은 투자자에게 더 넓은 시각과 유연한 접근 방식을 요구한다. 단순한 인과관계를 넘어 다양한 요인들의 상호작용을 고려하고, 불확실성을 받아들이며 적응해 나가는 능력이 중요하다는 뜻이다.

이번 장에는 일단 우리의 주식 투자를 실패로 이끈 그럴듯한 투자 조언을 하나하나 격파(?)해 보겠다. 우리 투자자들이 더 넓은 시각과 유연성을 유지하는 데 큰 방해가 되는 대표적인 방해꾼들이, 바로 이런 투자 조언들이기 때문이다. 결국 투자의 정석은 '투자에는 정석이 없다'는 것을 인식하는 데서 시작한다.

01

'사팔사팔' 하지 말라?
(타이밍을 맞추려 하지 말라)

"주식 시장의 타이밍을 맞추려 하지 말라"라는 조언이 있다. 앞에서 언급한 것처럼, 주식 시장은 복잡계라서 미래를 정확히 예측하는 것이 불가능하기 때문이다. 실제로 시장의 타이밍을 예측하기 위해 노력하다 보면 시장 평균 수익률을 따라가기 어렵다는 연구 결과가 있다.

다음 그림이 보여주는 통계는 2003년 1월부터 2022년 12월까지 20년간 1만 달러를 S&P 500에 투자했을 때의 결과다. 이 기간에 단 하루도 시장을 떠나지 않았다면, 투자 원금인 1만 달러는 64,844달러가 되어 약 6.5배의 상승을 만끽할 수 있었다는 걸 보여준다. 인생을 바꿀 수익률은 아니지만, 투자 금액에 따라 편안한 노후를 준비하는 데 큰 도움을 받을 수 있었을 만한 성적이다.

하지만 만약 투자자가 시장의 타이밍을 맞추기 위해 시도하다가 주가 상승률이 가장 높았던 10일을 놓쳤다면 결과는 29,708달러로 확연히 줄어든다. 그래도 약 3배 상승이다. 혹시나 운이 없어 주가 상승률이 가

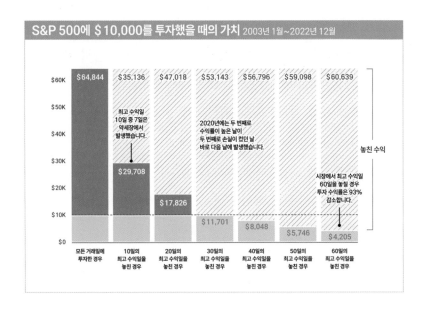

S&P 500에 $10,000를 투자했을 때의 가치 2003년 1월~2022년 12월

- $64,844 : 모든 거래일에 투자한 경우
- $35,136 / $29,708 : 10일의 최고 수익일을 놓친 경우
- $47,018 / $17,826 : 20일의 최고 수익일을 놓친 경우
- $53,143 / $11,701 : 30일의 최고 수익일을 놓친 경우
- $56,796 / $8,048 : 40일의 최고 수익일을 놓친 경우
- $59,098 / $5,746 : 50일의 최고 수익일을 놓친 경우
- $60,639 / $4,205 : 60일의 최고 수익일을 놓친 경우

최고 수익일 10일 중 7일은 약세장에서 발생했습니다.

2020년에는 두 번째로 수익률이 높은 날이 두 번째로 손실이 컸던 날 바로 다음 날에 발생했습니다.

놓친 수익

시장에서 최고 수익일 60일을 놓칠 경우 투자 수익률은 93% 감소합니다.

장 높았던 20일을 놓쳤다면 결과는 더 초라하다. 단 17,826달러! 약 1.8배 상승에 만족해야 했다.

확률은 조금 낮아 보이지만, 최악의 타이밍으로 주가 상승률이 가장 높았던 40일을 놓쳤다면 결과는 비참하다. 20년 전 투자했던 1만 달러는 8,048달러로 줄어들고, 20년 투자 수익률은 -19.5%라는 말도 안 되는 결과가 나온다.

최고의 거래일 중 몇 개만 놓쳐도 전체 수익률이 크게 떨어질 수 있다는 말이다. 기간을 조금 더 늘려 1990년 이후까지 돌아봐도 결과는 마찬가지다. 최고의 거래일 25일을 놓치면 S&P 500의 연간 수익률은 약 10%에서 그 절반인 5%로 떨어지게 된다. (출처: www.linkedin.com/pulse/evidence-against-market-timing-challenging-wisdom-investing-lawton-1c)

여러 학술 연구와 실제 투자 결과에서 나온 상당한 증거 역시, 시장 타이밍을 맞추려 하지 말라는 조언을 뒷받침한다. 예를 들어 노벨 경제 학상 수상자인 윌리엄 샤프의 획기적인 연구에 따르면, 시장 타이밍이 패시브 인덱스 펀드를 능가하려면 74%는 정확해야 한다고 한다. 사실, 이 정도의 정확도를 일관되게 달성하기란 거의 불가능에 가깝다. (출처: www.investopedia.com/terms/m/markettiming.asp)

현존하는 최고의 투자자 워런 버핏은, S&P 500 인덱스 펀드에 투자 하는 게 10년 동안 액티브 헤지펀드에 투자하는 것보다 더 나은 성과를 낼 것이라는 데 100만 달러 내기를 한 것으로도 유명하다. 내기 결과 인 덱스 펀드는 85만 4,000달러의 수익을 올린 것에 비해, 헤지펀드는 22만 달러에 불과했다.

결론적으로 시장 타이밍을 맞추려고 시도하는 것보다, 다각화된 장기 투자 접근법을 유지하는 쪽이 더 나은 결과를 가져올 가능성이 훨씬 높 다. 미국 주식 투자자라면 반드시 기억해야 할 중요한 투자 조언이다.

주의할 것이 있다. 의외로 많은 투자자가 "시장을 절대 떠나서는 안 된다!"라는 조언을 "주식을 절대 팔아서는 안 된다"라는 식으로 오역하 고 있다는 점이다. 이 말을 잘못 해석하는 바람에 팬데믹이 마무리되고 사람들이 다시 정상적인 삶으로 돌아가는데도, 일부 투자자들은 소위 '팬데믹 수혜주'라고 불리던 줌(ZM)이나 펠로톤(PTON), 텔라닥(TDOC) 같 은 주식에 미련을 버리지 못했다.

참고로 한때 559달러를 찍었던 줌의 주가는 2024년 12월 현재 83달 러로 고점 대비 약 85% 하락한 상황이고, 펠로톤은 고점 대비 -94%, 텔 라닥은 -96% 수준에 머물러 있다. 물론 이 주식들의 주가가 하루아침에 폭락한 것은 아니다. 투자자금이 증발하기 전에 충분히 탈출할 기회가 있었다. "주식 시장의 타이밍을 맞추려 하지 말라"라는 조언을 오해하는 바람에 '손절'이라는 중요한 결정을 끊임없이 방해받았고, 그 결과 많은 투자자가 복구하기 어려운 상처를 입게 된 것이다.

이런 예는 수도 없이 많다. 한국인이 가장 사랑하는 테슬라(TSLA)의 주가는 2020년 초부터 2021년 말까지 단 2년간 1,100%라는 믿기 어려운 수익률을 만들어냈다. 당시만 해도 자동차 산업은 전기차 전환이 임박해 보였고, 세상의 변화를 주도하는 기업은 테슬라였기 때문이다. 하지만 그 이후 테슬라의 주가는 단 1년여 만에 고점 대비 70% 이상 폭락했는데, 테슬라 기업만의 문제이거나 잘못은 아니었다.

중국 자동차 기업들이 부상하면서 경쟁이 심화한 부분도 있지만, 훨씬 더 크고 근본적인 문제가 있었다. 2025년이 되면 도로의 반을 채울 수 있다던 전기차 산업의 성장이 예고 없이 멈춰버렸다. 2030년 전기차 2천만 대 판매라는 꿈을 키우던 테슬라는 2024년 들어 전년 대비 오히려 적은 수의 자동차를 판매하면서, "주식은 절대 파는 것이 아니다"라는 조언을 믿고 따랐던 투자자들을 배신했다.

앞에서 살펴본 미국 주식 시장의 역사적 통계는 대부분 미국 증시의 벤치마크라고 불리는 S&P 500을 대상으로 한 연구 결과다. 개별 종목이 아니라 시장 전체를 대상으로 한 투자 결과인 것이다. 역사가 증명하는 것처럼 시장의 타이밍을 맞출 수는 없다. 하지만 개별 종목 투자는 타이밍이 중요하다. 같은 주식에 투자하더라도, 그 주식을 언제 매수하고 언제 매도하느냐에 따라 그 결과는 천차만별로 달라질 수 있다.

02

떨어질 때마다 줍줍해서
평단가를 낮춰라?

나는 매달 초 미주은 유료 멤버를 대상으로 미주은 포트폴리오 투자 현황과 투자 수익률을 공유하고 있다. 먼저, 나 자신과 미주은 멤버를 보호하기 위한 안전장치라는 의미가 있다. 선행매매 및 사기적 부정거래 행위를 하지 않는다는 걸 증빙하고, 유사 사태를 방지하고자 한다.

더 중요한 이유는, 유료 프로그램인 미주은 멤버십의 가치를 증명하기 위해서다. 미주은이 제공하는 투자 정보를 믿고 나와 함께 미국 주식에 투자하는 멤버가, 미주은의 모멘텀 투자 전략이 실제로 효과적으로 작동하는지를 확인하는 순간이기도 하기 때문이다. 그래서 매달 초 지난 1년간의 투자 성과와 지난 1개월의 성과를 지속적으로 공개한다.

하지만 개별 종목 평단가와 수익률은 공개하지 않는데, 여기에도 매우 중요한 이유가 있다. 결론부터 말하자면, 투자자 개인의 평단가와 종목별 투자 수익률은 해당 기업의 투자 가치를 평가하는 데 눈곱만큼도 관계가 없다.

과거의 주가 수익률이 어떻든, 투자자의 과거 매매 시점이 언제였든 상관없다. 현재 시점에서의 투자 결정은, 앞으로 다가오는 미래에 최고의 결과를 창출할 수 있는 선택이어야 한다는 것이 내 생각이다. 물론 과거 특정 종목의 높은 주식 수익률은 훌륭한 경영진의 능력이 입증되었다는 증거가 될 수는 있다. 하지만 때로는 1,000% 상승한 종목이 성장률 대비 가장 저렴한 주식이 될 수도 있고, 90% 하락한 종목이 현재 시점과 상황에 따라서는 가장 비싼 주식이 될 수도 있다. 그래서 종목별 투자 수익률은 기업 가치를 평가하는 데 티끌만큼도 도움이 되지 않는다.

　　하지만 안타깝게도 상당히 많은 사람이 보유한 종목의 주가가 하락할 때마다 저가 매수해서 평단가를 낮추라고 유혹한다. 현혹되기 쉬운 말이다. 우리가 투자한 테슬라 주식 10주의 수익률이 -30%라고 가정하자. 이 상태에서 테슬라 주식 10주를 추가 매수하면 우리가 보유한 테슬라 주식의 투자 수익률은 갑자기 -30%에서 -17.65%로 향상하게 된다.

　　좀 더 자세히 예를 들어보자. 처음에 엔비디아 주식 10주를 보유하고 있었다. 이 10주의 수익률이 100%라는 것은 주식 가치가 2배로 증가했음을 의미한다. 현재 가격으로 10주를 추가 매수하면 엔비디아 주식 20주를 보유하게 된다. 이때의 수익률은 얼마일까?

　　사실 정확한 수익률 측정 방법대로라면 기존 10주의 수익률은 그대로 100%를 유지하고, 새로 매수한 10주는 아직 수익이 발생하지 않았으므로 0%로 이해하는 것이 맞다. 하지만 투자자 대부분이 이 2개의 각각 다른 투자 결정을 하나로 합쳐서 다음과 같이 계산한다.

항목	초기 투자	추가 매수	최종 결과
주식 수	10주	10주	20주
주당 가격	$100	$200	-
투자 금액	$1,000	$2,000	$3,000
현재 가치	$2,000	$2,000	$4,000
개별 수익률	100%	0%	-
주식 수 기준 투자 비중	50%	50%	100%
금액 기준 투자 비중	33.33%	66.67%	100%
실제 총수익률	-	-	33.33%

반대로 내가 보유한 테슬라 주식 10주의 수익률이 -30%인데, 10주의 테슬라 주식을 추가 매수하면 테슬라 투자 수익률은 갑자기 -17.65%로 향상된다. 이 상황 역시 이해를 돕기 위해 표로 설명을 대신하겠다.

항목	초기 투자	추가 매수	최종 결과
주식 수	10주	10주	20주
주당 가격	$100	$70	-
투자 금액	$1,000	$700	$1,700
현재 가치	$700	$700	$1,400
개별 수익률	-30%	0%	-
주식 수 기준 투자 비중	50%	50%	100%
금액 기준 투자 비중	58.82%	41.18%	100%
실제 총수익률	-	-	-17.65%

위의 예에 따르면 초기 -30%였던 수익률이 추가 매수로 손실 폭이 줄어든 것처럼 보일 수 있다. 총투자 금액이 1,700달러인데, 현재 가치는 1,400달러로 300달러가 줄어들었으니 총수익률이 -17.65%로 향상되었기 때문이다. 하지만 이는 단순히 평균 매입 단가(일명 평단가)가 낮아졌기 때문이다. 실제 투자 금액 대비 현재 가치를 고려하면 여전히 손실 상태다. 이러한 상황을 '달러 코스트 애버리징(DCA; Dollar Cost Averaging)'이라고 부르는데, 실제로 많은 투자자가 장기적으로 성공적인 전략이라고 믿고 실행하는 경우가 흔하다.

이것이 바로 2023년 인공지능의 비상으로 폭등하던 엔비디아를 놔두고, 최악의 상황으로 치닫던 테슬라 주식을 많은 투자자가 선택한 결정적인 이유였다. 주식 앱에 나와 있는 종목별 수익률을 무시해야 투자에서 성공할 수 있다. 순간적인 기분 전환을 위해 성공 확률이 떨어지는 결정을 하면 안 된다. 나는 주식을 매매하는 결정을 할 때마다 나 자신에게 물어본다. '과연 지금, 이 주식을 선택하는 게 최선인가? 더 유망한 종목은 없나?'

2024년 미국 증시에는 약 6,000개의 기업이 상장되어 있다. 우리가 오늘 매수하는 한 종목은 이 6천여 개의 옵션 중 최선이 되어야 한다. 당신의 평단가를 낮추기 위해 이렇게 중요한 결정을 그르치면 안 된다.

03

FOMO를 멀리하라?

주식 시장과 관련하여 "FOMO를 경계하라"라는 조언이 있다. FOMO(Fear of Missing Out)라는 용어는 본래 더 광범위한 사회 현상에서 비롯되었다. 2004년 당시 하버드 비즈니스 스쿨에 재학 중이던 패트릭 맥기니스(Patrick McGinnis)가 이 용어를 처음 사용한 것으로 알려져 있다. 그는 학생 신문인 《HARBUS》 유머 칼럼에서 학생들이 중요한 파티나 이벤트에 초대받지 못할 때 느끼는 사회적 불안감을 설명하기 위해 이 용어를 사용했다고 한다.

주식 시장에서 FOMO는 상승장이나 특정 주식에서 다른 사람들이 이익을 내는 것을 보면서 그 흐름에 뒤처질까 봐 두려움을 느끼고, 높은 주가나 기타 위험 요소에도 불구하고 그 주식을 매수하게 되는 것을 말한다. 최근 몇 년 동안 개인 투자가 증가하고, 거래 플랫폼 접근성 역시 좋아졌다. 그러자 자연스럽게 개인 투자자들이 시장 동향에 더 쉽게 참여하게 되었고, 이 용어와의 관련성도 높아졌다.

과연 실제로도 FOMO가 우리의 주식 투자를 실패로 이끄는 위험한 행위일까?

물론 부정적인 측면은 분명히 존재한다. FOMO는 적절한 리서치나 위험에 대한 고려 없이 감정 중심의 성급한 투자 선택으로 이어질 가능성이 있다. 즉, 잘 알지 못하는 기업의 주식에 확고한 투자 논리 없이 투자하게 되는 실수를 범할 수 있다는 것이다. FOMO는 투자자가 자신이 감당할 수 있는 수준보다 더 많은 위험을 감수하게 할 수도 있다.

예를 들어, 시장이 지나치게 뜨거워지면 소위 '빚투' 투자자가 늘어나는데 이 역시 FOMO의 부작용이라고 볼 수 있다. 과대광고로 부풀려진 주가에서 매수했다가 그 주가가 조정될 때 잠재적으로 손해를 입을 수도 있다.

하지만 나는 FOMO의 잠재적 이점도 엄연히 존재한다고 생각한다. 예를 들어, FOMO는 투자자가 시장에 진입하도록 동기를 부여해 잠재적으로 장기적인 성장의 혜택을 누릴 기회를 제공한다. 팬데믹 동안 '서학개미'라는 이름으로 많은 투자자가 미국 주식 시장에 뛰어들었던 것도 사실상 FOMO 현상에 가깝다.

FOMO는 투자자들이 간과할 수 있는 새로운 트렌드나 기회를 알려 줄 수도 있다. '인공지능'에 대한 FOMO를 떠올려 보자. 2022년 말 시작된 인공지능에 대한 FOMO는 반드시 피해 가야 하는 허상에 불과했는가? 아니면 30년에 한 번 찾아올까 말까 한 우리 인생 최고의 투자 기회였는가?

앞에서 나는 주식 시장을 수요와 공급의 법칙이 적용되는 경매 시장이라고 표현했다. 따라서 경매 시장에서 FOMO가 발생한다는 것은 공급에 비해 수요가 넘쳐난다는 증거가 될 수도 있는 것이다. 시장에 좋은 매물이 많이 등장했다는 신호일 수도, 시장에 유동성이 넘쳐난다는 증거가 될 수도 있다. 아니면, 시장의 센티멘트가 강화되고 있다는 암시가 될 수도 있다.

'센티멘트(sentiment)'란 투자자들의 전반적인 심리와 태도를 의미한다. 개별 종목이나 전체 시장 분위기를 설명할 때 사용되는 용어다. 센티멘트가 개선되면 일반적으로 거래량이 증가하고, 투자자들의 매수세 증가로 주가 상승 압력이 발생한다. 반대로 부정적 센티멘트가 강화되면 매도 압력 증가로 주가 하락을 유도할 수 있다.

이는 우리가 보통 '밸류에이션'이라고 부르는 PER, PSR 등의 멀티플이 확장된다는 의미다. PER과 PSR이라는 용어가 생소한 독자를 위해 그 의미를 간단히 설명해 보겠다. 'PER'은 Price To Earnings Ratio(주가수익비율)의 약자이며, 여기서 Price는 기업의 시가총액을, Earning은 순이익을 가리킨다. 간단한 예로 PER이 20이라는 것은 해당 기업이 1년간 만드는 순이익 금액에 20배를 곱해야 시가총액과 같아진다는 의미다. 이 기업이 성장하지 않는다면 투자 금액을 모두 회수하는 데 20년이라는 시간이 필요할 것이다. 물론 성장률이 높은 기업이라면 그 기간은 큰 폭으로 단축될 수 있다.

그런데 여기서 한 가지 문제가 있다. 우리가 투자하는 기업 중에는 아직 순이익을 내지 못하는 적자 기업도 있는데, 이런 기업은 PER을 계산할 수 없다. 신생 기업이나 스타트업 기업에는 이런 경우가 허다하다. 이럴 때는 기업의 매출을 기준으로 밸류에이션을 측정하는데, 이 수치를 'PSR'이라고 부른다.

'PSR'은 Price To Sales Ratio(주가매출비율)의 약자이며, 미국의 유명한 투자자 캔 피셔(Ken Fisher)가 처음 사용하기 시작했다. 간단한 예로 PSR이 5라는 것은 해당 기업이 1년간 만드는 매출 금액에 5배를 곱해야 시가총액과 같아진다는 의미다. PER이나 PSR 같은 밸류에이션 측정 단위를 '멀티플'이라고도 부르는 이유가 바로 여기에 있다.

센티멘트는 주로 단기적 영향이 크지만, 지속되면 중장기 주가 흐름에도 영향을 미칠 수 있다. 투자자가 성공적인 투자 성과를 내려면 이런 센티멘트의 영향을 인지하고 펀더멘탈과 함께 고려해 투자 결정을 내려야 한다.

따라서 조심하고 경계하되 FOMO를 멀리해서는 안 된다. 소중한 투자의 기회를 놓치지 않으려면 FOMO 현상이 나타났을 때, 가능한 한 가까이 접근해 자세히 살펴보고 철저히 조사해야 한다. 그 이후 때에 따라서는 재빨리 참여할 필요도 있다.

주식 투자 실패의 원인이나 강력한 동기가 될 수도 있지만, 결론적으로 FOMO는 신중하게 관리하는 것이 가장 중요하다. 절제된 접근 방식을 유지하고, 장기적인 목표에 집중함으로써 투자자는 FOMO에서 비롯한 시장 인식의 함정을 피해 잠재적인 이익을 얻을 수 있다.

04

뉴스는 이미 주가에
반영되어 있다?

내가 운영하는 유튜브 채널 '미주은'은 미국 주식 관련 뉴스 콘텐츠를 제공한다. 가끔 이런 댓글이 달릴 때가 있다. "이미 주가에 반영된 뉴스를 뭐 하러 듣고 있나?" 맞는 말이다. 우리 같은 개인 투자자가 미국 주식에 관련된 뉴스를 각종 미디어나 유튜브로 접할 때쯤이면, 이미 그 소식은 해당 주식의 주가에 반영되어 있을 가능성이 크다.

그래서 나온 유명한 투자 조언이 "소문에 사고, 뉴스에 팔아라(Buy the rumor, sell the news)"이다. 기대감이 실제 뉴스보다 가격 변동을 더 많이 주도하는 시장 심리를 이용한 투자 전략이다. 실제로 긍정적인 발표가 있기 전에 자산 가격이 상승하는 경우가 많고, 뉴스가 좋더라도 이후에는 하락하는 경우가 종종 발견된다.

하지만 루머가 거짓이거나 시장이 예상대로 반응하지 않는다면 트레이더는 큰 손해를 입을 수 있다. 또 이 전략은 단기 변동성에 의존하므로 예측하기 어렵고 관리하기 어려울 수도 있다. 성공적인 실행을 위해서는 적시에 조처하고, 시장 신호를 빠르게 해석할 수 있는 능력이 필요하다는 뜻이다. 쉽게 말해 항상 성공하기는 어렵다. 확률이 떨어진다.

그렇다면 뉴스는 중요하지 않을까? 절대 그렇지 않다.

오히려 나는 가장 중요한 투자 지표가 바로 뉴스라고 생각한다. 투자 종목의 펀더멘탈이나 센티멘트를 확인하기는 쉽다. 수치적 분석이 가능하기 때문이다. 여기서 주식 종목의 '펀더멘탈'이란 해당 기업의 기본적인 가치와 성장 잠재력을 나타내는 요소들을 의미한다. 기업의 재무 상태, 기술력, 브랜드 가치, 경영 능력, 시장 지위와 경쟁력 등을 모두 포함한다.

펀더멘탈 분석은 주로 장기 투자자들이 선호하며, 기업의 본질적 가치에 기반해 투자 결정을 내리는 데 절대적인 역할을 한다. 투자자들은 펀더멘탈 분석을 통해 현재 주가가 기업의 실제 가치에 비해 고평가되었는지 또는 저평가되었는지를 판단할 수 있기 때문이다. 한 종목의 펀더멘탈을 이루는 대표적인 지표, 즉 성장성이나 수익성, 시장 점유율, 부채 비율 등은 수치상으로 정확히 측정할 수 있으며 누구나 쉽게 접근할 수 있는 정보이기도 하다.

투자자들의 심리를 나타내는 센티멘트도 마찬가지다. 주식의 거래량이나 이동평균, RSI(상대강도지수), 주가 변동성, 공매도 비율 등 소위 주식의 모멘텀 지표를 이용하면 해당 종목에 대한 시장의 심리를 어느 정도 가늠할 수 있다. 기본적인 주가 차트 분석이 가능하다면 종목을 둘러싼 센티멘트의 변화 추이 역시 어느 정도는 측정할 수 있다. 주식의 펀더멘탈과 센티멘트, 그리고 모멘텀을 측정하는 여러 방법에 대해서는 뒤에서 자세히 설명하니 계속 열심히 읽기를 바란다.

문제는 기업의 스토리 부분이다. 주식 투자에서 성공하기 위해서는 투자하고 있는 기업이 활약하고 있는 시장의 규모와 잠재력은 물론이고, 치열한 경쟁에서 살아남을 수 있는 강력한 해자를 구축하고 있는지, 지속적으로 성장하기 위해 새로운 동력을 찾고 있는지 등 지속적으로 확인해야 할 부분이 한두 개가 아니다.

결국 이러한 정보는 기업이 제공하는 어닝 리포트나 투자 설명회 자료, 혹은 미디어 뉴스에 기댈 수밖에 없다. 물론 뉴스 하나하나는 선행하는 주가의 특성상 투자에 많은 도움이 되지 못하는 것처럼 보일 수 있다. 하지만 기업은 살아 움직이는 유기체와 같으며, 기업을 둘러싼 뉴스들의 집합은 아직은 확실하지 않은 기업의 미래를 예측할 수 있는 소중한 청사진을 제공한다.

매일 같이 발표되는 기업 뉴스들을 은행에 예금하는 노후 자금이라고 생각해 보자. 내가 투자한 기업과 관련된 뉴스가 하루가 멀다 하고 좋은 것들로 쌓여간다면, 그 뉴스들이 모여 결국은 기업의 미래 가치가 형성되는 것이다. 우리가 매일 반복해서 운동한다고 해도 오늘이나 내일 당장 나타나는 효과는 미미하다. 하지만 결국 이런 하루하루가 쌓여 우리의 건강은 호전되고, 신체적 능력은 향상될 것이다. 결국은 그렇게 될 확률이 매우 높다.

그래서 뉴스에 집중해야 한다. 내가 투자하고 있는 기업이 훌륭한 신상품을 출시하고 있는지, 시장 점유율이 조금이라도 상승하고 있는지, 멋진 기업들과 파트너십을 구축하고 확장하고 있는지, 혁신적이고 유망한 스타트업 기업을 인수 합병하고 있는지 계속해서 지켜보면서 투자해야 한다. 이런 좋은 뉴스들을 접할 때마다 그 주식에 투자하는 금액을 늘려간다면, 하루하루 올라가는 기업의 가치와 함께 언젠가는 그에 합당한 보상을 받을 수 있을 것이다.

기억하자! 미래는 현재가 만드는 결과의 집합일 뿐이다.

05

거시 경제 상황에
흔들리지 말라?

팬데믹이 한창 진행 중이던 2020년과 2021년 다른 투자자와 마찬가지로 내 주식 계좌도 남 부럽지 않은 수익률을 자랑했다. 이대로 쭈욱 나가면 금방이라도 미국 주식으로 은퇴할 수 있을 것 같았다.

하지만 개인적으로 가장 후회하는 실수를 범하게 되는데, 바로 시장의 매크로 상황을 경시한 것이다. "거시적인 매크로 상황에 흔들리지 말라!" "투자하고 있는 기업의 펀더멘탈에만 집중하라!" 이 말들은 우리의 주식 투자를 끔찍한 실패로 몰아갈 수 있는 최악의 조언이 될 수도 있다.

단언컨대 거시적 상황은 투자자가 미국 시장에서 성공하기 위해 매우 중요하다. 거시 경제 요인은 전반적인 투자 환경을 형성하는 데 중요한 역할을 하며, 다양한 자산 클래스의 성과에 큰 영향을 미칠 수 있기 때문이다. 여러 리서치와 분석에 따르면, 미국 거시 경제 상황과 미국 주식 시장 사이에 상관관계가 있다는 강력한 증거가 실제로 존재한다.

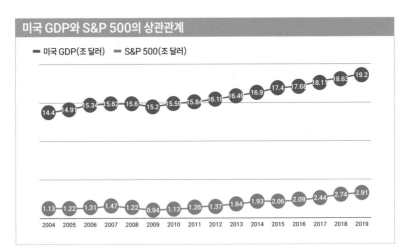

출처: sciendo.com

　예를 들어 1990~2019년에 걸쳐 약 29년간 미국 GDP와 S&P 500 지수의 관계를 분석한 연구 결과에 따르면, 두 지표 사이에는 강력한 양의 상관관계가 있는 것으로 나타났다. 위 그림은 그중 일부 기간을 그래프로 보여준 것이다. 기간을 늘려 1900년으로 거슬러 올라가는 과거 데이터를 분석한 결과도 마찬가지였다. 대공황, 제2차 세계대전, 1990년대 글로벌 팬데믹 등 몇 가지 예외적인 시기는 있었지만, 1900년부터 2020년까지 미국 경제와 주식 시장은 대부분의 기간 동안 높은 상관관계를 보였다.

　GDP 못지않게 중요한 경제지표가 하나 더 있는데, 바로 연준의 기준금리다. 실제로 연방준비제도이사회 기준금리(연방기금금리)와 미국 주식 시장 수익률은 상당한 상관관계가 있는 것으로 나타났는데, 일반적으로 반비례 관계였다. 즉, 연준이 금리를 인하하면 주식 시장이 상승하고, 금리를 인상하면 주식 시장이 하락하는 경향이 있었다. (출처: www.

investopedia.com/investing/how-interest-rates-affect-stock-market)

게다가 금리 변화가 경제에 광범위한 영향을 미치려면 보통 최소 12개월이 걸리지만, 주식 시장의 반응은 더 즉각적인 경우가 많았다. 투자자가 금리 변화에 민첩하게 대응해야 하는 이유가 바로 이것이다. 시장은 종종 연방공개시장위원회(FOMC)의 향후 금리 변동에 대한 기대치를 가격에 반영하려고 시도하기 때문이다.

또한 장기적으로 S&P 500 같은 주식 시장 지수는 금리의 간접적인 영향을 받는 GDP와 유사한 움직임을 보였다. 이러한 관계를 이해하고 적절히 대응한다면 장기 주식 시장 투자 전략에도 도움이 될 것이다.

원리는 간단하다. 금리가 낮아지면 차입 비용이 저렴해져 소비자와 기업의 지출과 투자가 촉진되고, 잠재적으로 주가가 상승할 가능성 즉 확률이 높아진다. 반면, 금리가 높아지면 지출을 억제하는 경향이 있으며, 기업 수익률과 주가를 하락시킬 가능성이 커진다. 여기에 종종 기대와 심리에 따른 영향을 받을 수도 있다. 실제 금리 변동이 일어나기 전이라도 금리 변동에 대한 기대감이 주가 변화를 일으킬 수도 있다.

지금까지 살펴본 것처럼 경제 상황에 따라 주식 시장도 함께 움직인다. 따라서 거시 경제 동향이 장기 투자 성공의 토대를 제공할 수 있다는 점을 기억하자. 거시적 환경을 이해하고 이에 적응하는 투자자는 미국 시장에서 정보에 입각한 결정을 내리고, 재무 목표를 달성할 수 있는 유리한 위치에 있다고 해도 과언이 아니다. 결론적으로 미국 시장에서 성공하려면 거시적 상황을 철저히 이해하는 것은 필수다. 경제지표, 정책 변화, 글로벌 동향을 면밀히 모니터링함으로써 투자자는 정보에 입각한 의사결정을 내리고, 위험을 효과적으로 관리하며, 거시 경제 변화로 인한 기회를 활용할 수 있다.

우리가 매크로 상황의 변화에 맞추어 갈대처럼 흔들려야 하는 이유가 여기에 있다.

06

장기 투자가
제대로 된 투자다?

2020년 6월 유튜브 채널을 개설한 후부터 지금까지, 미주은 방송에 가장 많이 등장한 종목의 이름은 '엔비디아'와 '테슬라'일 것이다. 특히 테슬라는 상당히 오랫동안 미주은 포트폴리오에서 투자 비중이 높은 종목이었다. 물론 한때는 투자 수익률도 가장 높았다.

전 세계 자동차 판매량 중 절반 정도가 2025년이 되면 전기차로 바뀔 것이라는 전망이 정설처럼 받아들여지던 2020년 여름, 테슬라는 4분기 연속 흑자를 기록하면서 S&P 500에 합류할 가능성이 매우 커졌다. 이쯤부터 나는 테슬라 주식 비중을 꾸준히 늘려나갔으며, 미주은 방송은 물론 다른 채널에 출연해서도 테슬라라는 기업의 위대한 투자 가치를 열심히 전파하고 다녔다.

하지만 3년 남짓 지난 2023년 11월, 나는 보유하고 있던 테슬라 주식 일부를 매도해서 슈퍼마이크로컴퓨터 주식(SMCI)을 추가 매수했다고 방송에서 공개적으로 밝혔다. 매우 오랜 시간 테슬라를 열성적으로 지지했던 인플루언서로서, 테슬라 주식에 대한 개인적인 전망에 변화가 생겼다면 투명하게 공개하는 것이 마땅하다고 느꼈기 때문이다.

하지만 내 의도와는 다르게 유튜브 댓글창은 악플로 도배되었다. 올라온 댓글 상당수는 "미주은은 장기 투자자가 아니다"라는 비난이었다. 개인적으로 이런 댓글들에 동의할 수 없다. 최근 들어 모멘텀에 바탕을 둔 정기적인 포트폴리오 리밸런싱의 필요성을 주장하고 있지만, 여전히 나는 내 자신을 '장기 투자자'라고 평가하고 싶다.

'장기 투자'라는 단어 역시 잘못 해석되는 경우가 많은 용어 중 하나가 아닐까 한다. 왜냐하면 너무도 많은 사람이 '장기 투자 = 주식을 팔지 않는 투자 방식'으로 오해하고 있기 때문이다. 일단, 장기 투자가 제대로 된 투자 방식이라는 믿음이 투자자들 사이에서 깊게 자리 잡은 이유부터 파악해 보면 좋을 것 같다.

다음 페이지의 표는 최근 25년간 미국 주식 시장을 괴롭힌 대표적인 악재들을 정리한 것이다. 이 표가 시사하는 바는, 지난 25년 동안 투자자들이 미국 증시를 떠나야 할 만한 이유가 단 한 해도 거르지 않고 늘 존재했다는 점이다. 하지만 결과는 어떠했는가? 미국 증시는 이렇게 끊임없이 나타나는 악재들을 넘어서면서 꾸준히 우상향해 왔다. 여기서 투자자들이 얻을 수 있는 교훈은 역시 섣불리 시장을 떠나서는 안 된다는 것이다.

투자를 망설이게 하는 사례들

연도	사건	누적 총수익률
1999	Y2K	467.1%
2000	기술주 버블 붕괴	368.5%
2001	9/11 테러	415.4%
2002	닷컴 버블: 시장 하락 -49%	484.9%
2003	테러와의 전쟁: 미국, 이라크 침공	650.9%
2004	박싱 데이 쓰나미로 동남아에서 22만 명 이상 사망	483.5%
2005	허리케인 카트리나	426.2%
2006	나쁜 건 아니지만, 명왕성이 행성 지위에서 제외됨	401.6%
2007	서브프라임 사태 시작	333.2%
2008	글로벌 금융 위기: 은행 파산	310.6%
2009	글로벌 금융 위기: 시장 하락 -56%	551.8%
2010	플래시 크래시, BP 석유 유출, 1차 양적 완화 종료	415.4%
2011	S&P, 미국 신용등급 강등, 그리스 부채 50% 탕감	347.9%
2012	그리스 2차 구제금융, 유로화의 위기	338.6%
2013	테이퍼 텐트럼(긴축 발작)	278.1%
2014	에볼라 확산, 러시아-크림반도 합병	185.6%
2015	글로벌 디플레이션 공포, 중국 위환화 평가절하	151.2%
2016	브렉시트, 미국 대선	147.8%
2017	금리 인상: 북한 긴장 고조	121.3%
2018	무역전쟁: 2월 인플레이션 공포	81.7%
2019	무역 전쟁, 탄핵 조사, 글로벌 성장 둔화	90.0%
2020	코로나 팬데믹, 미국 대선	44.5%
2021	오미크론 변이, 중국 규제 조치, 그 다음은?	22.0%

출처: jpmorgan.com

하지만 우리가 한 가지 간과한 부분이 있다. 이러한 역사적 통계는 모두 개별 종목이 아닌 S&P 500을 기준으로 한다는 사실이다. 많은 사람이 S&P 500 투자를 단순하게 지수를 추종하는 패시브 투자 방식으로 오해하지만, 사실상 S&P 500에 베팅한다는 것은 투자자로서 2가지 확실한 투자 전략을 동시에 구사하는 셈이다.

첫 번째는 철저한 분산 투자다. S&P 500은 미국 최대 상장 기업 500개 사의 실적을 추적하는 주식 시장 지수다. 이 지수에는 총 11개 섹터를 모두 아우르는 약 500개의 주요 미국 기업이 포함되어 있다. 이들이 미국 상장 기업 전체 시가총액의 약 80%를 차지하기 때문에, 사실상 S&P 500에 투자한다는 것은 미국 시장 전체에 투자하는 방식이라고 말해도 과언이 아니다.

두 번째는 일종의 모멘텀 투자 전략이라고 볼 수 있다. S&P 500은 분기별로 포트폴리오 리밸런싱을 실시하기 때문이다. 리밸런싱은 일반적으로 3월, 6월, 9월, 12월 셋째 주 금요일에 이루어진다. S&P 500 지수 리밸런싱의 주요 목표는 현재 시장과 지수의 관련성을 유지하기 위한 것이다. 현시대를 대표하는 트렌드, 현시대를 진화시키고 있는 테크놀로지, 현시대를 주도하는 기업들의 비중을 확대하는 한편 시대의 흐름에 편승하지 못하는 기업의 비중은 하향 조정되거나 지수에서 아예 배제된다. 쉽게 말해, S&P 500 지수는 주기적으로 주가가 상승하는 종목들의 비중은 늘리고, 주가가 하락하는 종목들의 비중은 줄인다.

다시 말해 장기 투자를 제대로 하려면, 우리 개인 투자자 각자가 구성한 포트폴리오 역시 이 2가지 투자 전략에 충실해야 한다는 논리가 성립된다.

첫째, 가능한 한 많은 종목을 편입하면서 포트폴리오를 다각화할 것.

둘째, 다각화된 포트폴리오를 개별 종목의 모멘텀에 따라 최소한 분기별로 리밸런싱할 것.

과거 S&P 500의 경이로운 성적을 가능하게 했던 이 2가지 주요 투자전략을 무시한 채, 단순히 매수한 종목을 장기 보유하는 것이 제대로 된 투자라고 믿고 투자한다면, 그 결과는 실망을 넘어 좌절과 고통을 안겨줄 위험성이 대단히 높다.

07

신념과 인내는 결국 보상받는다?

주식 시장은 상승과 하락을 반복하는 순환적인 특성이 있다. 따라서 단기적인 변동성에 흔들리지 않고 장기적인 관점에서 투자하면 시장의 상승세를 누릴 가능성이 커진다. 특히, 주식 투자는 복리 효과를 통해 자산을 불릴 수 있는 가장 강력한 수단 중 하나다. 장기적으로 꾸준히 투자하면 시간이 지날수록 복리 효과가 더욱 커져 기하급수적인 성장을 이룰 수도 있다.

그래서 그런지 주식 투자에서 가장 중요한 덕목은 '신념'과 '인내'라고 믿는 투자자가 많은 것 같다. 게다가 신념과 인내는 의지의 한국인이 가진 장점들 아닌가?

다음 페이지의 차트는 1929~2024년 사이의 역사적 통계를 통해 재미있는 확률적 수치를 제시한다. 각 막대그래프에 표시된 퍼센티지는 우리가 미국 주식에 투자해서 돈을 잃을 확률이다. 이 차트에 따르면 과거 100여 년의 시간 중 무작위로 하루를 골라 투자했을 때, 수익이 마이너

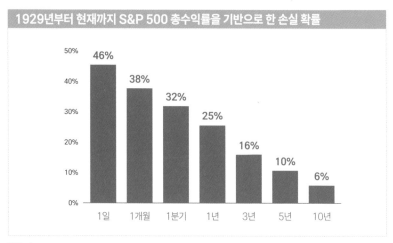

1929년부터 현재까지 S&P 500 총수익률을 기반으로 한 손실 확률

출처: dynasty.co.za

스가 될 확률이 46%나 된다. 동전 던지기보다 약간 더 나은 수준이다.

하지만 투자 기간을 1년으로 늘리면 돈을 잃을 확률이 25%로 급감하고, 5년간 투자하면 수익이 마이너스가 될 확률은 10%에 불과하다. 투자 기간이 길어질수록 승률이 상승하는 것이다. 신념과 인내가 보상받는다는 말에 반박할 여지가 없다.

다시 한번 강조하지만 이러한 통계는 미국의 500대 우량 기업에 철저히 분산 투자하고, 최소한 분기에 한 번씩 각 종목의 모멘텀에 맞춰 포트폴리오를 리밸런싱한다는 조건하에 가능한 투자 조언이다.

하지만 한국인 투자자들의 포트폴리오 현황을 보면, 진정한 의미의 분산 투자를 실행하는 투자자는 많지 않아 보인다. 2023년 3월 한국예탁결제원이 발표한 주식 소유현황 통계를 보면, 한국인 투자자들의 1인당 평균 소유 종목은 5.85개에 불과했다. (출처: '국내 상장주식 보유 개인 1,424만 명, 평균 3,940주', hani.co.kr)

신념과 인내를 미덕으로 삼고 투자를 강행하기에는 너무나 적은 종목에 집중 투자하고 있다는 인상을 지울 수 없는 수치다. 물론 투자자들이 선정한 5.85개의 종목이 모두 투자자들의 예상과 바람대로 꾸준히 회사의 성장과 주가의 상승으로 이어진다면 다른 얘기다. 몇몇 종목에 집중 투자하는 것이, 여러 종목에 골고루 분산 투자하거나 시장 지수에 투자하는 것과 비교하지 못할 정도로 높은 수익률을 안겨줄 수도 있다. 하지만 우리 개인 투자자들이 선택한 종목들이 우리가 원하는 대로 움직일 확률이 얼마나 될까?

다음 페이지의 그림은 2024년 12월 현재 월가에서 가장 성적이 뛰어난 최고 애널리스트 TOP 5의 성과를 요약한 것이다. 9,241명의 애널리스트 중 1위에 올라 있는 마크 휴즈(Mark Hughes)의 성적을 살펴보자. 적중 확률(Success Rate)은 78%고, 1년간 선택한 주식들의 평균 수익률은 +20.20%로 나와 있다. 월가 1등인 애널리스트도 10개의 투자 종목을 추천하면 그중 8개를 맞히는 게 어렵다는 뜻이다. TOP 5에 있는 다른 애널리스트 성과도 크게 다르지 않다. 3위에 올라온 마이클 허트너(Michael Huttner)를 제외하고는 단 한 명의 애널리스트도 80%를 넘기지 못하고 있다.

월가 최고의 적중률을 자랑하는 전문가도 80%의 승률을 만들지 못하는 상황에서, 우리가 선정한 5.85개의 주식이 모두 우리 생각대로 움직일 확률은 얼마나 될까? 매우 긍정적으로 생각해도 약 6개의 베팅 중 2~3개는 실패할 가능성이 높지 않을까?

이렇게 쉽지 않은 것이 주식 투자다. 그래서 주식을 '위험 자산'이라고 부르지 않는가? 따라서 우리가 확신해서 선택한 주식이 기대에 부응

하지 못한다고 해도 이상할 게 없다. 좌절할 일도, 자존심 상할 일도 아니다. 그보다 중요한 것은 그 이후의 대처다. 신념과 인내는 결국 보상받는다는 믿음으로 끝까지 자신의 의견을 굽히지 않을 것인가? 아니면 겸허한 마음과 유연한 자세로 실패를 인정하고 다음 베팅으로 자신의 제한적인 투자자금과 에너지를 옮길 것인가? 이 결정에서 다음 라운드의 성패가 이미 결정될 수도 있다.

08

워런 버핏의 거짓말

워런 버핏을 모르는 미국 주식 투자자는 없을 것이다. 워런 버핏은 '오마하의 현인'이라고 불리며, 장기 투자의 중요성을 강조하는 대표적인 투자자다. 그의 투자 철학은 수많은 투자자에게 영감을 주었으며, 장기 투자의 성공적인 사례로 꼽히고 있다.

버핏의 수많은 명언 중에는 장기 투자에 대한 그의 확신이 스며든 구절이 많은데, 대표적으로 "우리가 가장 좋아하는 보유 기간은 영원이다"라는 말이 있다. 장기 투자는 인내심이 필요하며, 단기적인 성과에 연연하지 말고 장기적인 목표를 가지고 꾸준히 투자해야 한다고 조언한다. 쉽게 말해 신념과 인내가 성공 투자의 중요한 덕목이라고 말하는 것이다.

앞에서 나는 '신념'과 '인내'가 보상받지 못할 수도 있다는 논리를 펼쳤다. 그렇다면 우리 둘 중 한 명은 잘못된 주장을 하는 걸까? 주식 투자 관련 책을 쓰면서 워런 버핏과 상반되는 주장을 한다니 책 판매에 도움이 될 것 같지는 않다. 하지만 워런 버핏의 주옥같은 조언들은 투자자 각자가 그 말들을 어떻게 이해하고 활용하느냐에 따라 성공의 열쇠가 될 수도, 결정적인 실패 원인이 될 수도 있다고 생각한다.

현존하는 최고의 투자자를 모방해 그대로 투자 전략을 따라가기 전에, 가장 먼저 고려해야 할 부분은 바로 투자 종목이다. 잘 알려진 것처럼 워런 버핏은 '가치투자'의 대가다. 버핏은 주가가 오를 것이라 예상되는 기업이 아니라, 기업의 내재가치를 분석하여 저평가된 우량 기업에 투자하는 것으로 유명하다.

투자할 때는 항상 안전마진을 확보해 위험을 최소화했다. 주가가 하락하더라도 큰 손해가 나지 않도록 충분한 여유를 두고 손실을 줄이는 전략을 사용한 것이다. 기업 가치보다 현저히 낮은 가격이 아니라면 매수하지 않았다는 뜻이다. 다음 그림은 워런 버핏이 운영하는 버크셔 해서웨이가 '장기' 투자하고 있는 TOP10 종목을 보여준다.

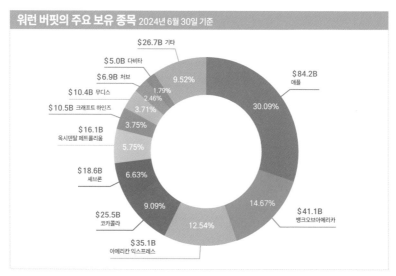

워런 버핏의 주요 보유 종목 2024년 6월 30일 기준

- $26.7B 기타 — 9.52%
- $5.0B 다비타 — 1.79%
- $6.9B 처브 — 2.46%
- $10.4B 무디스 — 3.71%
- $10.5B 크래프트 하인즈 — 3.75%
- $16.1B 옥시덴탈 페트롤리움 — 5.75%
- $18.6B 세브론 — 6.63%
- $25.5B 코카콜라 — 9.09%
- $35.1B 아메리칸 익스프레스 — 12.54%
- $84.2B 애플 — 30.09%
- $41.1B 뱅크오브아메리카 — 14.67%

출처: yahoo.com

이 책을 읽고 있는 투자자들은 워런 버핏의 투자자금이 가장 많이 들어간 10종목 중 과연 몇 종목이나 보유하고 있는지 물어보고 싶다. 반 이상 투자하고 있는가? 아니면 적어도 3~4종목, 그것도 아니라면 1~2종목?

워런 버핏이 주식 투자를 성공으로 이끌었던 전략을 그대로 따라 하기에 앞서 투자 종목들을 이해해야 한다. 우리는 모두 현재 기업의 내재 가치에 비해 저평가된, 일명 '가치주' 중심으로 투자하고 있는가? 주식을 살 때는 항상 안전마진을 확보해 위험을 최소화하고 있는가?

다음 페이지의 표는 2024년 10월 12일 기준 한국예탁결제원이 외화 증권 투자명세를 반영해 보여주는, 한국인 투자자들이 가장 많이 보유한 미국 주식 종목 목록이다.

버핏이 사랑하는 애플(AAPL)을 제외하면, 버핏의 TOP10 종목과 한국인 투자자들의 TOP10 종목은 단 하나도 겹치지 않는다. 워런 버핏은 전 세계 운송수단의 미래를 바꿔버릴 테슬라(TSLA)도, 인공지능 시대를 혼자서 만들고 있는 엔비디아(NVDA)도, 챗GPT의 미래 가치를 가장 먼저 알아차린 마이크로소프트(MSFT)도, 양자 컴퓨팅의 선두 주자 아이온큐(IONQ)도, 서구 세계의 안전을 책임지고 있는 팔란티어(PLTR)도, 스마트 안경으로 차세대 컴퓨팅 시대를 열어갈 메타(META)도 보유하고 있지 않다.

왜일까? 여기에 열거된 이름들이 형편없는 불량 기업들이기 때문일까? 절대 아니다. 한국인 투자자들이 집중적으로 투자하는 이 기업들은 전 세계 최고일 뿐만 아니라 4차 산업혁명을 주도하며 이 세상의 진화를 주도하고 있는, 말 그대로 인류의 미래를 만드는 주인공들이다.

순위	국가	종목코드	종목명	보관금액
1	미국	US88160R1014	TESLA INC	20,502,886,208
2	미국	US67066G1040	NVIDIA CORP	13,507,819,998
3	미국	US0378331005	APPLE INC	4,739,966,262
4	미국	US5949181045	MICROSOFT CORP	3,455,896,801
5	미국	US74347X8314	PROSHARES ULTRAPRO QQQ ETF	3,365,443,340
6	미국	US46222L1089	IONQ INC	2,403,293,994
7	미국	US25459W4583	DIREXION DAILY SEMICONDUCTORS BULL 3X SHS ETF	2,394,056,598
8	미국	US46090E1038	INVESCO QQQ TRUST SRS 1 ETF	2,252,735,812
9	미국	US02079K3059	ALPHABET INC CL A	2,216,278,247
10	미국	US5949724083	MICROSTRATEGY INC CL A	1,813,093,688
11	미국	US0231351067	AMAZON.COM INC	1,807,186,110
12	미국	US69608A1088	PALANTIR TECHNOLOGIES INC CL A	1,727,158,071
13	미국	US78462F1030	SPDR SP 500 ETF TRUST	1,698,932,841
14	미국	US9229083632	VANGUARD SP 500 ETF SPLR 39326002188 US9229084135	1,639,317,534
15	미국	US25460G2865	DIREXION DAILY TSLA BULL 2X SHARES	1,442,654,933
16	미국	US8085247976	SCHWAB US DIVIDEND EQUITY ETF	1,422,064,795
17	미국	US25460G1388	DIREXION DAILY 20 YEAR PLUS DRX DLY 20+ YR TREAS BULL 3X SPLR 953438320 US25459W5408	1,325,885,132
18	미국	US11135F1012	BROADCOM INC EXOF 005644980 SG9999014823	993,274,069
19	미국	US30303M1027	META PLATFORMS INC CL A	872,906,290
20	미국	US4642874329	ISHARES 20+ YEAR TREASURY BOND ETF	796,820,909

출처: seibro.or.kr

하지만 워런 버핏은 이 기업들에 투자하지 않고 있다. 그 이유가 무엇일까? 지금까지 버핏의 투자를 성공으로 이끌었던 가치주 투자 전략에는 맞지 않는 주식들이기 때문이다. 인류의 미래를 창조하는 기업들인 만큼 이들의 주가는 내재가치에 비해 과대평가되어 있으며, 안전마진을 확보할 수 없는 리스크가 큰 종목들이란 의미다.

주가는 실적과 밸류에이션을 곱한 값으로 정의할 수 있다. 여기서 실적은 EPS(주당 순이익, Earning per Share), 밸류에이션은 PER(주가수익비율, Price to Earning Ratio)로 흔히 해석된다. 예를 들어 현재 A라는 주식의 주가가 200달러라고 가정하자. 그런데 A라는 기업이 1년간 만든 순이익을 발행 주식 수로 나눈 EPS가 10달러라면, 현재 시장에서는 20배의 밸류에이션(PER)을 이 주식에 부여한다는 계산이 나온다(주가=실적×밸류에이션=10달러×20배=200달러).

워런 버핏을 최고의 투자자로 만들어준 '가치투자'는 여기서 멀티플(밸류에이션)에 집중한다. 쉽게 말해 기업의 실적에는 아무 문제가 없는데, 어떤 이유에선지 주식의 멀티플이 지나치게 낮게 형성된 종목을 찾아 투자하는 것이다.

그런데 주식의 멀티플이라는 것은 해당 기업의 펀더멘탈적인 변화뿐만 아니라, 시장을 둘러싼 외부적인 상황(정치, 경제, 사회적 이슈)에 의해서도 확장과 수축을 반복한다. 따라서 큰 폭으로 밸류에이션이 하락한 종목을 찾아 투자하면, 결국 주식의 밸류에이션이 정상적인 수준으로 회복하면서 주가의 상승을 도모할 수 있다는 것이 '가치투자'의 주요 논리다. 그리고 이러한 밸류에이션 회복이 기업 실적 향상과 맞물린다면 주가를 이루는 2가지 요소, 즉 실적과 멀티플이 동시에 상승하므로 주가의 상승은 배가될 수 있다.

하지만 우리가 사랑하는 미국의 테크주들은 어떨까? 위에 등장한 주식들 중 몇 가지만 살펴보면 2024년 12월 29일을 기준으로 테슬라의 PER은 118배, 엔비디아는 54배, 팔란티어는 395배의 멀티플에 거래되고 있다. 아이온큐 같은 종목은 아직 적자 기업이라 PER이 계산되지도 않는다. 반면 미국의 경제지《월스트리트 저널》의 분석에 따르면, 같은 날 기준으로 S&P 500 즉 전체 시장의 PER은 25.17배에 불과했다.

다시 말해, 우리가 집중적으로 투자하는 미국의 테크주들은 안전마진을 확보할 수 있는 저평가된 주식들이 아니다. 오히려 미래 성장에 대한 기대감으로 현재 기업의 내재가치에 비해 고평가된 기업들이 대부분이다.

이렇게 워런 버핏과는 정반대의 기준을 가지고 투자 종목을 선정해 놓고, 워런 버핏의 투자 전략을 그대로 따라 하고 있다. 과연 우리는 성공할 수 있을까? 세계적으로 유명한 투자 대가들의 투자 조언들이 우리의 주식 투자를 실패로 이끈 이유가 바로 여기에 있다.

"

결국 투자의 정석은

'투자에는 정석이 없다'는 것을

인식하는 데서 시작한다.

"

미국 주식 투자의 정석

이 책은 내가 세 번째로 집필한 미국 주식 투자 관련 서적이다. 첫 번째 책은 코로나19가 한창이던 2020년 겨울에, 두 번째 책은 강세장이 마무리되고 있던 2021년 가을에 출간되었다. 당시에도 최선을 다해 정성껏 집필했는데, 지금 읽어보면 부족한 점이 한둘이 아니다. 특히, 그 책을 구입한 투자자들의 투자 결과에 직접적인 도움을 주지 못했을지도 모른다는 걱정이 앞선다.

첫 번째 책은 지나치게 이상적인 이야기로 지면을 할애했고, 두 번째 책은 그 당시 투자자들의 관심이 집중되었던 성장 주식들을 소개하는 데 그쳤다. 독자들이 주식 책을 살 때는 그 책을 읽고 투자 수익을 향상할 수 있을 거라는 기대가 있을 텐데, 그 점에 있어서는 솔직히 아쉬움이 많이 남았다.

그래서 세 번째 책을 썼다. 책 한 권을 읽고 갑자기 주식 투자의 달인이 될 수야 없겠지만, 독자들의 투자 수익률에 작으나마 도움이 될 수 있는 실질적인 혜택을 선물할 수 있는 책을 쓰고 싶었다.

나와 비슷한 연배의 독자들은 《수학의 정석》이라는 책을 기억할 것이다. 1960년대 처음 출간된 책이라서 구식이기도 하고, 디자인이나 그림 같은 것도 부족해서 참 지루한 교재였다. 하지만 그때는 거의 모든 고등학생이 《수학의 정석》으로 공부했다. 수학의 기본 개념부터 심화 문제까지 워낙 방대한 양의 문제가 담겨있어서 이 책 하나면 충분하다는 생각도 들었고, 무엇보다 오랜 시간 많은 학생이 사용하며 검증된 교재라 신뢰도가 높았다.

그 시절 수많은 학생이 《수학의 정석》 덕분에 좋은 대학에 진학했던 것처럼, 이 책을 통해서 많은 투자자가 만족스러운 투자 결과를 보면 좋겠다는 마음이다. 지금부터 가장 중요한 '미국 주식 투자의 정석' 이야기를 시작해 보겠다.

01

연준에 (절대로) 대항하지 말라

제한된 자원과 정보, 전문지식 부족, 높은 거래 비용 등 개인 투자자는 기관 투자자에 비해 불리한 점이 많다. 하지만 개인 투자자로서 누릴 수 있는 몇 가지 유리한 점도 분명히 존재한다. 예를 들어, 개인 투자자는 규모 제한으로 기관 투자자가 접근할 수 없는 소규모 기업에도 투자할 수 있으며, 단기 성과에 대한 부담 없이 장기 투자 전략을 더 쉽게 채택할 수도 있다. 또한, 개인의 관심사나 가치관에 부합하는 특정 투자에 집중할 수 있는 것도 개인 투자자들만의 특권이다.

하지만 정말 중요한 의미가 있는 것은 원하는 시기와 기간에만 투자할 수 있다는 점이다. 개인 투자자는 대형 기관이 직면하는 제약 없이 시장 변화에 빠르게 대응해 주식 포지션을 늘리거나 줄일 수 있다. 미국 주식 투자 정석의 첫 번째 규칙은 이러한 특권을 충분히 활용하는 데 있다.

"연준에 대항하지 말라"라는 말을 들어봤을 것이다. "연준과 싸우지 말라"라는 조언은 기본적으로 연준의 영향을 받는 일반적인 시장 추세에 역행하기보다는 연준의 정책에 투자 전략을 맞추는 것이 더 유리할 때가 많다는 뜻이다. 연준은 금리 조정 및 국채 매입 같은 통화정책 결정을 통해 경제 전반을 형성하는 데 중요한 역할을 한다.

따라서 투자자들은 종종 연준의 움직임을 예측해 반응하며, 이는 주가, 채권 수익률 및 기타 금융 시장에 큰 영향을 미칠 수 있다. 결론부터 말하면, 연준의 정책을 이해하면서 시장의 흐름에 순응하는 투자가 승률과 수익률 둘 다 좋을 가능성이 크다. 연준의 의도에 반하는 금리 인상 시기나 시장 침체기에 베팅하기보다는 연준의 현재 정책으로 혜택받을 가능성이 있는 시기나 자산군에 투자하는 것이 더 나은 경우가 많다는 뜻이다.

이론상으로는 누구나 잘 알고 있다. 문제는 항상 실행이 쉽지 않다는 것이다. S&P 500은 2020년 2월 19일 최고점을 찍은 후 3월 23일까지 34%나 하락했다. 모두 기억하는 것처럼, 2020년 2월부터 코로나19가 전 세계로 급속히 퍼지면서 경제 활동에 심각한 타격을 주었기 때문이다. 각국 정부는 바이러스 확산을 막기 위해 경제 활동을 제한하는 봉쇄 조치를 시행했고, 이로 인한 경제 활동 중단으로 심각한 경기 침체 우려가 커졌었다. 결정적으로 팬데믹의 심각성과 지속 기간에 대한 불확실성 때문에 시장은 공포감이 극에 달하던 시기였다.

그런데 어찌 된 일일까? 그 이후 미국 증시는 2021년 말까지 2배 이상 상승하면서 V자 회복을 만들어냈다. 어떻게 이런 일이 가능했을까? 이유는 간단했다. 3월 23일 월요일 미국 증시 개장 직전 미국 연방준비이사회는 채권과 모기지 기반 증권을 '무제한적으로' 구매하겠다고 발표했기 때문이다. 쉽게 말해 시장에 돈을 무제한으로 풀겠다고 발표한 것이다. 게다가 연준은 기준금리를 0~0.25% 수준으로 대폭 인하했다. 이것은 2008년 금융위기 이후 처음으로 실시한 '제로금리' 정책이었다.

연준의 이런 움직임을 본 투자자들은 두 부류로 나뉘었다. 첫 번째 그룹은 연준을 믿지 못했다. 매일 같이 사람들이 질병으로 죽어 나가는 상황에서 주식 투자는 미친 짓처럼 느껴졌고, 인류가 당장 멸망할 것 같은 공포감 때문에 보유하고 있던 주식을 헐값에 팔았다.

주식 시장은 다수와 다수가 매매하는 경매 시장이다. 주식을 파는 사람이 있었다는 건, 누군가는 그 주식을 사고 있었다는 뜻이다. 팬데믹이라는 극적이고 한 치 앞도 보이지 않던 상황에서 패닉에 빠진 동료 투자자들이 던지는 주식을 '줍줍' 하던 사람들은 무슨 생각이었을까?

그들은 단순히 "연준과 싸우지 말라(Don't fight the Fed)"라는 격언을 따랐을 뿐이다. 금리 인하 이후 S&P 500을 비롯한 주요 지수들이 빠르게 회복하기 시작했다. 저금리 환경은 주식 투자의 매력을 높이는 요인이 되었고, 연준의 정책은 경제 회복을 지원하는 데 도움을 주었다. 이는 기업 실적 개선으로 이어져 주가 상승을 뒷받침했다.

특별한 주식을 잘 선별해 투자할 필요도 없었다. 당시 시가총액 1위 기업이었던 애플(AAPL)의 주가는 2020년 3월 저점에서 2021년 말까지 3배 이상 상승했다. 같은 기간 구글 주가는 약 160%, 당시 '페이스북'이라고 부르던 메타의 주가도 150% 가깝게 상승했다. 조금 더 센스있는 투자자라면 줌(ZM) 같은 종목에 투자해서 1년도 되지 않는 짧은 기간에 800%의 수익을 올릴 수 있었던 최고의 투자 기회였다. 이렇게 한 세대에 한 번 올까 말까 한 기회를 잡은 투자자들은 결국 연준에 대항하지 않았던 사람들이었다.

연준은 또한 우리가 언제 주식 투자를 멈춰야 하는지도 친절하게 알려준다. 2022년 3월 16일, 연준은 연방기금 금리 목표 범위를 0.25~0.50%로 0.25%포인트 인상했다. 이것은 2018년 이후 첫 번째 금리 인상이었다. 당시의 금리 인상은 높은 인플레이션에 대처하기 위한 일련의 금리 인상 사이클의 시작에 불과했다. 연준은 2022년과 2023년까지 몇 차례 더 금리 인상을 단행했고, 결국 2023년 7월 마지막 인상까지 연방기금 금리를 5.25~5.50% 범위로 끌어올렸다.

그 사이 주식 시장은 어떻게 되었을까? 주식 시장은 매크로 상황에 선행한다. 그 말 그대로 미국 증시는 연준의 첫 번째 금리 인상 2개월 전인 2022년 1월 3일 이미 고점을 찍고 하락하기 시작했다. 그 이후 미국 증시는 단 10개월 만에 25% 가까이 폭락했다. 연준의 첫 번째 금리 인상이 있었던 3월 중순에라도 미국 주식 시장을 빠져나왔다면 큰 손실을 줄일 수 있었을 것이다. 2022년 3월 중순부터 약 7개월간 S&P 500은 21% 이상 떨어졌기 때문이다. 가장 큰 피해를 본 투자자들은 '미국 주식 투자의 정석, 첫 번째 규칙'을 어기고, 감히 연준에 대항했던 무모한 사람들이었다.

02

성공 투자의 시작과 끝,
포트폴리오

연준에 대항하지 않는 적절한 시기와 주식 자산 비중으로 미국 주식 투자를 진행하기로 마음먹었다면, 이제는 미국 주식 포트폴리오를 구성할 차례다. 포트폴리오 구성은 성공적인 투자를 위한 시작과 끝이라고 할 수 있을 정도로 중요하다. 다각화된 포트폴리오를 구축하는 것은 투자 리스크를 관리하는 효과적인 방법의 하나이기 때문이다.

주식 시장에서는 변동성을 '리스크(위험)'라고 부른다. 그만큼 주식 시장의 극심한 변동성은 주식 투자를 실패로 돌아가게 하는 커다란 장애물 역할을 해왔기 때문이다. 다각화된 포트폴리오는 전반적인 변동성을 줄이는 데 도움이 될 수 있다. 일부 투자 종목은 실적이 저조할 수 있지만, 다른 투자는 실적이 우수해 시간이 지남에 따라 더 균형 잡히고 변동성이 낮은 투자 경험을 제공할 수 있는 것이 분산 투자의 가장 큰 장점이다.

혹자는 분산 투자를 하면, 소수 종목에 집중 투자하는 방식에 비해 주식 수익률이 떨어질 수 있다고 지적한다. 맞는 말이다. 지난 1년간 우리가 엔비디아 주식에만 소위 '몰빵'했다면, 우리의 투자 수익률은 1년이라는 짧은 기간 동안 200%를 넘겼을 것이다. 엔비디아 주식에 올인하지 않고, 20종목 가까운 종목에 분산 투자한 스스로가 원망스러울 수 있는 대목이다.

하지만 같은 시기 엔비디아가 아니라 테슬라 주식을 선택했다면 어떻게 되었을까? 같은 기간 테슬라 주식은 13% 이상 하락했다. 지난 1년간 미국 증시의 벤치마크인 S&P 500 지수는 33% 이상 상승했다(2024년 10월 14일 기준). 꾸준히 우상향해 온 미국 증시의 찬란한 역사 속에서도 눈에 띌 만한 엄청난 상승장이 지난 1년간 펼쳐졌던 셈이다.

이렇게 뜨거웠던 최고의 상승장 속에서, 나 홀로 테슬라에 몰빵한 투자자들의 심정은 어땠을까? 모두 파티에 참석해서 즐겁게 노래하고 먹고 마시는데, 홀로 집안일을 해야 했던 신데렐라의 절망감을 넘어서는 고통이 아니었을까?

물론 분산 투자가 수익을 보장하거나 손실을 방지하는 것은 아니지만, 장기적으로 위험 조정 수익률을 개선할 수는 있다. 감당해야 하는 위험 대비 수익률이 뛰어나다는 것이다. 쉽게 말해 쫄딱 망할 일을 방지하면서도 투자 수익을 올릴 수 있다는 뜻이다.

그래서 잘 구성된 포트폴리오는 시장 변동성에도 투자자가 장기 전략에 전념할 수 있도록 도와준다. 가끔 부딪히는 가혹할 정도로 끔찍한 변동성 장세에서도 흔들리지 않고 정서적인 안정을 유지할 수 있다는 뜻이기도 하다. 이러한 정서적 규율과 안정은 장기적인 '성투(성공적인 투자)'뿐만 아니라 '행투(행복한 투자)'를 위해서도 너무나 중요하다. 주식 투자의 결과뿐만 아니라 그 과정에서도 마음의 안정과 투자의 즐거움을 유지하면서 건강한 투자 여정을 만들 가능성이 커지기 때문이다.

투자의 성과 관점에서 봤을 때도, 다각화된 포트폴리오가 단일 주식에 투자하는 것보다 위험 조정 수익률이 더 높은 경향이 있다는 연구 결과가 있다. '위험 조정 수익률'이란 투자 수익성을 평가할 때, 해당 수익을 달성하기 위해 감수하는 위험 수준을 고려해 비교할 수 있게 만든 평가 지표다. 물론 앞에서 엔비디아 주식의 예를 통해 살펴봤듯이, 분산투자는 최대 잠재 수익률을 제한할 수 있다. 단일 주식이 분산 투자보다 더 높은 절대 수익률을 낼 수도 있기 때문이다.

하지만 시간이 지남에 따라 감당해야 하는 위험을 조정해 계산하면 다각화된 포트폴리오가 더 나은 성과를 내는 경우가 많다. 변동성이 낮으면서도 일관된 성과를 제공하기 때문이다. 주식 수가 여럿이면 실적이 저조한 주식에서 입은 손실을 실적이 좋은 다른 주식으로 상쇄할 가능성이 더 커진다. 따라서 단일 종목의 부진한 성과가 전체 포트폴리오에 미치는 영향을 줄일 수 있게 된다.

예일대의 기부금을 관리했던 데이비드 스웬슨(David Swensen)은 잘 다각화된 포트폴리오의 잠재력이 어떤 것인지 실제 사례를 보여주었다. 스웬슨은 1985년부터 2021년에 사망할 때까지 35년 이상 예일대학교의 기부금을 관리했다. 1985년, 예일대 기부금은 13억 달러에 불과했으나 스웬슨이 관리하기 시작하면서 연평균 13.7%의 수익률을 기록했다. 당시 평균 수익률이었던 연 3.4%를 크게 웃돈 것이다. 2021년 6월 30일의 기준 기부금은 처음 13억 달러에서 423억 달러로 둔갑해 있었다.

스웬슨의 성공으로 예일대의 기부금 지출은 1985년 4,500만 달러(예산의 10%)에서, 2021년 16억 달러(예산의 33%)로 늘었다. 이 자금은 교수 채용, 캠퍼스 리모델링, 학생 재정 지원 확대 등 예일대가 명문 사학으로서 그 명성을 유지하는 데 쓰였다고 한다.

스웬슨은, 이후 '예일 모델'로 알려진 접근 방식을 사용했다. 이 모델은 헤지펀드, 부동산, 목재, 사모펀드 같은 대체 자산을 포함해 전통적인 주식과 채권을 넘어 최대한으로 다각화된 분산 투자 방식이었다. 스웬슨의 접근 방식은 예일대를 넘어 투자업계에도 영향을 미쳤다. 점점 더 많은 기관 투자자들이 분산 투자 전략을 도입했으며, 여러 대학과 재단이 비슷한 전략을 채택했다는 전설이 남아있다.

03

포트폴리오 리밸런싱,
이제 거꾸로 하라!

우리의 주식 포트폴리오에는 과연 몇 종목을 담아야 할까? 이 질문에는 다양한 이론이 존재하지만, 그중에서도 획기적인 포트폴리오 이론으로 꼽는 것은 1968년 피셔(Fisher)와 로리(Lorie)가 발표한 연구 결과다. 이들은 수십 년 동안의 주식 시장 수익률을 분석하고, 다양한 주식 수로 구성된 포트폴리오를 무작위로 선택해 비교했다.

그 결과, 30개 이상의 종목을 담은 포트폴리오는 단일 종목이나 그보다 적은 수의 종목을 담은 포트폴리오에 비해 변동성이 훨씬 낮은 것으로 나타났다. 반면, 30개 종목을 넘으면 분산 투자를 해도 추가적인 위험 감소 효과는 미미했다. 30개 종목으로 구성된 포트폴리오가 단일 종목 포트폴리오에 비해 분산 가능한 위험을 최대 90%까지 제거할 수 있다는 흥미로운 사실을 밝혀낸 연구였다. (출처: www.investopedia.com/articles/stocks/11/illusion-of-diversification.asp)

또 다른 분산 투자 연구는 여러 수학적 연구를 기반으로 하는데, 마코위츠(Markowitz)의 현대 포트폴리오 이론이 대표적이다. 이 연구는 다각화가 반드시 수익률을 희생하지 않고도 포트폴리오 위험을 줄일 방법을 보여주었다.

마코위츠의 수학적 모델에 따르면, 포트폴리오에 상관관계가 없는 자산을 추가할수록 전체 포트폴리오 위험은 같은 비율로 감소한다. 하지만 포트폴리오 종목 수가 25~30개를 넘으면 종목을 더 추가해도 위험 감소 효과는 거의 없다. 따라서 이론적으로는 더 많은 종목을 보유할수록 분산 효과가 약간 더 커질 수 있지만, 25~30개가 관리와 위험 감소의 균형을 맞춘 최적 수준으로 여겨진다.

다시 한번 강조하지만, 여기서 분산 투자가 줄여주는 '리스크'는 '변동성'이다. 투자자 각자가 감당할 수 있는 변동성 정도는 천차만별이기 때문에, 자신의 투자 성향과 성격을 고려해 자산 배분을 결정하는 것이 중요하다.

투자자들이 각자의 '변동성' 내성에 맞춰 포트폴리오를 구성했다면, 이제 리밸런싱(Rebalancing) 이야기를 할 차례다. 주식 투자에서 리밸런싱은 포트폴리오의 자산 배분을 원래의 목표에 따라 다시 조정하는 과정이다. 시장 상황이 변하더라도 포트폴리오가 투자 전략과 일관성을 유지하도록 만든다. 또 리밸런싱은 감정적이지 않고, 절제된 투자 접근 방식의 토대를 만드는 데도 도움이 된다. 목표 비중을 초과해 상승한 자산을 일부 정리하고, 실적이 저조한 자산을 추가 매수함으로써 자동으로 '고점 매도, 저가 매수'를 시스템화할 수 있는 것이다.

결과적으로 리밸런싱은 적절히 다각화한 포트폴리오를 유지하는 데 도움이 된다. 한 종목이나 섹터에 지나치게 집중하면 해당 영역이 하락할 경우 위험이 커지기 마련이다. 하지만 리밸런싱은 정기적으로 상승한 종목이나 섹터를 매도해 하락한 종목이나 섹터의 비중을 높이는 과정을 반복할 수 있기 때문이다. 이론적으로는 말이다.

하지만 지금부터 나는 다른 주식 책과는 정반대의 이야기를 하고자 한다.

리밸런싱을 하되, 하락한 종목을 매도해 상승한 종목의 비중을 더 늘려야 한다는 주장이다. 결론부터 말하면, 정기적으로 상승한 종목이나 섹터를 매도해 하락한 종목이나 섹터의 비중을 높이는 전략은 '가치주 투자'에나 어울린다.

우리가 흔히 말하는 가치주, 즉 우량한 재무제표와 성숙 단계에 이른 안정적인 비즈니스 모델을 가진 기업을 예로 들어보겠다. 기업의 펀더멘탈이나 비즈니스 성장에 아무런 문제가 없는 가치주들로 포트폴리오를 구성했다고 가정해 보자. 일부 종목은 상승하고 일부 종목은 하락했다면, 그 차이는 기업의 펀더멘탈적인 변화보다는 주식의 밸류에이션, 즉 멀티플의 일시적 변화가 원인일 것이다.

애당초, 이 기업들은 성장을 위한 과감한 투자보다는 안정적으로 운영하기 때문에 펀더멘탈에 커다란 변화가 생길 가능성은 매우 낮다. 지난달까지 잘 팔리던 코카콜라가 갑자기 이번 달부터 안 팔릴 가능성은 매우 낮다는 말이다. 물론 맥도널드 햄버거를 먹고 사람이 죽었다면 이야기는 달라진다.

따라서 밸류에이션이 일시적으로 상승한 종목을 일부 매도해 하락한 종목을 추가 매수하는 전략은, 시간이 지나 밸류에이션이 정상화되면 긍정적인 결과를 가져올 가능성이 매우 높다. 당신의 포트폴리오가 이런 우량 가치주들로 구성되어 있다면, 워런 버핏 같은 대가들을 따라 정상적인 방법으로 리밸런싱하면 될 것이다.

하지만 만약 당신이 투자 중인 주식이 대부분 성장주라면 이야기는 180도 달라진다. 우리가 투자하는 성장주 중 일부 주식이 상승하고 일부 주식이 하락한다면, 그 차이점은 밸류에이션보다는 기업의 펀더멘탈, 그중에서도 성장성에 의해 결정되는 경우가 십중팔구다. 어닝에 따라 성장주 주가가 심하게 흔들리는 이유가 바로 이것이다.

프리미엄이 붙은 높은 밸류에이션은 어느 정도 무시하면서, 기업의 미래 성장에 베팅하는 것이 성장주 투자다. 이런 투자 논리가 무너지기라도 하면 주가는 상상을 초월하는 수준으로 하락할 수 있다. 펀더멘탈(실적)뿐만 아니라 거품이 잔뜩 낀 밸류에이션이 수축하면서 주가 하락은 가속화한다.

그렇다면 '가치주'의 경우처럼, 밸류에이션이 하락하면서 주가가 내려갔으니 저가 매수의 기회로 삼는 것이 맞을까? 위험한 행동이다. 애당초, 성장주의 주가 하락 시발점은 펀더멘탈이라는 것을 기억해야 한다. 기업의 펀더멘탈이 무너지고 있는데, 밸류에이션이 하락했다는 이유만으로 떨어지는 칼을 잡는 것이 현명한 판단은 아닐 것이다.

게다가 '가치주' 시장의 리밸런싱 규칙에 따르면, 주가가 상승하는 종목을 정리해서 하락하는 종목을 사야 한다. 과연 현명한 선택일까? 성장주의 주가가 상승하는 이유는 단 한 가지, 성장이 제대로 되고 있기 때문이다. 이미 높은 밸류에이션을 정당화하고, 그 이상으로 끌어올릴 만한 펀더멘탈 향상이 있어야 성장주 주가가 한 단계 위로 치솟을 수 있다.

그래서 성장주 투자자라면 저가에 매수해서 고가에 매도할 '꿈'을 깨야 한다. 성장주 투자는 고가에 매입해서, 그보다 더 고가에 매도하는 것을 목표로 해야 성공할 수 있다.

오늘도 미주은 댓글창에 이런 글이 달렸다. "좋은 종목이기는 한데, 최근에 주가가 너무 올랐네요." 최근에 주가가 올랐기 때문에 추천한 주식이었다. 성장주 투자의 리밸런싱은 거꾸로 해야 한다. 주가가 내려가는 종목을 팔아서, 주가가 올라가는 종목을 사야 한다.

04

최고의 매수/매도 기준,
모멘텀

앞에서 나는 주가가 하락하는 종목을 팔아서, 주가가 상승하는 종목을 사야 한다고 주장했다. 처음에는 믿기지 않을 것이다. 실행하기도 쉽지 않을 것이다. 하지만 이런 방식의 투자 전략은 전혀 새로운 것이 아니다.

주식 투자 세계에서는 이런 투자 방식을 '모멘텀' 전략이라고 부른다. 모멘텀은 최근 실적이 좋았던 주식은 앞으로도 한동안은 상승세를 이어가고, 실적이 부진했던 주식은 앞으로도 한동안은 주가 흐름이 좋지 않다는 것을 말한다. 이 개념은 주가 추세는 한동안 지속될 수 있다는 생각에 기반한 것으로, 투자자는 이러한 흐름을 이용해 수익을 올릴 수 있다고 주장한다.

모멘텀 투자자는 지난 3~12개월 동안의 가격 변동으로 추세를 파악한다. 내가 개인적으로 가장 이상적이라고 생각하는 주식 투자 주기, 즉 6개월~1년과 일치하는 기간이다. 모멘텀 전략은 단기 일간 트레이딩부터 장기 포지션 트레이딩까지 다양한 기간에 적용할 수 있다.

금융업계에서는 모멘텀 투자의 실효성을 광범위하게 연구해 왔다. 효율적 시장 가설 같은 전통적인 이론에 도전하지만, 수많은 연구에서 그 효과가 입증되었다. 시장에서의 모멘텀 개념은 19세기까지 거슬러 올라간다. 다우존스 산업평균지수의 창시자인 찰스 다우(Charles Dow)는 1800년대 후반에 주가가 한동안 일정한 방향으로 움직인다는 것을 발견했는데, 이것이 모멘텀 투자의 토대가 되었다고 전해진다.

그 후 모멘텀 투자 전략은 1990년대 학계의 연구를 거치면서 상당한 신뢰와 인기를 얻게 되었다. 1993년 나라심한 제가디시(Narasimhan Jegadeesh)와 셰리단 티트먼(Sheridan Titman)은 〈승자 매수 및 패자 매도 수익률〉이라는 제목의 중요한 논문을 발표했다. 이 연구는 과거 3~12개월 동안 좋은 성과를 거둔 주식이, 다음 3~12개월 동안에도 계속해서 우수한 성과를 거두는 경향이 있음을 보여주었다. 모멘텀 투자의 효과성이 처음으로 입증되는 역사적인 순간이었다.

시간이 지남에 따라 다양한 연구가 시도되었고, 횡단면 모멘텀 및 시계열 모멘텀 같은 변형까지 등장하면서 계속 발전해 왔다. 그러다가 '모멘텀 투자의 아버지'라고 불리는 리처드 드리하우스(Richard Driehaus)가 등장하면서, 많은 투자자에게 전파되어 사용되기 시작했다. 리처드 드리하우스는 모멘텀 투자 전략에 몇 가지 공헌을 했는데, 가장 큰 기여는 '고점 매수, 고점 매도' 접근법을 개발해 대중화했다는 점이다. 이 전략은 '저점 매수, 고점 매도'라는 전통적인 가치 투자 통념에 정면으로 도전하는 혁명 같은 개념이었다.

리처드 드리하우스가 실행한 모멘텀 투자 전략의 핵심은 다음과 같이 정리된다.

1. 이미 가격 상승세가 강한 종목을 찾아 매수하는 데 집중하라.
2. 상승 모멘텀이 지속되는 한 그 주식을 계속 보유하라.
3. 특히 수익 성장 잠재력이 가장 큰 종목에 우선순위를 두어라.
4. PER(주가수익비율)이 높은 주식도 수익의 성장률이 가속화되고 있다면 여전히 좋은 투자가 될 수 있다.
5. 강력한 어닝 서프라이즈, 급격한 실적 상향 조정, 실적 성장 가속화가 주가 급등의 주요 촉매제다.

드리하우스의 접근 방식은 저평가된 주식을 찾는 기존의 통념과 모순된다는 점에서 혁명적이었다. 그는 "평균 이하의 주가수익비율(PER)을 가진 주식만 매수하는 접근 방식은 최고의 성과를 내는 많은 종목을 자동으로 배제한다"라고 주장했다.

펀더멘탈 분석, 가격 강세 같은 기술적 지표를 결합한 이 모멘텀 중심 투자 전략은 최근 들어 대세가 되고 있는 '공격적 성장주' 투자의 초석이 되었다. 드리하우스 연구의 역사적 의미는, 금융계에서 모멘텀 전략이 실현 가능한 투자 방법으로 인식되고 널리 채택되도록 하는 데 크게 이바지했다는 점이다. 최근 미주은 포트폴리오 운영의 큰 틀인 모멘텀 투자 전략 역시 이러한 근거에 따라 진행하고 있다.

마지막으로 모멘텀 투자 전략의 실효성을 증명한 따끈따끈한 최신 연구 결과를 한 건만 더 소개한다. 2024년 인베스트헤메틱(Investhematic)이라는 기관에서 진행한 연구다. 2001년부터 2024년 3월까지 S&P 500 지수에 포함된 종목들을 대상으로, '주가 모멘텀 전략'과 '52주 고점 모멘텀 전략'의 효과를 S&P 500의 수익률과 비교해서 백테스트했다. 여기서

'52주 고점 모멘텀 전략'이란 52주 고점에 가까운 종목은 매수하고, 52주 고점에서 먼 종목은 매도하는 방식을 말한다. '주가 모멘텀 전략'은 수익률 상위 30%의 주식은 매수하고, 하위 30%의 주식은 매도하는 방식으로 정의된다.

위에 나와 있는 백테스팅 결과, 주가 모멘텀 전략이 총수익률 1,265%로 1위를 차지했고, 52주 고점 모멘텀 전략 역시 887%의 총수익률을 보이면서 S&P 500 지수의 수익률 520%를 가볍게 넘어섰다. 모멘텀에 집중하는 투자 전략이 미래 수익률에 대한 강력한 예측 지표이자, 더 신뢰할 수 있는 트레이딩 신호라는 것이 최근 미국 증시 데이터를 통해서도 입증된 것이다.

지표	S&P 500 지수 (총수익률)	주가 모멘텀 전략	52주 고점 모멘텀 전략
누적 수익률	519.79%	1,265.52%	887.36%
연평균 성장률	8.17%	11.91%	10.36%
샤프 비율 (0% 무위험 수익률)	0.5	0.63	0.62
소티노 비율	0.71	0.89	0.88
최대 하락폭	-55.25%	-53.5%	-52.74%
최대 하락 기간(일)	1758	903	1304
변동성(연간)	19.44%	21.70%	18.88%
정보 비율	-	0.03	0.02
결정 계수	-	0.85	0.88

출처: medium.com

위의 표를 보면 알 수 있듯이 2가지 모멘텀 전략 모두 주가 수익률에서만 S&P 500 지수를 능가한 것이 아니다. 최대 하락 시에도 손실이 적고, 하락 기간이 짧아 시장 침체기에도 더 나은 성과를 내는 것으로 확인되었다. 표에 있는 '샤프 비율(Sharpe Ratio)'은 투자의 초과수익률을 그 투자의 변동성(위험)으로 나눈 값이다. 높은 샤프 비율은 더 나은 위험 조정 수익률을 의미한다.

감당해야 하는 변동성(위험)이 천차만별인 다양한 투자처 중에 '감수한 위험 대비 가장 높은 수익을 낼 수 있는 곳은 어디인지'를 비교 평가할 수 있는 지표라고 생각하면 된다. 일반적으로 샤프 비율이 높을수록 위험 대비 수익률이 높다.

2가지 모멘텀 투자 전략 모두 S&P 500 지수 투자에 비해 소티노 비율도 더 높았다. '소티노 비율(Sortino Ratio)'은 샤프 비율의 변형으로, 투자의 하방 위험만을 고려해 성과를 평가하는 지표다. 소티노 비율을 계산하려면 먼저 투자 수익률에서 국채 같은 안전한 투자의 수익률을 뺀 '초과 수익률'을 구한다. 그다음 투자의 하락 위험을 나타내는 '하향 편차'를 측정하고, 마지막으로 이 초과 수익률을 하향 편차로 나눈 것이 바로 소티노 비율이다.

쉽게 말해, 소티노 비율은 '투자로 얻은 추가 이익이 투자의 손실 위험에 비해 얼마나 큰지'를 보여주는 숫자라고 할 수 있다. 소티노 비율이 플러스라는 말은 하방 위험만 고려했을 때 포트폴리오의 수익률이 국채 같은 무위험 수익률을 초과한다는 의미로 해석할 수 있다. 즉, 이미 은퇴하거나 정기적인 수입이 적어 손실 가능성을 중시하는 투자자에게도 모멘텀 투자가 지수 투자에 비해 훨씬 더 안전한 투자 방법이 될 수 있다는 뜻이다.

나는 특히 테크주나 성장주 투자자야말로 반드시 모멘텀에 입각한 투자 전략을 실행해야 한다고 믿는다. 변동성이 극심한 성장주 투자에서 손실은 최소화하고, 손익은 극대화할 수 있는 유일한 투자 전략이기 때문이다.

1년 이후는
쳐다보지도 말라

5년 가까이 미주은 유튜브 채널을 운영하면서, 더 많은 시청자에게 어필하기 위해 다양한 형식과 소재로 프로그램을 운영해 왔다. 지금은 가장 많은 투자자가 선호하는 '오늘의 미국 주식 뉴스'라는 코너가 주를 이루지만, 예전에는 섹터별로 가장 좋은 펀더멘탈을 갖춘 종목을 찾기 위한 '미국 주식 분석 끝판왕', 라이벌 관계에 있는 두 종목의 투자 가치를 대결 형식으로 구성한 '미국 주식 배틀 끝판왕', 미국 주식 전문가들과의 인터뷰로 구성되었던 '미주은이 대신 만나러 갑니다' 등 흥미로운 코너들이 즐비했었다. 이 모든 코너가 그때그때 시청자들의 요구에 대응하면서 미주은 채널이 롱런할 수 있는 비결이 될 수 있었던 것 같다.

그 시도 중 '하지 말았어야 했는데'라고 후회하는 코너가 있다. 2020년 말부터 6개월가량 진행했던 건데, 10년간 10배로 성장할 잠재력이 있는 성장주들을 소개하고 분석하는 콘텐츠였다. 당시 미국 증시는 코로나19 팬데믹 이후 구원 등판한 연준의 힘을 빌려 급격한 상승 추세를 즐기고 있었다. 연이어 급상승하는 미국 주식 붐으로 투자자들은 초심을 잃고 이른바 '텐배거'를 찾기 위해 혈안이었다. 나 또한 이러한 시대적 분위기에 흠뻑 취해 있었다. 당시 실적이 뒷받침되지 못하는 적자 기업 중 모멘텀의 힘만으로 달려가던 수많은 성장 기업을 투자자에게 소개하는 씻지 못할 잘못을 범하게 된 것이다.

오해의 소지가 있어 미리 말하자면 나는 아직도 테크주, 성장주에만 투자한다. 그리고 그 이유는 '4차 산업혁명'이다. 앞에서 말한 것처럼 인공지능을 필두로 한 4차 산업혁명은 이제 막 그 시작 단계에 있다. 많은 사람이 잘못 생각하는 게 하나 있는데, 4차 산업혁명이 이미 오래전에 시작되었을 거라는 편견이다. 영어로 '인더스트리(Industry) 4.0'이라고 표현되는 이 용어가 처음 세상에 등장했던 것은 2011년이었다. 당시 하노버 산업 박람회에서 '보쉬'라는 독일 기업이 산업 생산에 정보 및 통신 기술이 광범위하게 통합되는 것을 설명하면서, 이 개념을 공개적으로 소개했다. 무려 13년 전의 일이라, 사람들이 4차 산업혁명이 이미 오래전에 시작되었다고 오해하는 것도 이해는 된다.

하지만 투자자 관점에서의 4차 산업혁명은 이제 막 그 시작을 알렸다. 나는 2022년 11월 30일 오픈 AI가 챗GPT를 공개적으로 출시한 시점을 4차 산업혁명의 시작으로 보고 있다. 그때부터 기업들이 4차 산업혁명의 첫 번째 키워드인 '인공지능'으로 돈을 벌기 시작했고, 우리 투자자들도 엔비디아나 클라우드 인프라 기업들을 통해 투자의 기회를 얻기 시작했기 때문이다.

하지만 우리 대부분은 아직 인공지능을 매일 사용하지는 않는다. 우리 대부분은 아직 웨이모의 자율주행 택시를 이용해 본 적도 없고, 집에 가사를 도와주는 옵티머스 로봇이 있는 것도 아니다. 인공지능이 탑재되어 있다는 메타의 스마트 안경을 써본 사람도 아직은 그리 많지 않을 것이다. 투자 관점에서 보면 이 사실들은 큰 시사점을 던진다.

위에 열거한 4차 산업혁명 기술력을 개발 중인 기업들이 아직 그 기술력을 탑재한 상품이나 서비스를 제대로 판매하고 있지 않다는 말이고, 이것은 곧 4차 산업혁명으로 그 기업들의 매출이나 이익에 많은 변화가 발생하기 전이라는 증거이기 때문이다. 물론 엔비디아는 예외다.

4차 산업혁명은 이제 막 시작되고 있다. 점점 더 많은 사람이 4차 산업혁명 기술력이 탑재된 상품과 서비스를 구매하기 시작할 테고, 그 결과 우리가 구매하는 상품과 서비스를 제공하는 기업들은 엄청난 재무적 이익을 취하게 될 것이다. 대다수는 미국 기업이 될 가능성이 높다. 바로 여기에 우리가 미국 주식에 투자하는 가장 큰 이유가 존재한다.

물론 이 과정에서 향후 10년간 10배 이상 성장할 수많은 텐배거들이 등장할 것이다. 하지만 역사상 딱 3번 찾아왔던 산업혁명이 다시 한번 찾아온 이 시점에서 굳이 10년 뒤를 바라보며 투자할 필요가 있을까?

불과 얼마 전까지만 해도, 우리 대부분은 '생성형 인공지능(Generative AI)'이나 '대규모 언어 모델(Large Language Models)'이라는 단어를 들어본 적도 없다. 하지만 과거 2년간 미국 주식 시장을 이끌어온 장본인은 바로 이들 키워드였다. 엔비디아의 주가가 2년이라는 짧은 시간 동안 텐배거를 만든 이유 역시 이것이다. 더 좋은 소식은 4차 산업혁명이 아직 시작에 불과하다는 것이다. 그래서 10년이 아니라 1년 이후는 쳐다볼 필요도 없다. 지금 우리 앞에 도착해 있는 세상의 변화에만 집중해도 투자의 기회는 넘쳐난다.

06

주식은 타이밍이다?

"10년 이상 보유할 종목이 아니면, 10분도 보유하지 말라"라는 투자 조언이 있다. 참 멋있게 들리는 이 격언은 워런 버핏의 주옥같은 말 중 하나다. 워런 버핏은 이 명언을 언제 이야기했을까? 안타깝게도 구글 검색이나 그 똑똑한 챗GPT조차 워런 버핏이 언제 이 말을 처음 했는지 찾아내지 못했다. 모르긴 해도 아주 오래전이었다는 것만은 분명하다. 1988년 처음 매수했던 코카콜라 주식을 36년이 지난 지금까지 들고 있는 워런 버핏의 성공 비결을 우리도 따라 하면 과연 성공할 수 있을까? 나는 회의적이다.

우리가 투자하는 기업들은 이론상으로 영속할 수 있는 존재다. 하지만 인간의 인생사처럼 사이클과 흥망성쇠가 있다. 이 순간에도 어떤 기업은 새로 태어나고, 어떤 기업은 사라진다. 어떤 기업의 성장세는 가속화하고, 또 어떤 기업은 쇠락하고 있을 것이다. 여기서 한 가지 주목할 만한 부분은 그 변화 속도가 점점 빨라지고 있다는 점이다.

10년에 한 번씩 변하던 강산이, 이제 1년도 되지 않아 다른 모습으로 바뀌고 있는 상황에서 과연 우리는 앞으로 10년 동안이나 투자할 만한 기업을 찾을 수 있을까? 그 기업들은 우리의 바람대로 향후 10년간 꾸준한 성장을 보여줄 수 있을까? 과연 이런 장기적인 접근이 빠르게 진화하는 현시대 투자자들의 투자 수익률에 도움이 되는 방식일까?

코로나19가 중국에 처음 출현했던 2019년 말부터 1년도 되지 않는 짧은 기간 동안, 줌(ZM)이라는 기업의 주식은 거의 9배 가까이(790%) 상승했다. 전 세계적인 봉쇄 조치로 기업들과 교육기관들이 원격 근무와 온라인 수업으로 전환하면서 화상회의 플랫폼 수요가 폭발적으로 증가한 덕분이었다. 과연 특별한 안목을 가진 투자자들만 인지할 수 있었던 투자 아이템이었을까? 참고로, 줌의 주가는 2020년 말에 정점을 찍었다가 코로나19 공포감이 사라지면서 지금까지 무려 85% 이상 폭락한 상황이다.

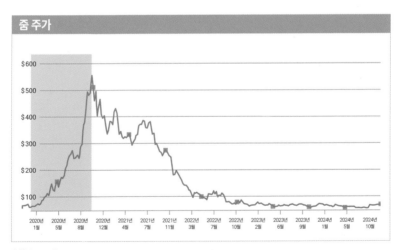

출처: Investing.com

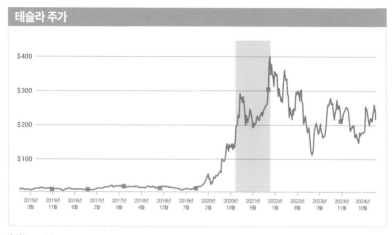

테슬라 주가

$400
$300
$200
$100

2015년 2015년 2016년 2017년 2017년 2018년 2018년 2019년 2020년 2020년 2021년 2022년 2022년 2023년 2023년 2024년
3월   11월   6월   2월   9월   4월   12월   7월   2월   10월   5월   1월   8월   3월   11월   10월

출처: Investing.com

    한국인들이 가장 '애정'하는 주식, 테슬라는 어땠을까? 2020년 11월 16일은 테슬라 투자자 입장에서 역사적인 날이었다. 테슬라는 절대 성공할 수 없다는 수많은 부정적인 전문가들의 독설을 이겨낸 테슬라가 1년 넘게 순이익 흑자를 기록하면서 S&P 500에 편입된 날이 바로 그날이다. S&P 500에 편입되던 당시에도 테슬라 주가는 이미 100배 이상 (10,000%) 상승한 상황이었지만, 편입 소식을 듣고 매수했더라도 1년 후 사상 최고치를 찍을 때까지 무려 3배 가까이(199%) 상승했다. 물론 다들 알다시피 그 후 테슬라 주가는 45% 이상 하락했다. 2025년이면 찾아온다던 전기차 시대의 방문이 10년 가까이 연기되었기 때문이다.

    그렇다면 미주은의 최애 주식, 엔비디아는 어떨까? 챗GPT가 세상에 처음 공개된 2022년 11월 30일부터 엔비디아 주식에 투자를 시작했다고 가정해도 현재 수익률이 무려 8배가 넘는다(+729%). 앞에서 살펴본 줌과는 달리 엔비디아는 여전히 현재진행형이다. 하지만 엔비디아 역

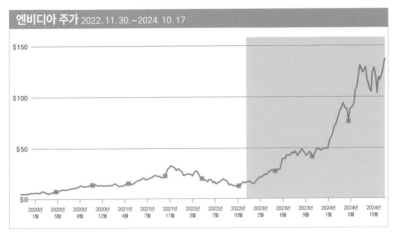

엔비디아 주가 2022. 11. 30.~2024. 10. 17

출처: Investing.com

시 언젠가는 수많은 혁신 기업이 그래왔던 것처럼 성장이 둔화하면서 많은 투자자에게 상처를 안기는 날이 올 것이다.

엔비디아 주식의 폭락은 전례가 있다. 2021년 11월 당시 고점을 찍었던 엔비디아는 11개월도 되지 않는 짧은 시간에 무려 65% 이상 폭락했다. 물론 그 1년을 버텨냈다면 주가는 전고점을 회복했을 뿐만 아니라 그 시점부터 시작했더라도 300%가 넘는 훌륭한 수익률을 볼 수 있었을 것이다.

하지만 1년도 안 되는 짧은 기간에 65%로 하락하는 주식을 들고 버티기는 생각보다 쉽지 않다. 말 그대로 지옥 같은 날들의 연속이었을 것이다. 주식 걱정에 밤잠을 설치는 정도는 그나마 괜찮은 편이다. 일부 투자자는 견디기 어려운 스트레스로 건강에 문제가 생겼을 수도 있고, 일부는 회사 일에 소홀하다가 승진 기회를 놓치거나 일자리를 잃었을 수도 있다. 최악의 경우 당시 실패로 보였던 주식 투자 때문에 배우자와

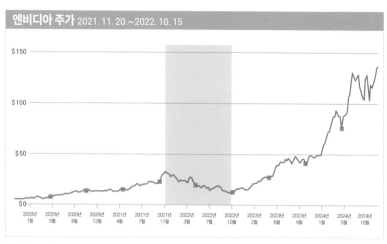

출처: Investing.com

의 관계가 악화하거나 이혼당했을 가능성도 있다.

그렇다면 줌이나 테슬라, 엔비디아는 좋은 주식일까, 좋지 않은 주식일까? 투자 시기에 따라 어떤 투자자에게는 일생일대의 큰 실수가 될 수도, 어떤 투자자에게는 경제적 자유를 선물한 최고의 선택이었을 수도 있다. 같은 주식이라도 투자 타이밍에 따라 최고 혹은 최악의 종목이 되기도 하는 것이다.

주식은 결국 타이밍이다. "주식 투자의 타이밍을 맞추려 하지 말라"라는 거장들의 조언은 사실 개별 종목 투자에 대한 것이 아니었다. 시장의 움직임을 예측하는 게 어렵다는 의미로 받아들여야 한다. 이 책의 앞부분에서도 설명했듯이 시장의 타이밍은 맞힐 수 없다. 하지만 개별 종목 투자는 타이밍이 중요하다. 같은 주식에 투자하더라도 그 주식을 언제 매수하고 매도하느냐에 따라 결과가 천차만별로 달라질 수 있다.

그 매매 타이밍의 기준이 바로 '모멘텀'이다. 이유는 자명하다. 여러 연구에서 입증된 것처럼, 역사적으로 모멘텀 전략은 다른 투자 접근법에 비해 높은 수익률을 제공했기 때문이다.

07

주식은 절대평가가 아니라
상대평가다

이 책의 제목은 《미국 주식 투자의 정석》이다. 하지만 사실상 내가 이 책을 통해 강조하고 싶은 투자 전략은 전통적인 밸류에이션이 아니라, 오히려 정반대 개념인 '모멘텀' 기반이라는 걸 모두 눈치챘을 것이다.

유튜브 방송에서도 마찬가지다. 2023년 후반부터 미주은 방송에서는 시청자들이 질릴 만큼이나 모멘텀 투자의 이점을 지속적으로 강조해 왔다. 그렇게 내가 유튜브에서 1년 반이 넘는 시간 동안 '모멘텀'을 외치고 있는데도, 좀처럼 바뀌지 않는 투자자들이 이상하리만큼 많다.

아직도 많은 투자자들이 2년 넘게 폭등하는 미국 증시의 인공지능 수혜주 투자를 포기한 채 여전히 한국 주식의 반등에 베팅하고 있고, 또 다른 일부는 아직도 팬데믹 수혜주에 미련을 버리지 못하고 끝이 보이지 않는 '존버' 포지션을 지키고 있다.

'존버'는 다소 싸구려(?) 느낌이 나는 '존나게 버티기'의 줄임말로, 원래는 스타크래프트 게임에서 유닛이 땅속으로 숨는 것을 의미하는 '존나 버로우'에서 유래했다고 한다. 어쩌다 보니 주식 투자에서는 어려운 상황에서 끈질기게 버티는 걸 의미하게 되었다. '존버'를 무조건 투자에 적용하는 건 위험하다는 게 문제다. 단순히 손실을 인정하지 않으려는 심리적 방어 기제일 수 있다. 특히 요즘 같은 대세 상승장 시기의 '존버'는 다른 종목에 투자할 소중한 기회를 앗아가 엄청난 '기회비용'을 지불할 가능성이 크다.

미주은 포트폴리오에는 마이너스 수익률을 보이는 종목이 거의 없다. 기업의 펀더멘탈이나 모멘텀이 무너져 주가가 하락하면 바로 현금화해서 지금 잘 나가고 있는 다른 주식으로 자금을 옮겨버리기 때문이다.

"주식은 절대평가가 아니라 상대평가여야 한다"라고, 소중한 미주은 구독자들이 위험한 '존버'의 늪에 빠지지 않도록 같은 메시지를 지속적으로 전달하고 있다.

그랬더니 어떤 투자자들은 월급날이 돌아와 추가 투자자금이 생기면 본인의 포트폴리오 종목 중 '상대적'으로 가장 손실이 큰 주식을 추가 매수하면서 평단가를 끌어올린다. 단기적으로 심리적인 만족감과 안정감을 느낄 수 있겠지만, 이런 방식은 우리의 주식 투자를 실패로 이끄는 최악의 습관 중 하나다. 기업의 펀더멘탈이나 투자 가치와는 단 0.000001%의 상관관계도 없는, 투자자 본인의 수익률이 투자 종목 선정의 기준이 된 선택이었을 뿐이다.

나는 투자 종목 선정은 배우자를 선택하는 것과는 다르다는 말을 자주 한다. 우리가 인생의 짝으로 선택한 배우자는 설령 그 선택이 최선이 아니었다는 걸 확인하더라도(대부분은 그렇다고 생각하지만) 그 사람과의 약속을 지키기 위해, 그리고 나 자신의 선택에 책임을 지기 위해 평생

물타기를 하면서 평단가(상대방에 대한 기대치?)를 내리는 것이 현명한 삶의 지혜가 될 수도 있다.

하지만 주식 투자에서의 종목 선정은 다르다. 그 누구도 당신의 '일편단심 민들레'를 기대하지 않는다. 내가 불과 하루 전에 최고의 주식이라는 믿음으로 종목을 선정했더라도, 오늘 더 좋은 투자 기회가 포착된다면 미련 없이 갈아탈 수 있는 순발력과 유연성이 필요하다. 행여 그 결정에 손절이라는 아픔이 수반되더라도 죄책감이나 자존심으로 그 중요한 결정을 뒤로 미루어서는 안 된다.

매달 월급 통장에 추가 자금이 들어오면, 바로 그 시점에서 가장 좋아 보이는 최고의 주식을 매수해야 한다는 말이다. 이상적으로는 6,000개가 넘는 미국 증시의 모든 상장 종목 중에서, 현실적으로는 내가 고심 끝에 선택한 포트폴리오 구성 종목 중에서, 가장 전망이 좋아 보이고 모멘텀이 뛰어난 종목을 추가 매수해야 성공적인 결과를 만들 가능성이 높다.

그래서 증권 앱의 수익률을 무시해야 한다. 주식을 살 때마다 마치 이번이 생애 첫 번째 주식 매매인 것처럼, 지금 이 시점의 시장에서 아니 세상에서 가장 좋은 종목은 무엇인지 살피고 또 살펴야 한다. 현실 세계와는 달리 주식 투자 세계에서의 당신은, 더 나은 상대방이 발견된다면 하루가 멀다 하고 당신의 배우자를 갈아치울 권리가 있다는 걸 꼭 기억하고 활용해야 할 것이다.

개인의 관심사나 가치관에
부합하는 특정 투자에 집중할 수 있는 것도
개인 투자자들만의 특권이다.

어떤 미국 주식에
투자해야 하는가?

지금까지 이 책에서는 미국 주식 투자가 실패로 돌아가는 결정적인 이유들을 파헤치고, 우리가 원하는 성공적인 투자 결과를 위해 확률을 높일 수 있는 여러 전략과 방법론을 살펴보았다.

하지만 결국 주식 투자의 성패를 좌우하는 것은 '종목 선정'이다. 아무리 체계적인 투자 전략을 수립했더라도 정작 좋은 주식을 보유하고 있지 못한다면, 우리의 투자 수익률은 결코 만족스러운 결과에 이르지 못할 것이 불 보듯 뻔하기 때문이다.

"단기적으로 주식 시장은 투표 기계다. 하지만 장기적으로는 저울이다"라는 격언이 있다. 이 멋진 말은 워런 버핏의 멘토이자 가치투자의 아버지로 잘 알려진 벤자민 그레이엄이 한 말이다. 단기적으로 주식 시장이 투표 기계라는 말은, 잠깐은 인기 있는 주식이 상승할 수도 있다는 뜻으로 해석된다. 단기적인 관점에서 보면 주가는 종종 회사의 근본적인 가치보다는 투자자 심리, 시장 동향, 뉴스, 루머, 심지어는 투기 세력에 의해 움직이는 게 사실이다. 이런 이유로 성공적인 투자 성과를 위해 '모멘텀'이라는 요소를 무시할 수 없는 것이다.

하지만 장기적으로 볼 때 시장은 결국 저울의 역할을 하게 된다. 즉, 시간이 지남에 따라 시장은 기업의 근본적이고 내재적인 가치를 정확하게 평가하는 경향이 있다는 것이다. 이는 단기적인 변동과 시장 소음에도 불구하고 주가는 결국 기업의 성장성, 수익성, 재무제표의 건전성, 미

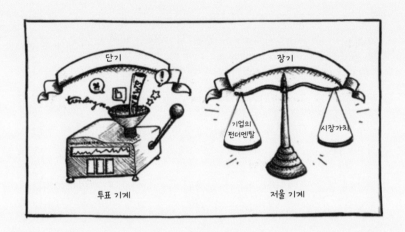

단기 장기

투표 기계 저울 기계

래 전망 같은 요인에 따라 실제 가치와 일치하게 된다는 것을 의미한다.

주식 시장을 비유한 또 하나의 위트 넘치는 격언이 있는데, 주가는 주인을 따르는 개와 같다는 말이다. 유명한 투자 자문가이자 작가인 빌 번스타인에 따르면, 그의 지인인 랄프 웬저는 주가를 다음과 같이 재미있게 묘사했다고 한다.

"주가는 매우 긴 목줄에 묶인 흥분한 개가 사방으로 무작위로 뛰어다니는 것과 같다. 개 주인도 강아지가 어느 방향으로 뛰어갈지 예측할 수 없다. 하지만 장기적으로 볼 때 그 개가 시속 3마일의 평균 속도로 북동쪽으로 향하고 있다는 것은 알 수 있다.

왜냐하면 개의 주인이 북동쪽을 향해 시속 3마일의 속도로 걷고 있기 때문이다. 여기서 놀라운 점은 거의 모든 시장 참여자가 주인이 어디로 향하는지보다 개의 움직임을 주시하고 있다는 점이다."

이 2가지 유명한 격언은 투자자에게 기업의 장기적인 가치에 집중하는 것이 중요하다는 교훈을 주고 있다. 하지만 우리는 모멘텀 투자자가 아닌가?

그래도 마찬가지다. 모멘텀 투자의 성공 역시 투자자 각자가 구성한 포트폴리오에 달렸음을 부인하면 안 된다. 펀더멘탈이 뒷받침되지 않는 모멘텀은 오래 유지되기 어렵기 때문이다. 펀더멘탈이 훌륭한 종목일수록 긍정적인 촉매제가 자주 등장하면서 강력한 상승 추세를 더 자주 만들 가능성이 높다. 상대적으로, 부정적인 촉매제는 드물게 나타나기 때문에 상승 모멘텀이 장기간 유지될 가능성이 높을 수밖에 없다.

따라서 우리가 모멘텀 투자 전략을 성공적으로 실행하기 위해서는 훌륭한 투자 종목을 발굴하는 것이 먼저다. 주식 투자에 진심인 투자자라면 투자 성공 확률을 높이기 위해 종목 선정 과정에 충분한 시간과 노력을 투자해야 한다.

문제는, 대부분의 개인 투자자에게 이 과정이 말처럼 쉽지 않다는 것이다. 전업 투자자도 아닌데 하루 종일 주식 분석만 하고 앉아있을 수도 없고, 주말이나 여가를 반납하고 종목 분석에 힘을 쏟는다고 하더라도 확실한 기준이 잡히지 않은 상황이라면 TV에 등장하는 전문가의 말 한마디, 주식 유튜버의 지극히 개인적인 의견 하나에 생각이 왔다 갔다 할 수밖에 없다.

그래서 기준이 필요하다. 투자 종목 선정에 확실한 평가 기준을 세운다는 것은, 이 책 앞부분에서 강조한 논리적인 결정을 할 수 있게 된다는 뜻이기도 하다. 명확한 평가 기준을 확립하고 그에 따라 투자를 결정하면, 시장 분위기에 휩쓸려 감정적으로 흔들리지 않을 수 있고 이성적인 판단을 할 가능성도 커지니 좋은 종목을 선정할 확률 역시 높아진다.

또한, 논리가 뒷받침된 결정은 시장의 잡음과 미디어의 자극으로부터 보호막이 되어 준다. 같은 시간 같은 주식을 대상으로 한쪽은 매수를, 다른 한쪽은 매도를 실행하는 것이 주식 시장이다. 따라서 내가 투자하는 종목에 대한 공격과 부정적인 평가는 주식 투자자라면 숙명적으로 피해 갈 수 없는 시험대라고 할 수 있다. 하지만 종목 선택의 기준이었던 처음의 논리가 건재하다는 것을 수시로 확인할 수 있다면, 다양한 시장의 목소리들로부터 나의 결정을 지켜낼 힘이 생긴다.

또한 논리적으로 중무장한 종목 선정 기준은 성투를 위한 기본 자질인 '유연성'과 '민첩성'을 제공한다. 평가 기준이 확실하게 잡혀있는 상황이라면 내 결정을 바꾸는 것 역시 수월하다. 처음 종목을 선택했을 때 그 결정을 뒷받침했던 기준 즉 논리가 무너진다면 미련 없이 그 종목에 대한 투자를 멈출 수 있는 것이다.

요즘처럼 어제 다르고 오늘 다른 시대에서, 더구나 빠른 변화와 진화를 직접 이끄는 미국 기업에 베팅하는 투자자라면 언제든 자기 결정을 손절할 수 있는 '유연성'과 '민첩성'이 특히 더 중요하다고 확신한다.

이번 장에서는 내가 장기 투자 관점에서 유망한 미국 주식을 고르는 주관적인 기준을 소개하고자 한다. 나의 주식 선정 기준은 시간이 지나면서 계속 까다로워지고 있다. 처음에는 2~3가지에 불과했었는데, 성공과 실패를 반복하는 투자 경험과 노하우가 쌓여가면서 이제 5가지까지 늘었다. 이 책의 독자들은 이 5가지 기준에 만족하지 말고, 자신만의 기준을 더하거나 강화하면서 좋은 종목을 선정할 확률을 높여갔으면 한다.

01

시장의 규모와
잠재력

'좋은 기업'을 고르기에 앞서, 일단은 '좋은 시장'을 선택하는 것이 중요하다는 점을 강조하고 싶다. '우물 안 개구리'보다는 '우물 밖 개구리'를 선정해야 투자 성공의 확률이 높아지기 때문이다.

지난 10년 아니 15년 이상 최고의 기업이자 최고의 투자 상품 중 하나는 애플이었다. 2010년부터라도 애플 주식에 투자했다면, 지금까지 그 가치는 3,000% 이상 불어났을 것이다. 애플 성공의 가장 큰 이유는, 2007년 1월 9일 스티브 잡스의 전설적인 프레젠테이션과 함께 등장했던 아이폰이 개척한 새로운 시장 즉 '스마트폰 시장의 규모'였다.

2007년 나는 약 10년간의 해외 생활을 청산하고, 한국으로 역이민을 결정했다. 당시 애플 관련해서 아직도 생각나는 에피소드가 있다. 그때 함께 일하던 직원 중 소위 '얼리 어답터'였던 마케팅 매니저가 첫 출시된 아이폰을 사왔다. 흥분한 그는 나에게 '앱'이라는 새로운 기능을 설명하면서 자기 스마트폰을 자랑했었다. 그 역시 애플 주식에 투자할 생각은

118

하지 못했지만, 지금은 특급 호텔의 총지배인이 되어 베트남에 있는 한 호텔에서 근무 중이다. 그리고 그새 애플은 전 세계 시가총액 1위를 오랫동안 점령한 기업으로 성장했다.

2024년 현재 전 세계 스마트폰 사용자 수는 약 48억 8천만 명이다. 즉, 전 세계 인구의 약 60% 정도가 스마트폰을 사용하고 있다는 말이다. 아이폰이 등장한 지 3년이나 지났고 이미 아이폰4까지 출시되었던 2010년 당시 투자자들이, 스마트폰 시장이 이 정도로 확장되리라 예상하는 게 그렇게 어려운 일이었을까? 지금 돌이켜보면 이런 의문이 들지만, 물론 결과론이다.

아무튼 2010년 당시 세계 최대 규모 시장인 미국에서도 인구의 약 23%만 스마트폰을 사용했는데, 지금은 약 97%까지 올라갔다. 2010년, 전 세계적으로는 약 3억 명으로 추산되던 스마트폰 사용자 수는 이제 약 48억 8천 명으로 늘었다. 16배 이상 시장 규모가 확장된 것이다. 그리고 애플은 이렇게 엄청난 시장에서 늘 1등을 지켜왔다. 애플의 주가가 지난 14년간 3,000% 이상 상승한 건 어찌 보면 당연한 결과다.

애플이라는 기업은 이제 스마트폰 시장과 함께 성숙 단계에 접어들었다. 삼성전자와 애플이 시장을 양분하고 있어 과거와 같은 폭풍 성장은 어려운 것도 사실이다. 하지만 낙담할 필요는 없다. 제2의 스마트폰 시장, 제3의 스마트폰 시장이 앞으로도 꾸준히 등장할 가능성이 높기 때문이다.

가장 가까운 예는 4차 산업혁명의 키워드 중 첫 번째로 떠오른 인공지능 덕분에 전성기를 구가하는 GPU 시장이다. 다음 페이지의 그림은 2021년 10월 출간되었던 《미국 주식으로 은퇴하기》 2탄에 삽입되었던

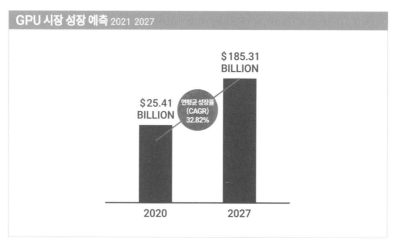

출처: verifiedmarketresearch.com

GPU 시장 규모의 예측치다. 이 전망에 따르면, 글로벌 GPU 시장의 규모는 2020년 254억 달러에서 2027년이 되면 1,853억 달러까지 성장할 것으로 보인다. 7년간 약 7배 이상 성장한다는 다소 믿기 어려운 전망이다. 하지만 2024년 GPU 시장은 이미 757억 7천만 달러 규모로 3배 가까이 확대되었고, 그 사이 GPU 시장의 88%를 점령한 엔비디아의 주가는 20배 이상(2,200%) 올랐다.

　GPU 시장이 안겨다 준 투자 기회까지 놓쳤더라도 크게 실망할 필요는 없다. 기회는 얼마든지 남아있다. 앞에서 말했듯이 4차 산업혁명은 아직 제대로 시작되지 않았고, 가장 먼저 비상 중인 인공지능 시장의 성장 역시 여전히 초기 단계에 불과하다. 단편적인 예로 AMD의 CEO인 리사 수(Lisa Su) 박사는 2024년 10월에 열린 AMD의 'Advancing AI' 행사에서 데이터 센터 AI 가속기 시장이 2028년까지 5,000억 달러 규모로 성장할 것이라고 밝혔다.

물론 미래 시장 규모를 예측하는 데는 불확실성이 수반된다는 점을 기억해야 하고, 이 수치는 기술 발전, 경제 상황, 경쟁 환경 등 다양한 요인에 따라 더 커지거나 작아질 수도 있을 것이다. 하지만 확실한 것은 클라우드 컴퓨팅이나 자연어 처리 모델의 발전으로 성장한 AI 가속기 시장이, 향후 신약 개발이나 금융 모델링, 이미지 및 비디오 인식 등의 분야로 계속 확대될 것이라는 점이다. 다양한 산업 전반에 걸쳐 AI 수요가 커질 것이다.

AI 발전이 고무적인 이유는 4차 산업혁명의 다른 기술력들이 진보하는 데도 적지 않게 이바지할 것이기 때문이다. 예를 들어, 마차를 밀어내고 한 세기 넘게 인류의 교통수단이었던 자동차 역시 인공지능의 영향으로 자율주행 시대를 눈앞에 두고 있다.

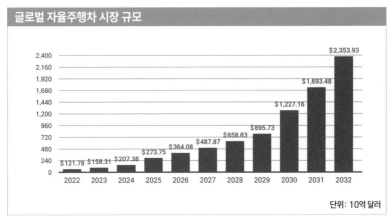

출처: www.precedenceresearch.com

앞의 차트에 나타난 것처럼, 전 세계 자율주행차 시장 규모는 2023년 약 1,583억 달러에서 2033년에는 약 2.3조 달러에 달할 것으로 예상된다. 시장 규모로는 15배 성장을, 연평균 성장률(CAGR)로는 약 33% 상승을 의미한다. 이러한 전망이 크게 벗어나지 않는다면 투자자들은 앞으로 자율주행 제공업체, 반도체 기업, 카메라 & 센서 제공업체, 미디어 & 인포테인먼트 기업 등 다양한 산업에서 수혜 기업을 찾아볼 만한 가치가 있다.

인공지능의 파생 산업 쪽에서 몇 가지 예를 더 들어보자면, 로보택시와 휴머노이드 로봇 쪽도 기대해 볼 만하다. 자율주행 기술이 발전하면서 '로보택시'라는 비즈니스 개념이 새롭게 부상하고 있다. 글로벌 로보택시 시장의 규모는 아직 매우 미미하다. 물론 구글의 웨이모(Waymo) 같은 선두 주자는 자율주행을 이용한 차량 호출 서비스를 꾸준히 성장시켜 왔다.

웨이모는 현재 로스앤젤레스, 샌프란시스코, 피닉스 등의 도시를 중심으로 매주 10만 건 이상의 유료 차량 서비스를 제공하고 있다. 현재 시범 운영 중인 텍사스 오스틴에서도 조만간 서비스 요금을 부과할 예정이다. 여러 리서치 기관의 보고서에 따르면 2023년 로보택시 시장 규모는 약 27억 1천만 달러에 불과했으며, 2024년에는 43억 2천만 달러에서 48억 달러 정도로 추산된다.

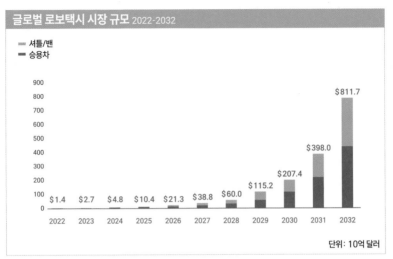

글로벌 로보택시 시장 규모 2022-2032

- 셔틀/밴
- 승용차

	2022	2023	2024	2025	2026	2027	2028	2029	2030	2031	2032
	$1.4	$2.7	$4.8	$10.4	$21.3	$38.8	$60.0	$115.2	$207.4	$398.0	$811.7

단위: 10억 달러

출처: MarketResearch.com

전망은 어떨까? 마켓 리서치 추산에 따르면, 로보택시 시장의 규모는 2032년까지 약 8,117억 달러로 확대될 것이라 예상한다. 약 300배 성장한다는 말이다. 절대로 놓치면 안 되는 소중한 투자 기회가 이제 막 그 시작을 알리고 있다는 게 보일 것이다. 로보택시 서비스 업체는 물론이고 배달 업체, 주류 제조업체 & 유흥 산업, 스페셜 클리닝 서비스, 데이터 분석 기업 등 다양한 분야의 기업 중 승자 리스트를 만들어 볼 만하다.

테슬라의 일론 머스크가 심혈을 기울이고 있는 휴머노이드 로봇은 어떨까? 억만장자 투자자이자 테슬라 지지자로 유명한 론 바론(Ron Baron)은 테슬라의 휴머노이드 옵티머스가 자동차보다 '더 큰' 사업이 될 수 있다고 말했다. 또 이 로봇이 제조, 의료, 가사 서비스 등 다양한 분야에서 사용되어 노동력 부족 문제를 해결하고, 생산성을 높일 수 있을 것으로 예상한다. 론 바론은 옵티머스의 잠재적 영향력을 PC와 스마트폰

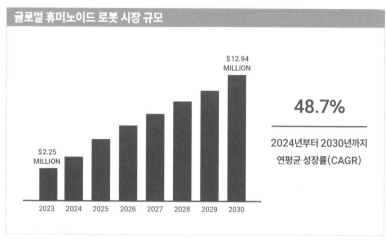

글로벌 휴머노이드 로봇 시장 규모

$12.94
MILLION

$2.25
MILLION

2023 2024 2025 2026 2027 2028 2029 2030

48.7%

2024년부터 2030년까지
연평균 성장률(CAGR)

출처: www.verifiedmarketresearch.com

의 발명에 빗대면서 '게임 체인저'라고 평가하기도 했다. PC와 스마트폰이라는 기술이 그랬던 것처럼, 로봇이 우리의 생활과 업무처리 방식을 혁신할 수 있다고 믿는 것이다.

약간의 허풍은 고려해야 하지만, 일론 머스크도 옵티머스가 언젠가는 테슬라의 시가총액을 25조 달러로 끌어올리는 촉매제가 될 수 있다고 말한 적이 있다. 아직은 테슬라가 이 분야 승자가 될지 확실하지는 않다. 하지만 2030년에는 129억 4,000만 달러에 달할 것으로 예상되는 휴머노이드 로봇 시장은, 투자자가 절대 간과하면 안 될 투자 테마 중 하나일 것이다.

마지막으로 하나만 더 거론하고 싶다. 페이스북이 회사 이름까지 바꾸며 승부를 걸었던 '메타버스'다. 2022년 너무 빨리 찾아왔던 메타버스 붐은 얼마 지나지 않아 실체가 부족한 거품으로 판명되었고, 메타의 주가는 1년 남짓한 기간에 무려 75% 이상 폭락했다.

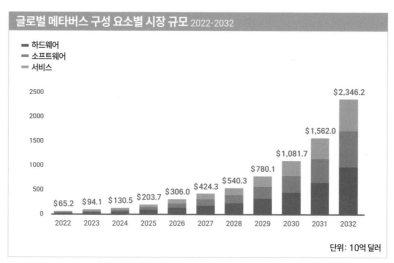

글로벌 메타버스 구성 요소별 시장 규모 2022-2032

- 하드웨어
- 소프트웨어
- 서비스

$65.2 / $94.1 / $130.5 / $203.7 / $306.0 / $424.3 / $540.3 / $780.1 / $1,081.7 / $1,562.0 / $2,346.2

2022 2023 2024 2025 2026 2027 2028 2029 2030 2031 2032

단위: 10억 달러

출처: market.us

하지만 그렇다고 해서 메타버스의 미래가 없어진 것은 아니라고 생각한다. 게임 산업, 이커머스, 피트니스, 온라인 교육, 여행 산업, 광고 플랫폼&소셜미디어 등 다 열거할 수 없을 정도의 많은 산업 분야에서 새로운 경험과 접근 방식을 제공할 수 있는 기술력이 바로 메타버스이기 때문이다.

글로벌 메타버스 시장은 2023년 약 941억 달러 규모에 불과했다. 하지만 2032년까지 2.35조 달러의 가치를 축적할 것으로 예상되기 때문에 25배 성장이 가능하다는 계산이 나온다. 이것이 바로 우리 투자자들이 이 기술을 비즈니스에 활용하게 될 수많은 산업 분야에서, 언제 떠오를지 모르는 투자 기회를 기다려야 하는 이유다. 최근 '오리온(Orion)'이라고 부르는 혁신적인 AR 글라스를 시장에 선보인 메타(META) 플랫폼이 미주은 탑픽에 포함되어 있는 이유가 바로 여기에 있다.

이 밖에도 우리가 매의 눈으로 지켜봐야 할 잠재력 가득한 시장은 여전히 많다. 2022년 36,774 MW(megawatts) 규모에서, 2030년 41만 MW 규모로 성장할 잠재력이 있는 에너지 스토리지 부문을 비롯해 2030년 1.5조 달러 규모로 성장이 예상되는 사물인터넷(IoT), 늦었다고 생각했지만 너무 빨랐던 것으로 판명된 전기 자동차 시장도 아직은 시작에 불과하다.

우물 밖 개구리에 집중해야 한다. 그리고 그중 어떤 개구리가 가장 멀리 뛸지를 포착할 수만 있다면 제2의 인텔, 제2의 애플을 찾아내는 과정은 생각보다 어렵지 않을 수도 있다.

02

최고의 성장주를 찾아주는
단 3가지 지표

시작이 반이다. 일단 규모가 크고 계속 성장 중인 시장을 찾아냈다면 성투의 반은 이룬 것이다. 시장이 크고 확장되고 있다면, 그 구성원인 기업들에게 더 많은 성장 기회를 제공할 수 있기 때문이다. 문제는 나머지 반이 더 어려울 수 있다는 점이다. 미래에 실제로 성장할 기업을 찾기는 쉽지 않아 보인다. 투자자마다 사용하는 선정 기준도 다양하다. 과거의 성장률, 애널리스트 추정치, 고객 확보 및 유지 비율, 재무 건전성, 심지어 경영진 이력까지 살펴보지만 어떤 부분에 치중해서 평가해야 할지 막막하기만 하다.

그래서 내가 찾아낸 가장 확실한 종목 선정 방법은 3가지 지표를 동시에 확인하는 것이다.

첫 번째 지표는 시장 침투율,

두 번째 지표는 시장 점유율,

세 번째 지표는 성장률이다.

'시장 침투율'은 특정 제품이나 서비스가 전체 잠재 시장에 얼마나 보급되었는지를 말한다. 즉, 해당 제품이나 서비스를 사용할 수 있는 잠재 고객 중 실제로 사용하는 고객의 비율을 의미한다. 예를 들어 2022년 기준 국내 카카오톡 사용자 수는 약 4,750만 명이었다. 당시 국내 스마트폰 사용자 수는 약 5,164만 명이었다고 한다. 따라서 카카오톡의 시장 침투율은 약 92%라는 엄청난 계산 결과가 나온다. (4,750만÷5,164만×100 =91.98%)

'시장 점유율'이란 특정 시장에서 한 기업의 제품 또는 서비스가 차지하는 비율을 말한다. 2023년 기준으로 한국의 국내 자동차 시장 전체 규모는 약 180만 대였다. 여기서 현대 자동차 판매량은 약 70만 대(시장 점유율 38.9%), 기아 자동차 판매량은 약 53만 대로(시장 점유율 29.4%) 집계되었다. 따라서 현기차(현대 + 기아)의 국내 자동차 시장 점유율은 약 68.3%로 산정된다.

결론부터 말하면, 시장 침투율은 낮고 시장 점유율은 높은 기업을 찾는 것이 우리 투자자들의 임무다. 시장 점유율은 기업의 미래 성장 잠재력을 평가하는 데 매우 중요한 요소다. 경쟁력 지표이기 때문이다. 시장 점유율이 높을수록 브랜드 인지도가 큰 경우가 많으며, 잠재 고객이 기존 고객을 따라올 수 있으므로 신규 고객을 유치하는 데 도움이 된다. 게다가 더 많은 투자를 유치해 사업을 확장할 가능성이 커서 향후 성장에 매우 중요하다. 그뿐만이 아니다. 수익성 역시 높을 가능성이 크다. 시장 점유율이 높을수록 규모의 경제, 공급업체 가격 개선, 협상력 향상으로 이어져 수익성과 성장 잠재력 향상에 이바지할 수 있기 때문이다.

하지만 시장 점유율이 높은 좋은 기업이라고 모두 좋은 투자처가 되는 것은 아니다. 2가지를 더 확인해야 하는데, 그중 하나가 바로 '시장 침투율'이다. 앞서 카카오톡의 시장 침투율은 약 92%에 달한다고 말했다. 한 마디로 독점 기업이다. 이것의 문제는 적어도 해당 분야에서는 성장의 여지가 남아있지 않다는 점이다.

낮은 시장 침투율은 성장 여지가 크다는 것을, 높은 침투율은 잠재적 시장이 포화 상태라는 것을 의미한다. 현재 보급률을 이해하면 향후 성장에 대한 현실적인 기대치를 설정하는 데 도움이 된다. 그래서 투자자가 기업의 시장 침투율과 추가 침투 가능성을 이해하는 것은, 성장 전망을 평가하는 데 매우 중요한 투자 지표다. 앞에서 예로 들었던 애플 아이폰의 경우를 보자. 2010년 글로벌 스마트폰 사용자 수는 약 3억 명이었다. 당시 전 세계 인구가 69억 명이었으니 잠재 시장 규모에 비하면 시장 침투율은 4.3% 정도에 불과했다.

시장 점유율이 높으면서 시장 침투율은 낮은 기업을 찾았다면 바로 투자하면 될까? 한 가지를 더 봐야 한다. 바로 '성장률'이다.

시장 점유율은 높고, 침투율이 낮은 전형적인 예가 테슬라다. 2023년 기준 배터리로 구동되는 전기 자동차의 시장 침투율은 가장 앞서 나가고 있는 중국이 약 24%, 유럽 지역은 약 14.6%, 미국은 8% 정도에 불과했다. 덧붙여 테슬라의 전기차 시장 점유율은 2020년 23% 수준이었던 것에서 감소했으나, 2023년에도 여전히 19.1%를 유지했다.

그런데도 테슬라 주가는 2021년 11월 최고점을 찍은 후 2년간 46%나 폭락했다. 물론 2022년 베어마켓의 영향노 부시할 수 없겠으나, 같은 기간 S&P 500 지수의 수익이 7.2%였던 것을 생각하면 매우 저조한 성과다. 참고로 베어마켓이란 주요 지수가 최근 고점에서 20% 이상 하락한 상태를 말한다.

문제는 성장률에 있었다. 2021년 테슬라의 매출 성장률은 무려 70.67%를 기록했다. 2022년에도 만만치 않았다. 51.35%라는 추가적인 매출 성장을 기록하며, 연평균 성장 50%의 꿈이 이루어지는 것처럼 보였다. 하지만 테슬라의 매출 성장은 2023년에 18.8%로 둔화했고, 2024년에는 9월 분기가 마감된 시점에서 봤을 때 전년 대비 마이너스 성장을 보여주었다. 전기차 시장 전체의 성장률도 둔화되었다. 2022년 60%에 육박하던 전기차 시장 성장률은 2023년에는 33.3%로 둔화하더니 2024년에는 30.7%까지 하락했다.

다시 2010년의 애플로 돌아가 보자. 당시 전 세계 스마트폰 판매량은 2009년 1억 7,230만 대에서 약 2억 9,700만 대로 72% 이상 증가했다. 시장 자체의 성장률이 70%를 넘어선 것이다. 아이폰 판매량은 어땠을까? 애플은 2010년에 약 4,660만 대의 아이폰을 판매했는데, 이 수치는 2009년 대비 무려 87.2%의 성장을 의미했다. 낮은 시장 침투율, 높은 시장 점유율, 그리고 미친 성장률, 2010년의 애플은 그렇게 많은 투자자를 부자로 만들기 위해 완벽히 준비된 주식이었다.

03

성장주 투자의 보험,
경제적 해자

앞에서 언급한 3가지 지표를 통해 앞으로 우리는 다양한 첨단 기술 분야에서 차세대 투자 기회를 발굴할 수 있을 것이다. 예시로 들었던 전기차 시장의 강자 테슬라는 물론, 아직은 시장 침투율이 미미한 인공지능이나 가상현실, 스마트안경, 친환경 에너지까지 투자자라면 관심을 가지고 따라가야 할 키워드가 한둘이 아니다. 또 조금만 더 멀리 보면 침투율이 제로(0)에 가까운 자율주행이나 로보택시, 휴머노이드 등도 조만간 실현 모습이 가시화될 것이다.

그렇게 되면 각 기업의 시장 점유율과 성장률 점검을 통해 어렵지 않게 제2의 애플, 제2의 넷플릭스, 제2의 아마존을 발굴할 수 있다. 이쯤 되면 4차 산업혁명 시대에 투자하고 있다는 것은 축복에 가까우며, 미국 주식 투자는 선택이 아니라 필수라는 사실을 현명한 투자자라면 누구라도 느낄 수 있을 것이다. 당장이라도 미국 주식으로 은퇴할 수 있을 것 같은 기분이 들지도 모른다.

하지만 투자가 그렇게 쉽지만은 않다. 침투율이 저조한 잠재 시장을 발굴하고, 그 안에서 다시 시장 점유율과 성장성이 가장 높은 성장주까지 찾아냈더라도 한 가지 더 고려할 부분이 남아있다. 바로 해당 기업이 보여주고 있는 '성장의 지속 가능성'이다.

미래 잠재력이 큰 시장에는 주식 투자자들만 모여드는 것이 아니다. 지금, 이 순간에도 수많은 스타트업과 중견 기업들이 돈 냄새를 맡고 성장이 가속화되고 있는 블루오션으로 몰려들 가능성이 높다. 성장 잠재력이 큰 비즈니스 분야일수록 기회가 넘쳐나는 시장일수록 경쟁 심화는 필연이다.

치열한 경쟁은 투자 관점에서 다양한 리스크로 해석될 수 있다. 새로운 경쟁자의 등장이나 기존 경쟁사들의 공격적인 전략으로, 믿고 투자했던 기업의 매출과 성장세가 둔화하는 경우가 대표적이다. 경쟁이 심화하면 기업의 수익성이 악화할 가능성도 커진다. 치열한 경쟁 속에서 기업들은 가격 경쟁에 돌입하거나 마케팅 비용을 늘리는 등 수익성을 희생하면서 시장 점유율을 유지하려 들 것이기 때문이다.

그뿐만이 아니다. 경쟁이 심화할수록 기업들은 생존을 위해 더 큰 위험을 감수하려는 경향이 있다. 기업들이 무리한 투자나 인수합병을 시도하거나, 검증되지 않은 새로운 사업 영역에 뛰어들게 만들 수도 있다. 이러한 수익성의 하락이나 과도한 위험 부담은 기업의 재무 건전성을 해치고, 주가 하락으로 이어질 가능성이 매우 높다. 그래서 투자 기업의 미래 성장을 보장하는 보험 가입이 필요한데, 주식 시장에서는 이것을 '경제적 해자'라고 부른다.

'경제적 해자(Economic Moat)'는 기업이 장기간에 걸쳐 높은 수익성을 유지하고, 경쟁우위를 확보하는 데 매우 중요한 요소다. 마치 중세 시대 성을 둘러싼 해자가 적의 침입을 막아 성을 보호하는 것처럼, 경제적 해자는 경쟁자의 공격으로부터 기업을 보호하고 지속적인 성장을 가능하게 한다. 워런 버핏은 "훌륭한 기업에 투자하는 것은 훌륭한 성과를 내는 것보다 훨씬 더 중요하다"라고 말하며, 경제적 해자를 가진 기업에 투자해야 한다고 강조해 왔다. 기업들이 지속 가능한 혁신과 안정적인 성장을 추구하기 위해 구축할 수 있는 경제적 해자는 매우 다양하며, 그 대표적인 예는 다음과 같다.

1. 규모의 경제(Economies of Scale)

생산량 증가에 따라 단위당 생산 비용이 감소하는 효과다. 대량 생산을 통해 고정 비용을 분산시키고, 협상력을 높여 원자재를 저렴하게 구매할 수 있다는 이점을 확보할 수 있다. 단편적인 예는 아마존(AMZN)과 월마트(WMT)다. 이들 기업은 엄청난 규모의 유통망을 통해 제품을 대량으로 구매하고 낮은 가격으로 판매하는 방식으로 경쟁우위를 확보할 수 있었고, 오랜 시간 최고의 기업, 최고의 투자 종목이라는 자리를 지켜왔다.

2. 네트워크 효과(Network Effects)

사용자 수가 증가할수록 제품이나 서비스의 가치가 증가하는 효과를 말한다. 사용자들이 서로 연결되어 상호작용하면서 플랫폼의 가치는 점점 더 높아진다. 가장 좋은 예는 한국의 카카오톡과 미국의 페이스북(META)이다. 소셜미디어에서는 사용자 수가 많을수록 사용자들이 얻는 가치가 커지므로, 새로운 사용자를 끌어들이고 기존 사용자를 유지하는데 유리할 수밖에 없다.

에어비앤비(ABNB)도 마찬가지다. 뉴욕에서 임대료를 내는 것이 버거웠던 에어비앤비 창업자들은 자기 아파트를 관광객들에게 제공하기 시작했다. 에어비앤비 초창기에는 사업이 어려웠다고 한다. 하지만 더 많은 아파트 주인이 임대에 참여할수록 이용자도 그만큼 더 증가했고, 다른 사람들까지 에어비앤비로 자기 집을 임대하도록 자극했다. 같은 과정을 반복하면서 더 많은 임대 주택이 더 많은 이용자를 끌어들였다. 에어비앤비 창업자이자 CEO인 브라이언 체스키(Brian Chesky)는 이를 두고 "고객이 호스트가 되고, 호스트가 고객이 되는 자체 성장 효과를 지닌 네트워크를 형성했다"라고 표현한 적이 있다.

네트워크 효과, 플라이휠 효과, 생태계 등 이 효과를 어떻게 부르든 상관없다. 바로 이러한 경제적 해자가 치열한 경쟁에서 '승자가 모든 것을 차지하거나 승자가 대부분을 가져가게 되는' 주된 요인이다. 우리 투자자들이 네트워크 효과를 구축한 플랫폼 기업에 관심을 가져야 하는 이유가 바로 이것이다.

3. 브랜드 인지도(Brand Recognition)

소비자에게 높은 인지도와 신뢰도를 가진 브랜드는 프리미엄 가격을 책정하거나 고객 충성도를 높여 경쟁우위를 확보할 수 있다. 가장 재미있는 예 중 하나는 코카콜라(KO)다. 과거 펩시콜라(PEP)는 눈을 가리고 콜라 맛을 시음하는 '펩시 챌린지(Pepsi Challenge)' 이벤트를 마케팅 캠페인으로 적극 활용했다. 소비자들이 '코카콜라'라는 브랜드만으로 구매 결정을 하는 경향이 있었기 때문이다.

펩시는 1975년부터 10년 넘게 쇼핑몰 등 공공장소에서 펩시와 코카콜라를 맛보는 블라인드 테스트를 진행했다. '코카콜라'라는 브랜드 없이 맛만으로 경쟁하는 구조를 만든 것이다. 펩시 챌린지는 펩시의 인지도를 크게 높이고, 시장 점유율을 확대하는 데 일조한 마케팅 성공사례로 평가받는다. 역으로 보면 '브랜드 인지도'가 얼마나 강력한 해자가 될 수 있는지를 보여주는 좋은 예이기도 하다.

애플 역시 높은 브랜드 충성도를 바탕으로 프리미엄 가격 전략을 유지하며, 높은 수익성을 유지하는 대표적인 예다. 이렇게 강력한 브랜드는 가격 경쟁을 피하고, 고객 유지율을 높여 장기적인 수익 창출을 가능하게 한다.

4. 전환 비용(Switching Costs)

소비자가 다른 기업의 제품이나 서비스로 전환하는 데 드는 비용이 많이 들수록 기존 기업은 경쟁우위를 확보할 수 있다. 전형적인 예는 팔란티어를 들 수 있다. 팔란티어는 정부나 기업용 소프트웨어 시장에서 높은 전환 비용을 이용해 고객을 유지한다. 정부와 기업들이 팔란티어 시스템을 다른 시스템으로 바꾸려면 막대한 비용과 시간이 필요하기 때문이다. 어도비(ADBE) 또한 전환 비용을 이용해 경제적 해자를 구축해 왔다. Adobe 소프트웨어 학습에 상당한 시간을 썼기 때문에, 어도비 사용자는 다른 소프트웨어로 전환하는 걸 망설이게 된다.

나는 지난 5년간 유튜브 영상을 편집할 때 '파워디렉터'라는 프로그램을 주로 사용해 왔다. 최근 AI 기능이 강화된 어도비 '프리미어'를 사용해 보고 싶은 마음이 굴뚝 같지만, 소프트웨어를 새로 학습해야 한다는 어려움 때문에 망설이고 있다. 어도비, 파워디렉터를 비롯한 소프트웨어 기업들은 이러한 고객 종속성을 통해 고객과 가격 경쟁력을 유지할 수 있다. 시장 점유율이나 기업의 위상이 쉽게 바뀔 수 없는 이유가 되는 것이다.

참고로 2020년부터 애플은 Mac 프로세서를 기존의 인텔 x86 아키텍처에서 ARM 아키텍처로 바꿨다. 이 전환을 위해 애플은 엄청난 자금과 수년에 걸친 시간을 소모했다. 전환 비용이라는 경제적 해자를 극복한 매우 드문 예 중 하나라서 살짝 언급해 봤다.

5. 무형 자산(Intangible Assets)

특허, 라이선스, 영업 비밀 등의 무형 자산은 경쟁 기업이 쉽게 모방할 수 없는 독점적인 권리를 제공한다. 예를 들어 제약 회사는 신약 개발 특허권을 통해 독점적인 이익을 얻고, 경쟁자의 진입을 막을 수 있다. 테크 기업의 예로는 퀄컴(QCOM)이 있다. 퀄컴은 무선 기술 분야의 광범위한 특허 포트폴리오를 통해 스마트폰 제조업체에서 로열티를 받는다. 이러한 지적 재산 해자는 안정적인 수익원을 제공하며, 동시에 경쟁업체가 퀄컴의 기술 라이선스 없이 시장에 진입하는 것을 어렵게 만든다.

2023년 9월 나스닥에 상장한 암 홀딩스(ARM)는 무형 자산만으로 성장해 온 기업이다. ARM은 칩을 직접 제조하지 않고 반도체 아키텍처를 설계하여 다른 회사에 라이선스를 제공한다. ARM 아키텍처는 에너지 효율성과 성능 면에서 우수성을 인정받아 모바일 기기 시장을 장악해

버렸다. 이러한 기술적 우위는 ARM의 핵심 경쟁력이며, 경쟁자가 쉽게 모방할 수 없는 무형 자산이기도 하다.

6. 인공지능 시대의 데이터(Data Advantage)

인공지능 시대가 본격화하면서 데이터의 양과 질이 새로운 경제적 해자로 떠오르고 있다. 방대한 데이터를 수집하고 분석할 수 있는 기업은 AI 모델의 정확도를 높이고, 더 나은 서비스를 제공해 경쟁우위를 확보할 수 있기 때문이다. 예를 들어, 구글 검색 엔진은 방대한 검색 데이터를 기반으로 검색 결과의 정확도를 높여 사용자를 끌어들이고 있다.

최근에는 사용자 데이터를 활용하여 개인 맞춤형 서비스를 제공하는 플랫폼들이 앞에서 설명했던 네트워크 효과를 2배로 강화할 수 있게 되었다. 예를 들어, 넷플릭스와 유튜브는 사용자 시청 데이터를 기반으로 개인 맞춤형 추천을 제공하는 방식으로 사용자 만족도를 높였다. 아마존은 사용자 구매 데이터를 기반으로 개인 맞춤형 상품 추천을 제공해 고객 충성도를 높이고 있다. 사용자 데이터가 축적될수록 사용자는 다른 서비스로 전환하기가 점점 더 어려워진다. 2006년 영국의 수학자 클리브 험비(Clive Humby)가 "데이터는 새로운 석유다(Data is the new oil)"라고 말한 이유가 바로 이것이다.

이 외에도 복잡한 규제 환경이나 유통망 장악, 독점적인 자원 확보, 우수한 경영진 등 다양한 요소들이 경제적 해자를 구성할 수 있다. 기업은 자신이 가진 강점을 활용하여 경제적 해자를 구축하고, 경쟁우위를 확보해야 지속적으로 성장할 수 있다. 우리 투자자는 기업의 경제적 해자를 분석해야 한다. 그래야 해당 기업이 장기적으로 경쟁우위를 유지한 채 높은 성장률과 수익을 지켜나갈 수 있는지 판단할 수 있다. 이것이 내가 경제적 해자를 '성장주 투자의 보험'이라고 소개한 까닭이다.

04

텐배거를 찾아주는
나침반을 지참하라!

지금까지 우리는 인생에 한 번 찾아올까 말까 한 4차 산업혁명이라는 세기의 투자 기회 속에서, 장기적으로 유망한 투자 종목을 발굴하는 데 결정적인 역할을 할 4가지 기준에 대해 자세히 알아봤다. 낮은 시장 침투율, 높은 시장 점유율, 미친 성장률 그리고 경제적 해자, 이렇게 4가지의 까다로운 기준을 모두 만족하는 기업을 찾았다면 지금 바로 매수해도 될까?

아직은 아니다. 시장이나 백화점에 가서 정말 멋진 상품을 발견했다고 가격 확인도 하지 않고 바로 물건을 살 수는 없는 법이다. 이번에는 투자하고자 하는 기업에 시장이 부여하는 가격, 즉 밸류에이션을 따져볼 차례다.

'밸류에이션(Valuation)'은 기업이나 자산의 내재적 가치를 측정하는 과정이다. 이는 현재 주식이 거래되고 있는 시장 가격과는 다르다. '이 회사의 적정 가치, 즉 실제 가치는 얼마일까?'라는 간단한 질문에 답을 찾는 노력이다. 전통적으로 밸류에이션의 주요 기능은 내재가치보다 낮게 거래되는 주식을 찾는 것이었다. 시장에서 저평가된 주식이 언젠가 가치를 인정받으면 가격이 상승할 가능성이 크기 때문이다.

이렇게 기업의 내재가치에 비해 시장 가격이 저평가된 주식을 매수하고, 주가가 합당한 수준에 오를 때까지 보유하는 투자 전략을 통상 '가치주 투자'라고 부른다. 가치주는 대부분 이미 성숙한 산업에 속하고, 안정적인 사업 모델을 가진 경우가 많아서 미래 수익 예측이 상대적으로 수월하다. 지난 130여 년 동안 잘 팔리던 코카콜라가 오늘부터 갑자기 판매량이 급감할 가능성은 매우 낮기 때문이다.

현금흐름할인법(DCF)이나 주가수익비율(PER) 분석 등을 통해, 전통적인 가치주 투자자들이 성공적인 투자 결과를 만들 수 있었던 이유가 이것이었다. 현금흐름할인법은 기업이 향후 미래에 만들 법한 현금 흐름을 예측하고, 이 수치를 인플레이션이나 기회비용까지 고려해 현재의 가치로 환산하는 방식이다. 주가수익비율 즉 PER(Price to Earning Ratio)은 기업의 주가(Price)를 주당순이익(EPS)으로 나눈 값으로, 기업의 수익성을 직접적으로 반영한다. 2개의 밸류에이션 모델 모두 해당 기업의 미래 수익에 커다란 변화가 없거나 적어도 정확한 예측이 가능할 때 사용할 수 있는 방법들이다.

우리가 애정하는 성장주나 테크주라면 이야기가 조금 달라진다. 이들의 미래는 빠르게 변화하는 기술 환경과 시장 경쟁에 따라 크게 바뀔 수 있어서 미래 수익을 예측하기가 매우 어렵다. 신규 또는 발전 중인 시장에서 운영되는 경우가 많아 사업 성장을 예측할 데이터가 부족하거나, 완전히 새로운 제품이나 서비스를 판매하는 경우 비교할 만한 유사 기업이 없을 수도 있다. 그 결과 성장주는 종종 높은 주가수익비율(PER)을 가지며, 전통적인 밸류에이션 평가 방식으로 해석하기 어려울 수 있다.

그렇다고 밸류에이션을 무시하고 아무 가격에서나 주식을 매수하거나 매도할 수도 없는 노릇이다. 그래서 나는 개인적으로 PEG 비율을 사용한다. 이 수치를 통해 투자자가 성장 잠재력과 그 성장을 위해 지불하는 가격의 균형을 맞추는 데 도움을 받을 수 있다고 믿는다.

PEG는 주가수익성장비율(Price Earnings to Growth Ratio)의 약자로, 주가수익비율(PER)을 주당순이익(EPS) 성장률로 나눈 값이다. 여기서 EPS 성장률은 투자자의 투자 기간에 따라서 다음 해의 예상 주당순이익 성장률을 대입하기도 하는데, 장기 투자자는 향후 2~3년간 예상되는 EPS 성장률 평균치를 주로 사용한다.

주가수익비율(PER)은 기업의 현재 이익에 비해 주가가 얼마나 높은지를 보여주는 지표고, 주당순이익(EPS) 성장률은 기업의 미래 성장성을 나타내는 지표다. 따라서 주가수익성장비율(PEG Ratio)은 이 2가지를 결합하여 기업의 미래 성장 잠재력을 반영한 밸류에이션을 평가하는 지표라고 할 수 있으며, PEG 비율을 이용하여 저평가된 성장주를 발굴하는 데 활용할 수 있다.

PEG 비율은 마리오 파리나(Mario Farina)가 1969년 그의 저서 《A Beginner's Guide to Successful Investing in the Stock Market》에서 처음 개발하여 소개했다. 그 후 1989년에 유명한 투자자 피터 린치(Peter Lynch)가 그의 저서 《One Up on Wall Street》에 다시 한번 언급하면서

대중화되었다.

피터 린치는 기업의 PEG 비율이 1 이하로 떨어지면 투자 가치가 높다고 주장했다. 기업의 주가수익비율이 수익 성장률과 같거나 낮아야 매력적인 주식이라는 뜻이다. 예를 들어, A라는 주식의 주가수익비율(PER)이 20배라면, 수익 성장률이 최소 20%는 되어야 투자 매력이 있다고 판단하는 방식이다.

1977년부터 1990년까지 13년 동안 마젤란 펀드를 운용하면서, 피터 린치는 연평균 29.2%의 수익률을 꾸준히 기록했다. 이는 S&P 500 주식 시장 지수의 2배가 넘는 수익률로, 피터 린치를 역사상 가장 성공적인 펀드 매니저로 만들어준 놀라운 성과였다. 이렇게 엄청난 성공 뒤에는 PEG 비율이라는 간단한 밸류에이션 지표가 한몫한 것으로 알려져 있다. 일부 출처에 따르면, 피터 린치는 PEG 비율 0.5 부근에서 매수하고 1.5 부근에서 매도하는 것을 권장했다고 한다.

나는 개인적으로 PEG 비율을 '텐배거를 찾아주는 나침반'이라고 부른다. 텐배거(Ten Bagger)는 '10루타'라는 뜻으로 주식 투자에서 초기 투자 금액의 10배 이상 수익을 올린 종목을 의미한다. 흥미롭게도 이 용어는 피터 린치가 그의 저서 《One Up On Wall Street》에서 처음 사용했다. 피터 린치는 열렬한 야구팬이었기 때문에, 주식 투자에서도 야구 용어인 이 표현을 그대로 사용했다고 한다.

2013년부터 2023년까지 수익률을 살펴본 eToro 분석에 따르면, 같은 기간 동안 S&P 500에는 21개의 텐배거가 있었다고 한다. 이는 지수 전체 종목의 약 4.2%에 해당하며, S&P 500지수가 미국의 500대 대형주를 모아놓았다는 점을 고려하면 매우 높은 수치다. 또 미국 시장에서 10년간 이 수준의 수익률을 달성한 기업이 34개에 달하며, 5배 이상의 수익률을 기록한 주식은 그보다 훨씬 더 흔한 것으로 나타났다.

이렇게 경제적 자유를 앞당겨 줄 수 있는 텐배거 주식은 생각보다 자주 그리고 많이 출현한다. 문제는 과연 우리 투자자들이 텐배거를 보유했다 하더라도, 그 주식이 10배 이상 오를 때까지 쉽게 매도하지 않고 상승 내내 들고 있을 수 있느냐는 것이다. 이 대목에서, 미래 수익 성장률을 고려한 밸류에이션 지표 PEG의 진가가 발휘된다.

다음 그림은 미주은 포트폴리오에서 가장 높은 비중을 차지하는 엔비디아(NVDA) 주가 차트다. 엔비디아 주가는 2022년 10월 중순부터 약 2년간 1,100% 이상 상승했다. 2년이라는 짧은 기간에 그 유명한 텐배거가 된 것이다. 내가 2024년 초 1년 만에 4배 이상 상승했던 엔비디아 주식을 팔지 않고 버틸 수 있었던 데는 PEG의 역할이 컸다. 다음 차트에 나와 있는 것처럼 0.5도 되지 않는 낮은 수준에 머물러 있었기 때문이다.

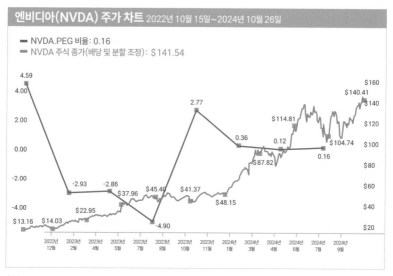

출처: investing.com

출처: investing.com

　PEG라는 간단한 밸류에이션 지표가 그 역할을 훌륭히 수행한 예는 많다. 다음 그림은 한때 엔비디아보다 잘 나갔던 AI 서버 수혜주, 슈퍼마이크로컴퓨터(SMCI)의 주가 차트다. 슈퍼마이크로의 주가는 2023년 3월부터 단 1년이라는 말도 안 되는 시간에 텐배거를 이루었다. 여기서 중요한 사실은 2023년 3월 당시에 이미 그 전 1년 동안 2배 이상 오른 종목이었다는 것이다.

　내 경우에는 2023년 3월도 아니고, 9월 중순이 되어서야 슈퍼마이크로컴퓨터 주식을 포트폴리오에 담았다. 당시 SMCI 주가는 이전 12개월 동안 4배 이상 상승한 시점이었다. 하지만 내가 매수한 시점부터 따져 봐도 정점을 찍을 때까지 무려 4배 이상 추가 상승했다. 이 기간에 슈퍼마이크로 주식의 PEG 비율은 1.0을 단 한 번도 넘기지 않았다.

144

버티브 홀딩스(VRT) 주가 차트 2023년 3월 13일~2024년 10월 26일

- VRT PEG 비율: 0.59
- VRT 주식 종가(배당 및 분할 조정) $112.17

출처: investing.com

버티브 홀딩스(VRT)도 마찬가지다. 슈퍼마이크로컴퓨터처럼 AI 붐의 대표적인 수혜주인 버티브 홀딩스는 2023년 3월부터 2024년 10월 말 현재까지 770% 이상 상승했다. 이 기간에 파란색으로 표시된 버티브 주식의 PEG는 줄곧 0.6 이하를 유지했다. 아직 텐배거를 달성하지 못했지만, 텐배거를 찾아주는 나침반이 제대로 작동하고 있음을 보여주는 또하나의 완벽한 예라고 할 것이다.

물론, 밸류에이션 평가는 정확한 과학이 아니다. 방법마다 다른 결과가 나올 수 있으며 여러 가지 가정이 중요한 역할을 한다. 특히 PEG 비율은 미래 수익 성장률 추정치를 기반으로 한다는 점을 기억해야 한다. 해당 기업에 대한 애널리스트 수익 전망이 정확하지 못하면 PEG 신뢰도 역시 떨어질 수밖에 없다. 또 짧게는 1년 길게는 2~3년 이후의 성장 전망을 반영하므로, 현재의 장밋빛 전망이 이후에도 이어지기 위해서는 강력한 '경제적 해자'가 반드시 존재해야 한다는 것을 다시 한번 강조하고 싶다.

그래도 밸류에이션이 투자자에게 필수적인 도구라는 사실에는 변화가 없다. 밸류에이션 평가를 통해 우리 투자자는 저평가된 주식을 식별하고, 위험을 관리하고, 정보에 입각한 투자 결정을 내리는 데 도움을 받을 수 있기 때문이다. 그중에서도 PEG는 설령 시장 전문가조차 기업의 미래 실적과 성장률을 완벽히 예측할 수 없다 하더라도, 기업의 가치를 객관적으로 이해하고 올바른 투자 선택을 할 수 있는 틀을 제공한다.

PEG 등의 밸류에이션 규율을 유지하면 투자자는 단기적인 시장 소음이나 감정보다는 기업의 펀더멘탈에 집중할 수 있으며, 주가가 펀더멘탈과 분리되는 투기적 거품을 피할 수 있다. 우리의 미국 주식 투자 여정에 PEG라는 나침반을 꼭 챙겨야 하는 이유가 바로 그것이다.

05

시장 컨센서스
변동 추이

월가에는 수십 개의 투자 기관과 은행이 있고, 수천 명의 애널리스트가 활약하고 있다. 이들은 주로 금융 데이터를 평가하고 시장 동향을 지속적으로 관찰하면서, 이를 통해 종합적인 관점에서 투자 기회를 평가한다. 또한 애널리스트는 기업의 재무제표를 면밀히 분석하여 재무 모델을 만들고 미래 실적을 예측한다. 애널리스트의 연구 범위는 종종 개별 기업을 넘어 거시 경제 동향을 포괄하거나 전문 분야에 따라 특정 부문과 산업에 집중하기도 한다.

이들의 업무 중 가장 눈에 띄고 흥미로운 것은, 애널리스트 각자가 커버하는 종목들에 대한 투자 가치 평가를 목표 주가와 함께 제공하는 부분이다. 주로 주식에 대한 '매수(유사어: 비중 확대), 매도(비중 축소) 또는 보유(보류)' 투자 의견의 형태로 제공된다. 목표 주가는 1년 이후 해당 종목이 달성할 수 있는 주가를 제시함으로써 주식의 상승 여력을 수치로 표시해 준다.

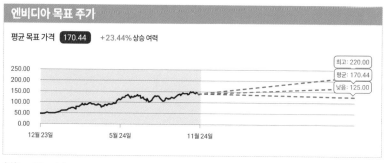

엔비디아 목표 주가

평균 목표 가격 170.44 +23.44% 상승 여력

최고: 220.00
평균: 170.44
낮음: 125.00

250.00
200.00
150.00
100.00
50.00
0.00

12월 23일   5월 24일   11월 24일

출처: seekingalpha.com

　위 그림은 2024년 12월 초 현재, 애널리스트가 제시하는 엔비디아
목표 주가 현황을 정리한 것이다. 엔비디아의 경우 63명이나 되는 애
널리스트가 커버하고 있는 것으로 파악되고 있다. 이들이 현재 제시하
는 목표 주가 중 최고치는 220.00달러, 최저치는 125.00달러, 평균값은
170.44달러다. 목표 주가 평균에 따르면 현재 주가 138.08달러에 비해
23.44%의 상승 여력이 있다.

　많은 시장 참여자가 애널리스트 평가를 널리 따르고 참고한다. 그러
다 보니 애널리스트의 개별 종목 평가나 목표 주가 조정에 따라 단기적
으로 주가가 급등하거나 급락하기도 한다.

　여기서 한 가지 주의할 점이 있다. 애널리스트의 목표 주가는 해당
기업이 분기마다 제시하는 향후 실적 가이던스, 그리고 실제 주가의 움
직임에서 자유롭지 못하다는 것이다. 물론 애널리스트는 자체적으로
잠재적 투자 대상에 대해 철저히 실사한다. 기업의 실제 가치를 더 명확
하게 파악하기 위해 성장률이나 수익률 같은 재무제표를 조정하고, 미

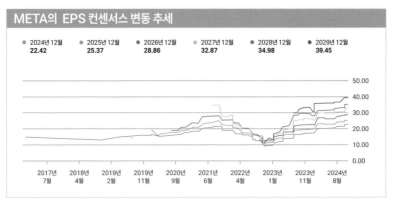

META의 EPS 컨센서스 변동 추세

● 2024년 12월 **22.42** ● 2025년 12월 **25.37** ● 2026년 12월 **28.86** ● 2027년 12월 **32.87** ● 2028년 12월 **34.98** ● 2029년 12월 **39.45**

출처: seekingalpha.com

래 재무를 예측하는 작업을 한다. 또 시장 변동성 및 산업별 요인 등 투자와 관련된 다양한 리스크를 평가하기도 한다.

하지만 애널리스트의 주식 평가와 목표 주가는 기업 경영진이 제시하는 전망이나 가이던스, 그리고 실제 주가의 등락을 뒤늦게 따라가는 경우도 많다. 따라서 애널리스트들이 제시하는 의견이나 목표 주가에 지나치게 의존하면서 투자를 진행하면 투자자들은 자신이 항상 시장에 비해 한 박자 늦게 움직인다는 불편한 사실을 발견하게 될 것이다. 그럼에도 불구하고 애널리스트들이 정기적으로 업데이트하는 자료 중 꼭 참고해야 할 소중한 투자 정보가 하나 있는데, 바로 컨센서스(미래 실적 전망치)의 변동 추세다.

위 그림은 메타플랫폼스(META) 주식인데, 과거 EPS(주당순이익) 컨센서스 변동 추세를 그래프로 표시한 것이다. 한눈에 봐도 메타의 미래 실적 전망치는 2021년 중반부터 2022년 말까지 추풍낙엽처럼 떨어진 것을 파악할 수 있는데, 실제로 이 기간 메타의 주가는 75% 이상 폭락했

엔비디이 컨센서스 변동 추세

● 2025년 1월	● 2026년 1월	● 2027년 1월	● 2028년 1월	● 2029년 1월	● 2030년 1월
2.95	**4.42**	**5.58**	**6.10**	**5.84**	**6.60**

출처: seekingalpha.com

다. 여기서 재미있는 것은 시장의 컨센서스가 2022년 말 바닥을 찍고, 2023년부터는 지속적으로 우상향하고 있다는 점이다. 바로 여기가 메타의 매수 타이밍이었다. 2023년 초부터 이 책을 집필하고 있는 2024년 12월 초까지 메타의 주가는 무려 370% 이상 급등했다.

또 하나의 적절한 예시는 엔비디아 주식이 될 것이다. 위 그림은 엔비디아(NVDA) 컨센서스 변동 추세를 보여주는데, 2022년 초부터 하향 조정되던 엔비디아의 미래 실적 전망치는 2023년 초 바닥을 찍고 무섭게 우상향하기 시작한다. 엔비디아의 실제 주가는 그 이후 지금까지 단 2년도 되지 않는 짧은 기간에 무려 800% 이상 폭등했다.

요약하면 우리 투자자가 관심을 가져야 할 진짜 핵심지표는 애널리스트들이 정기적으로 업데이트하는 주식 투자 평가나 목표 주가가 아니라, 기업 어닝 컨센서스의 변동 추세라는 것이 나의 결론이다. 아무리 잠재력이 무궁무진한 알짜 기업이라도, 애널리스트 컨센서스가 계속 떨어지고 있는 상황에서는 잠시 몸을 피하는 것이 현명할 것이다. 반면,

계속 하향 조정되던 기업 어닝 전망치가 어느 시점에서 바닥을 찍고 상승하는 모습이 포착된다면, 그때는 용기를 내어 남들보다 한발 앞서 베팅을 서두르는 것도 나쁘지 않은 선택이 될 것이다.

투자 종목
후보 발굴하기

4장에서 우리는 최고의 성장주를 찾아주는 3가지 지표를 비롯해, 최고의 투자 종목을 선정하는 데 도움이 되는 종목 선정 기준을 살펴봤다. 그런데 문제가 하나 있다. 확실한 종목 선정 기준은 확립되었는데, 하나하나 따져보기에는 세상에 주식이 너무 많다는 사실이다. 미국 시장으로 그 범위를 한정시켜도 많기는 마찬가지다.

미국의 주요 증권 거래소에는 약 6,000개의 주식이 상장되어 있다. 그나마 많이 줄어든 게 이 정도다. 1990년대 중반만 해도 미국에는 약 8,000개의 상장 기업이 있었다고 한다. 2024년 말 현재 뉴욕증권거래소(NYSE)에는 약 2,240개의 주식이 상장되어 있으며, 테크주가 모여있는 나스닥 증권 거래소에는 약 3,450개의 다양한 주식이 상장되어 있다.

주식 투자가 아무리 중요해도 이 많은 주식을 하나하나 분석하고, 선정 기준에 맞추어 따져볼 수는 없는 노릇이다. 그래서 이번 장에서는 6,000여 개에 달하는 미국 주식 중 투자자가 관심을 가지고 분석해 볼 만한 후보들을 찾는, 가장 손쉽고 효과적인 방법 몇 가지를 제시하고자 한다.

시킹알파, 인베스팅닷컴, 초이스스탁, CNBC프로, 로이터, 블룸버그, 팁랭크, 바론스(Barron's), 마켓와치(MarketWatch), 월스트리트저널, IO Fund, 포브스(Forbes), moby, FS Insight.

여기 열거한 12개는 내가 유료 회원으로 가입해 사용하는 미국 주식 관련 플랫폼 명칭이다. 이것들은 투자 수익률을 극대화하는 데 필요한 미국 주식 관련 뉴스와 분석 기사, 종목 분석툴 등 다양한 투자 정보를 제공한다.

이런 서비스를 모두 이용하는 건, 내가 평범한 투자자가 아니라 미국 주식을 전문적으로 다루는 유튜버라서 가능한 일이다. 사실상 유튜브 콘텐츠를 위한 투자인 셈이다. 나는 총 12개나 되는 유료 웹사이트를 거의 매일 이용하고 있다. 그러다 보니 자연스럽게 서비스마다의 장단점이 보이고, 어떤 정보는 어디에서 취득하는 것이 좀 더 정확성이 높고 효율적인지도 파악할 수 있게 되었다.

지금부터 내가 투자 종목을 발굴할 때 가장 많이 사용하는 최고의 방법 5가지를 소개한다.

01

스마트 머니,
주식 고수의 포트폴리오 엿보기

'스마트 머니(Smart Money)'라는 말을 들어봤을 것이다. '똑똑한 돈' 정도로 직역할 수 있는 이 단어는 미국 월가에서 처음 사용하기 시작했다고 한다. 스마트 머니는 주로 투자 기관이나 '큰손'으로 불리는 대규모 자금을 운용하는 투자자들의 자금을 말한다. 이 큰손들은 전문적인 분석과 정보를 바탕으로 신속한 판단을 내리는데, 일반 투자자보다 한발 앞선 결정을 하는 경우가 많다. 그래서 이런 닉네임이 붙은 것 같다.

개인적으로 투자 종목을 발굴할 뿐만 아니라 시장 동향을 살펴보기 위해 정기적으로 확인하는 중요한 정보가 하나 있는데, 바로 13F 파일이다. '13F 파일'은 대규모 기관 투자자들의 주식 및 기타 유가증권 내역을 공개하는 보고서로, 이들의 투자 전략과 포트폴리오에 대한 귀중한 통찰력을 제공하는 규제 문서다. 구체적으로 최소 1억 달러의 자산을 관리하는 기관 투자자는 분기마다 증권거래위원회(SEC)에 이 보고서를 제출해야 한다. 13F 파일에는 미국 상장 주식의 지분 보유 현황과 옵션 및 전환사채까지도 모두 공개된다.

13F 보고서를 제출해야 하는 기관 투자자로는 뮤추얼 펀드, 헤지펀드, 신탁 회사, 연기금, 보험 회사, 등록 투자 자문사가 포함된다. 이 보고서는 매 분기 종료 후 45일 이내에 제출해야 한다. 즉, 주말이 겹치지 않는 한 2월 14일, 5월 15일, 8월 14일, 11월 14일이다.

우리 개인 투자자에게 13F 보고서가 중요한 이유는 대규모 기관 투자자 보유 자산을 투명하게 볼 수 있기 때문이다. 투자자는 이 서류를 분석하여 펀드 매니저의 성공적인 투자 전략을 추적하고, 새로운 투자 아이디어나 교훈을 발견할 수 있다.

주식 시장은 수많은 참가자가 숨겨진 정보를 활용하고 나름의 필승 전략을 수립해서 경쟁하는, 방대하고 복잡한 게임에 비유할 수 있다. 그리고 우리와 경쟁하는 참가자 중에는 헤지펀드 거물, 유명 뮤추얼 펀드 매니저, 수십억 달러를 운용하는 기관 투자자들이 포함되어 있다. 이 게임에서 우리가 승리할 확률은 얼마나 될까?

그런데 과거 이 게임에서 가장 크게 성공한 참가자들의 현재 플레이북을 살짝 엿볼 수 있다고 상상해 보라. 이것이 바로 13F 파일의 핵심이다. 개인 투자자에게 이러한 정보의 중요성은 아무리 강조해도 지나치지 않다. 성공적인 전문 투자자들이 어디에 베팅하는지 볼 수 있고, 투자 아이디어의 원천을 제공하는 정보의 금광 같은 역할을 한다. 이 보고서를 통해 아직 우리 눈에 띄지 않은 잠재적 기회를 발견할 수도 있으며, 업계에서 가장 예리한 사람들의 관심을 끌었던 엄선된 주식 목록에 접근할 수도 있다.

여러 운용사의 13F 보고서를 분석해 종합하면 광범위한 시장 동향과 심리 변화를 파악할 수도 있다. 저명한 투자자들이 우리가 투자하는 특정 섹터 보유 비중을 늘리는지, 아니면 줄이는지를 관찰하면 시장의 전반적인 방향에 대한 귀중한 단서를 얻을 가능성이 크다.

어렵게 느껴지는가? 괜찮다. 우리가 직접 할 필요가 없기 때문이다. 3개월에 한 번씩 13F 시즌이 되면, CNBC와 시킹알파 같은 미국 주식 전문 매체에서 지난 분기의 헤지펀드 움직임을 깔끔하게 정리해서 기사 형식으로 전달해 준다. 미국 주식에 투자하기가 참 쉬워졌다.

또한 13F 보고서는 다양한 투자 전략을 살펴볼 수 있는 창구이기도 하다. 흔히 '큰손'이라고 부르는 스마트 머니의 움직임을 지속적으로 주시하다 보면, 다양한 투자 스타일과 철학에 대한 귀중한 통찰력을 얻을 수 있다. 가치주, 성장주 또는 특정 섹터를 일관되게 선호하는 매니저를 관찰해서 우리 투자 스타일과 접목하는 식으로 그들의 접근 방식을 배울 수도 있는 것이다.

게다가 내 성과에 대한 벤치마크 역할도 한다. 내 포트폴리오 성과를 기관 투자자 성과와 비교해 투자 전략을 평가하고, 개선할 부분을 파악할 수 있는 주식 공부 교재가 될 수도 있다. 아니면 아예 대놓고 따라갈 수도 있을 것이다.

일부 연구에 따르면 상위 헤지펀드가 가장 많이 매수한 주식은 단기적으로 가격이 급등하는 경향이 있는데, 이를 '구루 효과(Guru Effect)'라고 한다. 그들의 움직임을 빠르게 따라가면 잠재적으로 빠른 이익을 얻을 수 있다는 것을 의미한다. 실제로 일부 연구에서 특정 헤지펀드 보유 종목을 모방하면 S&P 500보다 연간 2~3% 높은 수익률을 낼 수 있다는 결과가 보고된 바 있다. 하지만 이런 연구는 가장 성공적인 헤지펀드나 전략에 초점을 맞추기 때문에 전체 헤지펀드 성과를 반영하지는 않는다. 사실상 많은 헤지펀드가 시장 대비 저조한 성과를 내기 때문에, 어떤 헤지펀드를 모방하느냐에 따라 투자 결과는 달라질 수 있다는 점을 기억하자.

그러나 13F 보고서에 큰 한계가 있다는 것을 강조하고 싶다. 분기 종료 후 45일 뒤에 제출되는 후행적 정보라서 각 기관의 현재 보유 자산을 반영하지는 못한다는 점이다. 그 이후로 그들의 포트폴리오가 크게 바뀌었을 수도 있는 것이다. 공매도, 채권, 파생상품과 해외 투자 정보도 포함되어 있지 않기 때문에, 각 투자 기관의 전체 전략에서 일부만 확인할 수 있을 뿐이다.

이러한 한계에도 불구하고 13F 보고서는 최고의 투자자로부터 한 수 배우고 싶은 투자자, 시장에 대한 이해를 높이려는 모든 투자자에게 유용한 도구를 제공한다. SEC의 기업자료 검색 기능인 '에드가(EDGAR)'나 다양한 금융 데이터 제공업체를 통해 접근할 수 있다. 투자 결정의 전체 맥락을 이해하기 위해 미주은 유튜브 방송을 시청하는 방법도 효과적이라고 생각한다. SEC 에드가의 웹사이트 주소는 다음과 같다. 모든 정보는 누구나 무료로 이용할 수 있다.

www.sec.gov

시킹알파, 퀀트 시스템이 보내주는 '강력 매수' 신호

지난 5년 가까이 미주은 유튜브 방송에 가장 많이 출연했던 웹사이트는 단연 시킹알파(Seeking Alpha)다. '시킹알파 = 미주은' 공식이 성립할 정도다. 미주은 방송에서는 시킹알파에서 제공하는 미국 주식 뉴스는 물론이고, 시킹알파의 퀀트 분석 툴을 이용해 많은 주식 종목의 투자 가치를 분석해 왔다.

시킹알파가 자랑하는 퀀트 시스템은 수학적, 통계적 모델과 컴퓨터 알고리즘을 사용해 대량의 데이터를 객관적으로 분석하고, 이를 바탕으로 투자 결정을 내린다. 감정이나 주관적 판단을 배제하고, 데이터와 알고리즘에 기반한 객관적인 분석이라는 장점이 있다.

하지만 시킹알파는 사실 단순한 퀀트 시스템이라기보다는 투자 커뮤니티에 가깝다. 매달 시킹알파를 사용하는 사람만 거의 2천만 명에 달하고, 약 1만 8천 명이나 되는 시킹알파의 자체 애널리스트가 매달 5천건이 넘는 투자 아이디어와 종목 분석 기사를 투자자들과 공유한다.

주식 투자자 입장에서는 시킹알파라는 만남의 장을 통해 매일 새로운 투자 아이디어를 발견해 공유하고, 최신 뉴스나 개별 주식의 장점에 대해 토론하고, 정보에 입각한 투자 결정을 내리기 위해 다른 투자자들과 연결된다는 장점이 있다. 한 가지 안타까운 부분은 이 모든 과정이 영어로 진행되기 때문에, 한국인 투자자가 적극적으로 커뮤니티에 참여하기가 어렵다는 점이다. 자동 번역 기능을 이용해 시킹알파 애널리스트나 다른 투자자의 인사이트를 훑어보는 데 만족해야 한다.

영어로만 이용할 수 있다는 단점이 있긴 하지만, 시킹알파 프리미엄 멤버십의 가치는 훌륭하다. 시킹알파가 자랑하는 퀀트 시스템을 이용할 수 있기 때문이다. 시킹알파의 퀀트 분석을 통해 개인 투자자는 각 주식의 특성을 요약한 팩터 등급과 퀀트 등급 등 전문가 수준의 투자 도구에 접근할 수 있다.

밸류에이션, 성장성, 수익성, 모멘텀, EPS 수정 변동 추이 등 5가지 주요 요소를 기준으로 자신이 투자하고 있거나 관심 있는 종목의 투자 등급을 확인할 수 있다. 각 종목의 등급은 해당 섹터의 평균과 비교해 매겨지며, 퀀트 등급의 경우 매일 업데이트된다. 투자자는 주식의 강세나 약세 평가를 빠르게 확인할 수 있으며, 클릭 한 번으로 기초 데이터와 섹터 평균을 살펴보면서 각 종목 평가의 근거를 수치로 쉽게 확인할 수 있다. 개인적으로 이 부분이 시킹알파 퀀트 시스템의 가장 큰 장점이라고 생각한다.

또한 미국 시장의 거의 모든 주식을 커버하는 퀀트 알고리즘은, 해당 섹터 대비 가장 강력한 종합 지표를 가진 종목을 아주 친절하게 선택해준다. 즉, 시킹알파의 프리미엄 멤버는 일일이 많은 종목을 분석하는 대신 최고 등급(강력 매수) 주식들만 모이놓은 선별된 목록을 이용해 쉽고 빠르게 투자 종목을 발굴할 수 있다는 뜻이다.

시킹알파의 퀀트 알고리즘은 백테스트를 통해 매년 S&P 500 종합 수익률 지수를 쉽게 능가하는 '강력 매수' 주식 투자 전략의 효과를 입증했다. 여기서 '백테스트'는 과거 데이터를 사용해 특정 트레이딩 전략이 과거에 얼마나 좋은 성과를 냈는지 확인하는 과정을 말한다. 물론 백테스트 결과는 해당 전략의 과거 수익률만을 반영할 뿐, 과거의 성공이 미래의 결과를 100% 보장하지는 않는다. 하지만 투자자들은 실제 자본을 투여하는 위험 없이 특정 투자 전략이 과거에 얼마나 잘 수행되었는지를 평가할 수 있는 것이다.

시킹알파 퀀트 전략의 시장 성과 백테스트는, 2009년 12월 31일부터 2020년 6월 4일까지 10년간 매일 발생한 모든 '강력 매수' 등급의 가상 포트폴리오를 기반으로 한다. 2020년 6월 4일부터 2022년 1월 18일까지 시뮬레이션 거래의 총연복리 수익률은 140%나 된다. 같은 기간 S&P 500의 수익률은 66%에 불과했다. 시킹알파 퀀트 시스템이 추천한다고 해서 무턱대고 투자해도 안 되겠지만, 투자 지표로 참고할 만한 성적이다.

시킹알파가 자랑하는 '강력 매수' 퀀트 등급은 강력한 컴퓨터 프로세스와 특별한 '퀀트멘탈' 분석의 결과로 제시된다고 한다. 퀀트 알고리즘은 우선 동종 업종 대비 가장 강력한 펀더멘탈을 가진 종목을 선택한다. 그 기준은 앞에서 언급한 5가지의 팩터 등급, 즉 해당 기업의 성장성, 수익성, 모멘텀, EPS 수정 변동 추이, 밸류에이션을 기반으로 한다. 이 5가지 속성에 등급을 부여한다. 그다음 주가 예측의 정확성을 극대화하기 위해 과거 주식 수익률에 가장 많은 영향을 끼쳤던 모멘텀, 밸류에이션

출처: seekingalpha.com/performance/quant

등의 팩터 등급에 가중치를 부여해 총점을 계산한다. 이렇게 만들어진 총점이 5점 만점에 4.5점 이상을 획득한 주식에는 '강력 매수' 등급이 부여되는 것이다.

　지난 13년 동안의 백테스트 결과 시킹알파의 퀀트 전략은 13년 중 12년 동안 S&P 500을 웃도는 매우 인상적인 수익률을 기록했다. 위 차트를 보면 알 수 있듯이 2009년 12월 퀀트 분석을 제공하기 시작한 이후 '강력 매수' 종목은 엄청난 수익률을 보여주었다.

　결론적으로, 시킹알파가 제공하는 프리미엄 멤버십은 주식 추천 서비스는 아니지만, 투자자가 잠재적으로 좋은 주식을 조사, 분석, 식별할 수 있는 종합적인 도구와 리소스를 제공한다. 물론 어떤 도구도 투자 성공을 보장할 순 없다. 하지만 이 플랫폼은 투자자가 정보에 기반을 두고, 적어도 근거가 확실한 투자 결정을 내리는 데 필요한 정보와 분석을 제공하도록 설계되었다.

03

초이스스탁US, 한글 게다가 추천
포트폴리오 & 매매신호

초이스스탁은 100% 한글로 미국 주식 분석 서비스를 제공한다. 영어가 익숙하지 않은 투자자가 미국 주식 정보를 얻기 위해 구글 번역기를 돌리는 번거로움을 시원하게 해결해 주는 것이다.

물론 기존의 미국 주식 분석 서비스들도 많은 데이터와 종목 분석 결과를 제공한다. 하지만 투자자가 궁금해하는 매매 타이밍을 제시하는 곳은 드물다. 대부분 투자자 스스로가 정보를 참고해 답을 내려야 한다. 그러나 초이스스탁은 빅 데이터 분석과 AI 매매 알고리즘을 활용해 지금 어떤 종목을 사야 할지, 보유 중인 종목을 언제 팔아야 할지, 주가 하락 위험이 큰 종목을 어떻게 피해야 할지 등 투자자의 고민을 한 번에 해결하는 AI 매매 타이밍 서비스를 제공한다.

따라서 이제 막 미국 주식 시장으로 입문한 초보 투자자에게 특히 유용하다. 초이스스탁이 제공하는 매매 타이밍 서비스를 참고해 주식 매매의 감을 익히고, 각각의 매매신호 원인과 논리를 탐구하며 고민할 수

출처: 초이스스탁US 모바일 앱

있는 학습의 장이 될 수 있을 것이다. 자신만의 투자 전략이 확고해질 때까지 투자의 동반자 역할을 해줄 수 있는 친절한 서비스라고 소개하고 싶다.

종목별로 백테스팅 수익률을 제공한다는 점도 매력적이다. AI 매매 신호를 따라 투자했을 때 실제로 얼마나 수익률을 냈을지도 알려준다. 예를 들어 메타플랫폼스(META)의 2020년 6월부터의 AI 매매신호 누적 수익률은 327%다. 단순히 보유만 했을 경우 수익률은 144%인데, 이것 도 같은 기간 S&P 500 지수 상승률인 87%를 크게 초과하는 성과다.

출처: 초이스스탁US 모바일 앱

투자자가 관심 종목으로 등록하면 해당 종목의 매매신호 발생 시 알림 서비스를 통해 매매신호 변경 내역을 빠르게 확인할 수 있다는 점도 유용하다. 생업으로 바쁜 개인 투자자들이 조금 더 편안한 마음으로 주가 창을 떠날 수 있는 여유를 제공하기 때문이다.

또한, 주식 투자자가 스스로 쉽게 종목을 분석할 수 있도록 전 종목 분석과 진단 서비스를 제공한다. 기업의 수익성, 독점력, 안전성, 성장성, 현금창출력 등 5가지 부문에서 22개 요인(Factor)을 분석해 주니 투자할 만한 기업인지 스마트스코어 점수로 판단할 수 있다. 관심 종목의 재무제표나 여러 평가 지표를 분석하고 해석하는 노고를 초이스스탁의 알고리즘이 대신 수행해 준다고 생각하면 되겠다.

초이스스탁이 자체 퀀트 알고리즘에 따라 제공하는 밸류에이션(적정주가) 서비스는 매매 시점을 판단하는 데 유용하다. 기존의 서비스들이 제시하는 밸류에이션 지표들은 대부분 증권사가 제시한 목표가의 평균값을 적정 주가로 제시하는데, 이는 실제 주가에 후행하는 경우가 많아 개인이 실전 투자에 활용하기에는 한계가 있다.

하지만 초이스스탁이 제공하는 밸류에이션 서비스는 과거 20년간 종목별 밸류에이션 데이터를 분석해 해당 종목별로 가장 적합한 밸류에이션 계산 방법을 찾는다. 그다음 수익성과 미래 성장성 등을 고려해 적정 배수(Multiple)를 부여하는 방식으로, 주가 변동이 아닌 기업가치 변화에 따른 적정 주가를 제시한다. 향후 주가에 대한 선행지표로서 강력한 기능을 제공하는 것이다. 기업의 내재가치 대비 저평가된 보물 같은 주식을 발굴할 수 있는 나만의 안내자가 생긴 셈이다.

투자자가 스스로 폭넓게 종목을 발굴하고 싶다면 초이스스탁의 '발굴' 메뉴를 활용하면 좋다. 전 종목의 투자 매력도를 점수순으로 매일 업데이트하기 때문에 지금 투자하면 좋을 후보 종목을 찾는 데 유용하다. 11개 업종, 144개 세부 업종별로 현재 투자 매력이 가장 높은 기업을 바로 찾을 수 있고, 정렬 기능으로 성장성 높은 종목을 먼저 찾아 해당 종목의 투자 매력과 매매신호를 확인할 수도 있다.

그 외 한국 투자자에게 익숙한 한글 재무제표 스타일도 매우 유용하다. 야후 파이낸스 등 해외에서 제공하는 재무제표는 한국과 항목 순서가 다르거나 영어로 되어 있어 정확한 재무제표 원문 데이터를 이해하는 데 어려움이 있었다. 초이스스탁은 100% 한글 계정과목 그대로의 재무제표를 제공한다. 한국 주식에 투자해 본 사람이라면 누구에게나 익숙한 계정과목명을 사용하고, 항목 노출 순서도 기존의 한국 주식 재무제표와 같다. 최근 10년간 재무상태표, 손익계산서, 현금흐름표 모두 무료로 제공하고 있으며, 재무제표를 시계열 차트로 만든 재무 차트를 통해 기업의 실적과 재무 상태 변화를 그래프로 확인할 수 있다.

초이스스탁을 처음 사용해 본 후의 내 느낌은 딱 이 한마디다. "미국 주식 투자가 정말 쉬워졌구나!" 이제 영어에 익숙하지 않아도, 복잡한 재무제표를 분석할 줄 몰라도 성공적인 미국 주식 투자가 가능하다. 누구나 쉽게 사용할 수 있는 초이스스탁과 함께 많은 사람이 미국 주식 투자에 도전하길 바란다.

04

인베스팅닷컴,
ProPicks AI

개인적으로 '이동평균선 투자법' 활용을 위해 자주 사용하는 곳이다. 이동평균선 투자법은 책의 후반부에서 자세히 설명하겠다.

인베스팅닷컴(Investing.com)은 전 세계 거래소 250곳의 실시간 데이터, 시세, 차트, 금융 도구, 최신 뉴스와 분석을 44개 언어로 제공하는 최대 규모의 금융시장 플랫폼이다. 매월 1억 명이 넘는 사용자가 방문한다니 정말 압도적인 규모가 아닐 수 없다. 총 30만 종 이상의 금융 상품을 다루는 인베스팅닷컴에서는 실시간 시세와 알림, 맞춤형 포트폴리오, 개인 알림, 캘린더, 계산기, 금융 보고서 등 최신 금융시장 도구를 무료로 제한 없이 사용할 수 있다는 장점이 있다.

하지만 투자 종목을 발굴하려면 인베스팅프로라는 유료 멤버십에 가입해야 한다. '인베스팅프로(InvestingPro)'는 인베스팅닷컴의 프리미엄 서비스로, 사용자가 전문적이고 향상된 금융 데이터 및 분석 도구에 접근할 수 있도록 설계되었다. 타 유료 멤버십과 가장 큰 차이는 역시

ProPicks AI다.

ProPicks AI는 인베스팅닷컴이 제공하는 인공지능 기반 주식 추천 서비스라고 보면 된다. 이 서비스는 과거의 주식 데이터를 체계적으로 분석하여(앞에서 설명했던 백테스팅) 매월 6가지 전략에 따라 유망한 종목을 선정해 투자자들에게 제공한다. 최근에 1주년을 맞이했다고 하는데, S&P 500이 38.39% 상승하는 동안 ProPicks AI는 최대 84.62%의 수익을 냈다고 한다. 투자자 성향에 따라 투자 전략을 선택할 수 있다.

대표적인 것은 '테크타이탄' 전략이다. 출시 이후 시장을 47.9%나 웃돌았고, 지금까지 85%의 수익을 달성했다. 테크타이탄 전략은 기술 분야에서 이미 상당한 시가총액을 보유한 기업 중 현재 업계를 선도하거나 빠르게 부상하는 15개 기업을 선별한다. 포트폴리오는 매달 한 번씩 업데이트되면서 시장 상황과 종목 현황에 따라 추천 종목이 바뀌게 된다.

'S&P 500 지수 이기기' 전략은 고급 AI 모델을 사용해 S&P 500 종목의 재무 데이터를 분석하고, 매월 가장 높은 수익률을 기록할 것으로 예상되는 20개 상위 종목을 선정해 추천한다.

'다우 지수 이기기' 전략은 안정성, 시장 리더십, 높은 성장 잠재력으로 잘 알려진 다우존스 주식 중 매월 10개의 눈에 띄는 종목을 추천하는 서비스다.

'상위 가치주' 전략은 미국 상장주식 중 앞으로 더 성장할 수 있는 견고한 실적을 보유한 20개의 저평가 종목을 추천한다. 미주은의 모멘텀 투자 전략과 상충하지만 '저가 매수, 고가 매도'를 지향하는 가치주 투자자를 위한 추천 주식이라고 보면 된다.

'워런 버핏이 보유한 최고종목' 전략은 실제 버핏의 포트폴리오에서 상위 15개 종목을 선별해 제공하며, '시장을 움직일 중형주' 전략은 대응이 빠르면서도 지나치게 위험하지 않고 전반적으로 우수한 수익률을 낼 것으로 예상되는 20개 종목을 추천한다.

ProPicks AI는 종목만 추천하는 게 아니라 다양한 부가 기능을 제공한다. 예를 들어, 10개 이상의 투자 모델을 통해 각 종목의 적정 가치를 산출한 후 저평가 또는 고평가 여부를 판단할 수 있게 해준다. 기업의 적정 가치를 10가지나 되는 다양한 모델을 통해 평가하기 때문에, 편협된 시각에 사로잡히지 않고 다양한 방식으로 적정 가치를 평가할 수 있는 유용한 툴이라고 생각한다. 또 100가지 이상의 요소를 비교해 기업의 재무 건전성을 쉽게 확인할 수 있는 점수를 제공한다. 그 밖에도 과거 10년간의 배당 실적, 실적 발표 정보, 예상 실적, 애널리스트 예상치 등 종합적인 정보를 한눈에 볼 수도 있다.

중급 이상의 투자자들을 위한 것도 있다. 1,000개 이상의 다양한 지표를 제공하는데, 각 종목에 대한 상세한 분석이 가능하며, 고급 스크리너 기능을 통해 국가, 분야, 적정가치, 재무 상태, 배당, 실적 등 다양한 기준으로 원하는 종목을 필터링할 수 있다. 추가로 워런 버핏, 레이 달리오, 빌 게이츠 등 유명 투자자와 헤지펀드 포트폴리오 정보까지 제공해 다양한 투자 아이디어를 얻는 것도 가능하다.

정리하면 인베스팅프로 멤버십이 자랑하는 ProPicks AI 서비스는 복잡한 종목 발굴 과정이 버겁게 느껴지는 초보 투자자나, 종목 분석 과정 자체를 즐기는 노련한 투자자 모두에게 유용하다. '주린이'에게는 매달 업데이트되는 추천 주식 리스트를, 중급 & 상급 투자자에게는 버라이어티한 종목 분석 툴을 제공하는 미국 주식 관련 최대 규모의 플랫폼이다.

05

팁랭크, 탑 애널리스트
추천 주식

팁랭크(TipRanks)는 웹사이트 및 모바일 앱으로 제공되며, 개인 투자자가 주식 시장 리서치에 접근하고 활용하는 방식에 혁신을 일으킨 금융 기술 플랫폼으로 평가받는다. 2012년 코넬대학교 재무학 교수인 로니 미첼리(Roni Michaely)의 조언을 받아 유리 그뤤바움(Uri Gruenbaum)과 길라드 갓(Gilad Gat)이 설립했다. 지금은 주식 투자 분야 핀테크 업계에서 중요한 곳으로 성장했다.

팁랭크의 핵심은 인공지능과 머신러닝을 활용해 방대한 양의 재무 데이터를 분석하는 '재무 책임 엔진(Financial Accountability Engine)'을 제공한다는 것이다. 이 엔진은 월스트리트 애널리스트, 금융 블로거, 기업 내부자, 헤지펀드 매니저 등 96,000명 이상의 금융 전문가 투자 성과를 추적해 순위를 매긴다. 거기에 약 760,000명 이상의 개인 투자자들이 공개한 포트폴리오 현황과 투자 성과, 투자 종목까지 실시간으로 확인할 수 있다.

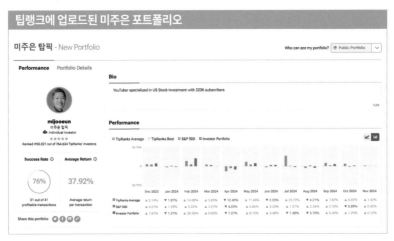

팁랭크에 업로드된 미주은 포트폴리오

출처: www.tipranks.com

　쉽게 말해, 업계에서 가장 좋은 성과를 내는 애널리스트, 금융 블로거들이 추천하는 주식 목록은 물론이고, 최고의 투자 실력을 자랑하는 헤지펀드 매니저나 개인 투자자들의 포트폴리오를 훔쳐볼 공식적인(?) 기회를 제공한다. 매우 독특한 서비스가 아닐 수 없다.

　팁랭크는 이러한 성과 데이터를 공개함으로써 실적이 뛰어난 전문가나 동료 개인 투자자의 포트폴리오와 투자 전략을 참고해, 투자자들이 새로운 투자 종목을 발굴하고 매매 결정에 활용할 수 있도록 도와준다.

　나 역시 다른 개인 투자자들과 투자 성과를 비교해 보기 위해 미주은 포트폴리오를 2023년부터 팁랭크에 올려놓았다. 최근에는 모멘텀 투자에 치중하다 보니 매매 횟수가 늘어나는 바람에 팁랭크 포트폴리오까지 업데이트하지는 못하고 있다. 그래도 미주은 포트폴리오는 팁랭크에 등록된 764,634명의 개인 투자자 중 5만 등 정도를 유지하면서 상위 6.6%의 성적을 유지하고 있다.

팁10 애널리스트가 추천하는 주식과 목표 주가

#	Name	Research Firm	Sector	Distribution	Success Rate	Average Return
1	Mark Hughes ★★★★★	Truist Financial	Financial	Buy 72% | Hold 28% | Sell 0%	77%	+19.80%
2	Michael Huttner ★★★★★	Berenberg Bank	Financial	Buy 88% | Hold 11% | Sell 1%	83%	+15.30%
3	Chris Kotowski ★★★★★	Oppenheimer	Financial	Buy 83% | Hold 17% | Sell 0%	73%	+25.70%
4	Rick Schafer ★★★★★	Oppenheimer	Technology	Buy 66% | Hold 34% | Sell 0%	72%	+25.50%
5	Hans Mosesm... ★★★★★	Rosenblatt Securities	Technology	Buy 87% | Hold 1% | Sell 12%	69%	+32.20%
6	Timothy Arcuri ★★★★★	UBS	Technology	Buy 56% | Hold 44% | Sell 0%	71%	+33.60%
7	Matt Ramsay ★★★★★	TD Cowen	Technology	Buy 74% | Hold 26% | Sell 0%	57%	+33.40%
8	Patrick Brown ★★★★★	Raymond James	Industrials	Buy 95% | Hold 5% | Sell 0%	74%	+19.60%
9	Devin Ryan ★★★★★	JMP Securities	Financial	Buy 81% | Hold 19% | Sell 0%	70%	+25.50%
10	Atif Malik ★★★★★	Citi	Technology	Buy 79% | Hold 18% | Sell 3%	71%	+33.80%

출처: www.tipranks.com

또한 팁랭크는 개인 투자자 역량을 강화하기 위해 설계된 리서치 도구 모음을 제공한다. 주식 데이터 해석에 도움이 되는 주식 등급 시스템인 스마트 스코어, 월가 전문가의 최근 매수/매도 추천을 제공하는 일일 주식 등급, 회사 내부자의 주식 거래를 모니터링하는 내부자 거래 추적기, 다양한 기준에 따라 주식을 필터링할 수 있는 다양한 주식 스크리너 등이 포함된다. 사용자의 보유 주식을 분석해 정리해 주는 스마트 포트폴리오 기능도 제공한다.

팁랭크의 차별점과 사용 가치는 재무 정보의 투명성과 민주화를 위한 그들의 노력에 있다고 생각한다. 개인 투자자보다 투자 정보에 쉽게 접근할 수 있는 전문가들의 성과를 측정해 순위를 매기고, 그들의 투자 종목이나 추천 주식을 공유함으로써, 우리 개인 투자자들에게도 공평한 경쟁의 장을 마련하는 것이 목표인 플랫폼이다.

위 그림은 2025년 1월 초 현재, 월가의 전문가 중 성과가 가장 뛰어난 탑10 애널리스트 목록이다. 각 애널리스트 이름을 클릭하면, 현재 시점에서 추천하는 주식들의 이름과 목표 주가를 바로 확인할 수 있다.

수천 명의 애널리스트 종목 평가와 목표 주가를 정확도 기록과 함께 확인할 수 있는 것이다. 더불어 내부자 거래, 헤지펀드 활동, 뉴스 심리를 추적해 '스마트 머니'가 어디로 향하는지를 파악할 수도 있다.

노련한 투자자든 이제 막 시작하는 초보 투자자든, 팁랭크는 투자 여정에 귀중한 리소스가 될 수 있다고 생각한다. 투자 종목 후보를 발굴하기 위한 마지막 툴로 이 플랫폼을 추천하는 이유이기도 하다.

미국 경제 따라잡기 - 매크로 분석의 끝판왕

불과 4~5년 전만 해도 나는 거시적인 경제 상황에 큰 관심이 없었다. 주식 종목 성과가 거시 경제 상황과 완전히 무관하다고까지는 생각하지 않았지만, 그래도 좋은 종목을 찾아 투자한다면 거시적인 투자 환경을 이겨낼 수 있다고 철석같이 믿었다. 그래서 초창기 미주은 방송은 대부분 기업과 주식을 분석하는 콘텐츠로 꽉 차 있었다. 경제지표를 살펴볼 시간에 기업들의 어닝 실적과 뉴스 기사를 하나라도 더 읽어보는 것이 현명한 투자자의 자세라고 믿었고, 그렇게 나는 2022년을 맞이했다.

2022년이 시작되자마자 찾아온 베어마켓은 단 10개월이라는 짧은 기간에 그동안 쌓아왔던 자산의 상당 부분을 빼앗아 갔다. S&P 500 기준으로는 25% 하락하면서 마무리되었지만, 내가 철석같이 믿고 있던 세계 최고의 기업들과 신생 혁신 기업들의 주가는 추풍낙엽처럼 떨어져 내렸다.

당시 내 포트폴리오에서 가장 비중이 높던 테슬라와 아마존은 각각 71%, 52% 이상 하락했고, 알파벳은 41%, 마이크로소프트는 35%, 메타는 무려 75%나 폭락했다. 지금은 텐배거 주식으로 주목받는 엔비디아의 주가도 무려 65%나 하락했으니 당시 상황이 얼마나 끔찍했을지 짐작하고도 남을 것이다.

그 이후 나는 매일 아침 경제 뉴스를 읽기 시작했다. 한두 개의 기사를 읽는다는 말이 아니다. 블룸버그, CNBC, 로이터, 바론스, 포브스 등 구독하는 경제 관련 신문만 5가지나 된다. 그리고 나의 주식 성과는 서서히 개선되기 시작했다.

01

큰 그림을 볼 수 있는 힘

흔히 '매크로 분석'이라고 부르는 거시적 경제 분석은 성투를 원하는 투자자라면 무시할 수 없는 부분이다. 왜냐하면 매크로 분석은 투자자에게 시장 역학 및 개별 주식 성과에 영향을 미치는 경제 환경에 대한 폭넓은 시각을 제공하기 때문이다. 즉, 큰 그림을 볼 수 있어야 한다는 말이다.

거시 경제 상황이 시장 심리와 밸류에이션에 미치는 영향은 아무리 강조해도 지나치지 않다. 예를 들어 국가 차원에서의 경제 성장은 기업이익 증가에 우호적인 환경을 조성하여 주가를 상승시킨다. 경제가 확장되면 일반적으로 기업의 매출과 수익이 증가해 주식 투자자에게 더 매력적인 투자처가 될 수 있다. 반대로 경기 침체기에는 기업 이익이 감소해 주식의 밸류에이션까지 하락할 수 있다. 이렇게 시장을 지배하는 거시 경제 상황은 주가를 구성하는 2가지 요소, 즉 기업 실적과 밸류에이션 둘 다에 커다란 영향을 줄 수 있다.

신용 조건과 은행 대출 관행도 주식 시장 환경을 형성하는 데 중요한 역할을 한다. 신용을 쉽게 이용할 수 있고 이자율이 낮으면, 기업은 운영 및 확장 계획에 필요한 자금을 더 쉽게 조달할 수 있다. 자금 조달이 원활해지면 경제 활동이 증가하게 되고, 이는 종종 주가 상승으로 이어진다. 또한 신용 조건이 낮아지면 소비자도 더 쉽게 대출할 수 있어서 총수요가 증가해 경제 성장과 기업 수익성이 더욱 촉진될 수 있다.

거시 경제의 불확실성은 주식 시장의 변동성을 예측할 수 있는 또 다른 중요한 요소다. 경제 정책, 지정학적 사건 또는 글로벌 무역 관계를 둘러싼 불확실성이 커지면 투자자들은 위험 자산을 회피하게 되고, 이는 시장 변동성 확대와 잠재적인 주가 하락 압력으로 이어질 가능성이 크다.

인플레이션도 투자자가 고려해야 할 중요한 거시 경제 요인이다. 인플레이션이 상승하면 기업이 상품이나 서비스를 생산하고 제공하는 데 드는 비용이 증가한다. 이렇게 증가한 비용을 가격 인상을 통해 소비자에게 떠넘기지 못할 경우, 잠재적으로 기업의 이익은 줄어들 수밖에 없다. 그래서 인플레이션은 기업 수익성에 큰 영향을 미친다.

인플레이션이 무서운 또 다른 이유는, 통상적으로 인플레이션의 급상승이 금리 인상이라는 치명적인 결과를 초래할 가능성이 크기 때문이다. 중앙은행이 설정하는 금리는 주식 시장에 가장 중요하고 광범위한 영향을 미친다.

일반적으로 금리가 낮아지면 채권 투자의 매력이 떨어지고, 기업의 차입 비용이 감소해 주식 가치가 상승한다. 반대로 금리가 상승하면 채권 경쟁이 치열해지고, 차입 비용이 증가하여 주식 가치가 하락하는 경우가 대부분이다. 우리 대부분이 몸소 체험했던 2022년 베어마켓을 예로 들 수 있을 것이다.

다국적 기업이나 수출입 활동이 많은 기업이라면 환율이 특히 중요하다. 우리가 투자하는 미국 기업의 경우 미국 내 통화가 강세를 보이면, 수입업체는 해외에서 구매하는 상품 원가를 절감하여 이익을 얻을 수 있다. 하지만 수출업체는 국제 시장에서 제품 경쟁력이 떨어져 손해를 볼 가능성이 있다. 게다가 미국 외에서 발생한 매출을 달러로 환산할 때, 상대적으로 높은 환율 때문에 매출 금액이 실제 성과에 비해 적게 나타나는 상황도 무시할 수 없다.

이렇게 중요한 거시적 상황을 투자 결정에 효과적으로 반영하려면 주요 경제지표를 지속적으로 모니터링해야 한다. 예를 들어, 국내총생산(GDP) 성장률은 경제의 건전성과 확장성에 대한 광범위한 척도를 제공한다. 실업률과 일자리 보고서는 노동 시장 상황에 대한 인사이트를 제공하며, 이는 소비자 지출과 전반적인 경제 활동에 큰 영향을 줄 수 있다. 소비자 물가지수(CPI) 같은 인플레이션 지표는 투자자가 경제의 물가 압력을 측정하고, 잠재적인 통화정책 대응을 예측하는 데 도움이 된다.

소매판매 데이터와 산업 생산 수치도 각각 소비자 지출 패턴과 제조업 활동에 대한 인사이트를 제공하는 중요한 지표다. 이러한 지표는 투자자가 특정 부문의 추세를 파악하고, 현재 경제 환경에서 어떤 산업이나 기업이 더 나은 성과를 낼 수 있는지 등의 정보에 입각한 투자 결정을 내리는 데 도움이 된다.

거시 경제 데이터를 분석하면 다양한 자산군과 섹터에서 기회와 위험을 모두 파악할 수 있다. 예를 들어, 경기 확장기에는 경제가 잘 돌아갈 때 수요가 증가하는 자동차 기업이나 항공사 같은 경기 순환주가 더 큰 성장 잠재력이 있다. 경기 침체기에는 경제 상황에 크게 영향을 받지 않는 의약품이나 유틸리티 기업으로 대표되는 경기 방어주가 더 매력적일 수 있다.

또한 매크로 분석을 통해 투자자는 전반적인 경제 상황과 성장 추세를 평가하고 이해할 수 있게 되기 때문에, 잠재적인 경제 역풍을 견디거나 유리한 조건을 활용할 수 있도록 포트폴리오를 잘 포지셔닝할 수 있게 된다.

나아가 거시 경제 분석을 통해 투자자는 여러 국가와 지역의 경제 상황을 비교할 수 있는데, 다양한 해외 시장에서의 투자를 고려하는 투자자라면 특히 유용하다. 이러한 글로벌 관점은 더 나은 성장 전망이나 더 유리한 투자 조건을 제공할 수 있는 매력적인 시장이나 지역을 파악하는 데 도움이 될 수 있다.

마지막으로, 거시적 분석은 시장에 영향을 미칠 수 있는 잠재적인 정책 변화를 예측하는 데 도움이 된다. 경제 동향과 과제에 대한 정보를 파악함으로써, 투자자는 가능한 통화 또는 재정 정책 대응을 예상하고 그에 따라 전략을 조정할 수 있다.

성투라는 목표를 위해 종목 선택은 중요하다. 거시 경제 분석을 투자 결정에 통합하면 시장 환경을 종합적으로 파악할 수 있게 된다. 주요 거시 경제지표를 이해하고 모니터링하면 투자자는 시장 움직임을 더 잘 예측하고, 잠재적 기회를 파악하며, 포트폴리오의 위험을 관리할 수 있게 된다. 미시적 분석과 거시적 분석을 결합한 총체적인 투자 접근 방식은 정보를 기반으로 한 의사결정이며, 장기적으로 투자 성과를 개선할 수 있게 될 것이다. 이렇게 매크로 분석은 투자자 입장에서 매우 중요한 투자 여정의 큰 부분이다.

문제가 한 가지 있다. 생소한 표현들과 경제용어가 수시로 등장하는 바람에 재미도 없고, 이해도 잘 안되고, 지레 겁먹어서 잘 쳐다보게 되지도 않는 것이 신문의 경제면이라는 사실이다. 이 대목에서 한 가지 희소식이 있는데, 주식 투자와 관련해 등장하는 경제용어나 지표는 매우 제한적이라는것이다. 이번 장에 정리한 12가지 경제지표만 제대로 이해해도, 미국 경제에 관련된 기사들이 조금은 더 흥미롭게 다가올 것이다.

02

연준 기준금리

누가 나에게 주식 투자에서 가장 중요한 경제지표가 뭐냐고 묻는다면, 나는 곧바로 '금리'라고 답할 것이다. 그만큼 주식과 금리는 밀접한 관계가 있다.

주식과 금리의 관계는 복잡하고 다면적이지만, 금융 시장과 투자 전략을 형성하는 데 매우 중요한 역할을 한다. 이 관계를 이해하는 것은 기업의 수익부터 투자자 행동, 전반적인 경제 성장에 이르기까지 모든 것에 영향을 미치기 때문에 투자자 모두에게 필수적인 경제지표이기도 하다.

일단 연방준비제도(연준)의 금리 결정은 기업 수익에 직접적인 영향을 미친다는 것이 핵심이다. 연준이 금리를 낮추면 기업은 더 저렴하게 돈을 빌릴 수 있고, 이는 수익 증가로 이어져 투자를 촉진할 수 있다. 차입 비용 감소는 투자자들이 재무 실적 개선을 기대하게 만들고, 결과적으로 주가 상승으로 이어지는 경우가 많다. 반대로 연준이 금리를 인상하면 기업의 차입 비용은 더 비싸진다. 이는 잠재적으로 수익을 감소시키고, 비즈니스 확장 계획을 제한하여 주가에 하락 압력을 가할 수 있다.

금리는 기업의 대차대조표를 넘어 투자자의 행동과 자산 배분 전략에까지 영향을 미칠 수 있다. 저금리 환경에서는 전통적인 저축 계좌와 채권의 수익률이 투자자들을 끌어들일 만큼 매력적이지 못하다. 투자자들은 더 높은 수익을 위해 주식 시장으로 눈을 돌리게 되기 때문에 주식 수요를 증가시킬 수 있고, 결과적으로 주식 가격을 상승시킬 수 있다. 반면에 금리가 높으면 안전 자산인 채권 투자가 더 매력적으로 느껴지게 된다. 자산 배분이 주식에서 채권으로 옮겨가면서 주가가 하락하는 계기가 될 수 있다.

투자자와 애널리스트가 주식의 공정 가치를 결정하는 데 사용하는 기본 도구, 즉 주식 가치 평가 모델에서도 중요한 역할을 한다. 예를 들어, 책의 앞부분에서 잠깐 등장했던 현금흐름할인법(DCF) 모델은 이자율에 크게 의존한다. 이자율이 높을수록 DCF 계산에 사용되는 할인율이 높아져 미래 현금흐름을 현재 가치로 환산할 때 그 가치가 감소한다. 결국 주식의 이론적 가치(내재가치)를 낮추게 되는 것이다.

마찬가지로 배당금을 지급하는 주식의 가치를 평가하는 데 사용되는 배당할인모델도 금리의 영향을 받는다. 배당할인모델(DDM; Dividend Discount Model)은 기업의 미래 배당금을 현재 가치로 환산하여 주식의 내재가치를 평가하는 방법인데, 현금흐름할인법 모델과 마찬가지로 금리가 높으면 미래 배당의 현재 가치가 감소해 잠재적으로 주식 가치가 낮아진다. 배당하지 않는 기업에는 적용하지 못하기 때문에, 요즘 같은 테크주 시대에는 잘 사용되지 않는 방식이다.

연준의 금리 결정은 전반적인 경제 성장과 소비자 지출에 광범위한 영향을 미칠 수 있다. 연준이 금리를 인하할 때는 일반적으로 대출 비용을 낮춰 경제 활동을 촉진하는 것이 목표다. 이는 자연스럽게 소비자 지출과 기업 수익을 증가시켜 주식에 긍정적인 환경을 조성할 수 있다. 반면 금리 인상은 경제 성장을 둔화하고 인플레이션을 막기 위해 시행하는 경우가 대부분이다. 따라서 금리 인상 사이클에 접어들면 단기적으로 소비자 지출과 기업 이익을 감소시켜 주식 시장 하락으로 이어지는 경우가 빈번하다. 주식 투자자라면 꼭 기억해야 하는 기준금리와 주가의 상관관계라고 할 수 있겠다.

그렇다면 "금리가 인상되기 시작하면 주식을 팔고, 금리가 인하되는 시점에 주식을 다시 사면 되지 않을까요?"라고 질문하는 독자가 있을 것이다. 주식 투자가 그렇게 단순하게 공식화될 수 있다면 얼마나 좋을까? 실전은 그렇게 만만치가 않다. 왜냐하면 연준의 미래 조치에 대한 시장의 기대와 심리도 주식 시장에서 중요한 역할을 하기 때문이다.

주식 시장은 실제 금리 변동뿐만 아니라 향후 예상되는 연준의 조치에 대해서도 반응한다. 그래서 흔히 "주식 시장은 최소 6개월 정도 선행한다"라고 말하는 것이다. 예를 들어 아직 기준금리가 높은 수준이더라도, 금리 인하가 임박했다는 기대감이 들면 투자자들은 경기 부양책을 기대하면서 주식 시장 랠리를 이어갈 수 있다.

2024년이 대표적인 예가 될 것이다. 미국의 연준은 2024년 9월에 이르러서야 2020년 3월 이후 첫 번째 금리 인하를 단행했다. 그런데 미국 증시는 이미 2024년 초부터 첫 금리 인하가 발표된 9월 18일까지 무려 20% 가까이 이미 상승해 있었다. 주식 투자에서 민첩성과 결단력이 왜 중요한지를 여실히 보여주는 대목이다.

게다가 금리가 주식에 미치는 영향이 모든 업종에 균일하지 않다는 점에도 유의해야 한다. 왜냐하면 경제의 각 부문에 따라 금리 변화에 다르게 반응하기 때문이다. 예를 들어, 금융 부문 즉 은행과 금융 기관은 금리가 상승하면 주가가 오히려 상승하는 경우가 많다. 대출 수익률을 높일 수 있기 때문이다. 반면에 부동산 및 유틸리티 같은 업종은 금리가 상승하면 다른 섹터에 비해 더 큰 타격을 받는 경향이 있다. 일반적으로 차입에 의존하고, 배당을 통해 소득을 창출하고자 하는 투자자들이 선호하는 섹터라서 그렇다.

마지막으로, 금리 변화에 대한 주식 시장의 반응은 기간에 따라서도 다르다. 금리 변화에 대한 즉각적인 반응은 종종 감정과 기대에 기반하기 때문에 변동성이 큰 시장 움직임으로 이어질 수 있다. 그러나 장기적으로 보면, 궁극적으로 이 금리 변화가 경제 성장과 기업 수익에 어떤 영향을 미쳤는가에 따라 달라진다. 실제로도 금리 변화가 전체 경제에 미친 영향이 분명해짐에 따라 초기 시장 반응과 달라지는 경우가 종종 있었다.

정리해 보자. 일반적으로 금리와 주가는 반비례 관계지만, 실제로는 훨씬 더 미묘하며 다양한 요인에 따라 달라진다. 여기에는 광범위한 경제 상황, 시장 기대, 기업별 특성, 다양한 경제지표 간의 상호작용까지 포함된다. 따라서 우리 투자자는 다양한 금리 환경에서 투자 결정을 내릴 때 이러한 복잡한 상호작용을 고려해야 한다.

03

주식 투자하는데, 채권 금리가
너무너무 중요한 이유

미국 주식에 투자하다 보면, 주식 뉴스에 자꾸 채권 금리 이야기가 등장할 것이다. 주식 시장 따라가는 것도 쉽지 않은데, 채권 금리가 올랐다느니 떨어졌다느니 하는 얘기가 나오면 조금씩 머리가 아파질 수도 있다.

채권 수익률(채권 금리 = 채권을 사면 주는 이자)은 주식 투자에서 매우 중요한 역할을 한다. 특히 미국 국채 10년물 같은 국채 수익률은 경제 상황과 투자자 심리를 나타내는 주요 지표로 사용되며, 향후 경제 성장, 인플레이션 및 전반적인 시장 위험에 대한 기대치를 반영한다. 따라서 미국 주식에 베팅하는 투자자라면 정보에 입각한 투자 결정을 내리기 위해 채권 수익률에 주의를 기울여야 한다.

주식 투자자에게 채권 수익률이 중요한 큰 이유 중 하나는 주식 가치(밸류에이션)에 미치는 영향 때문이다. 주식 밸류에이션을 평가할 때 사용되는 모델에서는 해당 기업의 미래 현금흐름을 현재 가치로 환산하기 위해 적용되는 할인율이 중요한데, 이때 채권 수익률을 할인율로 사용하는 경우가 많다.

채권 수익률이 상승하면 할인율이 올라가기 때문에 기업 미래 수익의 현재 가치가 감소한다. 한두 종목이 아니라 시장의 모든 종목에 동일하게 적용되기 때문에, 시장 전반의 주식 밸류에이션 하락으로 이어질 수도 있다. 반대로 채권 수익률이 하락하면 밸류에이션 계산에 사용하는 할인율 역시 떨어지므로 예상되는 기업 미래 수익의 현재 가치가 높아져 주식의 매력도가 상대적으로 높아질 수 있다.

조금 어려울 수 있으니 아주 간단한 예를 들어보자. 내년에 주당 순이익이 100달러가 될 것으로 예상되는 '미주은'이라는 회사가 있다. '미주은'에 관심 있는 투자자라면 현재 이 주식을 얼마에 사는 게 적당할지 고민될 것이다. 이때 현금흐름할인 모델(DCF; Discounted Cash Flow model)을 사용한다. 쉽게 계산하기 위해 '미주은'이라는 기업의 미래 수익은 연간 100달러로 일정하게 유지되고, 할인율은 10년 만기 채권 수익률을 그대로 사용한다고 가정해 보겠다.

시나리오 1. 채권 수익률이 낮은 경우

10년 만기 채권 수익률이 2%라고 가정하고, 이를 바로 할인율로 사용하는 경우다.

- 주식 가치 = 연간 수익 / 할인율
- 주식 가치 = $100 / 0.02 = 주당 $5,000
- 즉, 5천 달러를 안전 자산인 채권에 투자했을 때, 2% 수익률은 100달러의 이자를 제공한다. 따라서 연간 100달러의 수익을 내는 기업 주식의 최대 가치는 5천 달러로 계산된다.

시나리오 2. 채권 수익률이 높은 경우

10년 만기 채권 수익률이 5%로 상승하면 다음과 같이 달라진다.

- 주식 가치 = $100 / 0.05 = 주당 $2,000
- 채권 수익률이 5%로 상승하면, 이제 2천 달러만 채권에 투자해도 연간 이자로 100달러를 받을 수 있다. 따라서 연간 100달러의 수익을 내는 기업 주식의 최대 가치는 2천 달러로 하락하게 된다.

이 단순한 예에서 채권 수익률(할인율)이 2%에서 5%로 증가하면 미주은 주식의 이론적 가치는 주당 5,000달러에서 2,000달러로 감소한다는 것을 알 수 있다. 즉, 채권 수익률이 2%였을 때는 주당 5천 달러 가치가 있었던 주식이, 수익률이 5%로 올라가면 2천 달러까지 가치가 감소하게 된다. 바로 이것 때문에, 채권에 투자하지 않는 주식 투자자라고 해도 채권 수익률에 관심을 가질 수밖에 없는 것이다.

이 효과는 특히 성장주나 대부분의 예상 수익이 먼 미래에 발생하는 기업에서 두드러지게 나타난다. 예를 들어 5년 이후에나 상업화할 수 있는 상품을 개발하는 기업의 경우, 이 기업의 현재 투자 가치는 5년 후에 예상되는 어닝과 현금흐름에 달려 있다. 만약 현재 채권 수익률이 5% 정도로 높은 상황이라면, 5년 이후의 현금흐름이나 어닝은 매년 5%씩 5년을 할인해서 현재 가치를 측정한다. 따라서 채권 수익률이 1~2%로 낮은 상황과는 엄청난 차이가 있는 것이다.

2022년 3월부터 2023년 7월까지 미국의 연준은 총 11차례나 금리를 인상해, 제로에 가까운 수준이었던 연방기금 금리를 5.25~5.50% 범위로 끌어올렸다. 그 과정에서 흔히 시장 금리라고 부르는 채권 금리 역시 동반 상승했다. 한국인 투자자가 사랑하는 테크주나 성장주 주가가 대부분 폭락 추세를 보였던 이유가 바로 여기에 있다.

이렇게 역사적으로 채권 수익률과 주가는 반비례하는 경우가 많았으며, 특히 경제가 불확실한 시기에는 더욱 그렇다. 그러나 때로는 채권 수익률 상승이 주식 시장에 긍정적인 신호로 해석되기도 한다. 거시적인 경제 리스크가 줄었다고 판단한 투자자들이, 안전 자산인 채권 투자를 벗어나 위험 자산으로 이동하고 있다는 신호로 받아들일 수 있기 때문이다.

역으로 채권의 수익률이 하락한다는 것은 채권의 인기가 높아지고 있음을 뜻한다. 채권을 사고자 하는 투자자가 많아질수록 높은 이자를 제공할 필요가 없기 때문이다. 그래서 안전 자산인 채권의 인기가 올라간다는 것은 경제에 먹구름이 몰려오고 있다는 신호로 해석될 수도 있다. 반대로 채권 수익률 상승은 투자자들이 위험을 감수하는 데 더 익숙해지고 있음을 나타낼 수 있으며, 이는 주식 시장에 긍정적인 징조로 작용할 수도 있다.

서로 상충하는 말이라 조금 혼란스러울 수 있지만, 이렇게 정리하면 될 것이다.

'주가 = 실적 × 밸류에이션'이라는 공식을 떠올려 보자. 여기서 채권 금리(이자)가 상승하면, 안전 자산보다 더 위험한 자산인 주식의 투자 매력도가 상대적으로 떨어지게 되어 주식 시장의 밸류에이션 즉 멀티플이 하락할 수 있다. 그러나 동시에 채권 금리가 상승하는 것은 안전 자산에 대한 수요가 줄어들고 있다는 신호이기도 하며, 이는 매크로 경제 상황이 개선되고 있다는 뜻일 수 있다. 이런 경우라면 기업들의 경영 상황이나 어닝 실적이 개선될 가능성도 커질 수 있다는 말이다.

2023년 내내 그리고 2024년 중반까지 최근 전례 없이 높은 수준의 금리가 유지되고 있는 상황에서도, 엔비디아를 비롯한 빅테크 기업들의 주가가 실적을 바탕으로 상승할 수 있었던 이유가 바로 여기에 있었다. 높은 채권 수익률은 주식의 밸류에이션에 불리했지만, 기업들의 어닝 실적이 급등하면서 시장의 랠리를 뒷받침할 수 있었다. 주식 투자가 생각만큼 쉽지 않다는 걸 다시 한번 느낄 수 있는 대목이다.

채권 수익률과 기업 차입 비용의 관계는 주식 투자자가 고려해야 할 또 다른 중요한 요소다. 채권 수익률이 상승하면 기업이 회사채를 발행하거나 대출로 돈을 빌리는 데 드는 비용이 더 많이 들게 된다. 이렇게 차입 비용이 커지면 기업의 수익성과 성장 전망에 영향을 미치게 되고, 결국 주가에 악영향을 미칠 수 있다. 특히 유틸리티나 부동산처럼 부채 자금 조달에 크게 의존하는 산업은 채권 수익률 변화에 더 민감하다.

결론적으로 채권 수익률은 채권 투자자뿐만 아니라 주식 투자자도 지속적으로 모니터링하고 이해해야 할 중요한 요소다. 채권 수익률은 경제 상황에 대한 귀중한 통찰력을 제공하고, 주식의 밸류에이션과 기업 차입 비용에 영향을 미치며, 통화정책과 상호작용하기 때문이다.

채권 수익률에 주의를 기울이면 투자자는 자산 배분, 섹터 로테이션 및 전반적인 투자 전략을 세울 때 더 많은 정보를 기반으로 결정할 수 있다. 채권 수익률과 주식의 관계를 이해해야 비로소 '주린이'라는 타이틀을 내려놓을 경지에 올랐다고 할 수 있다. 주식 초보 탈출의 관문이라고 생각하자.

M2 통화량

주가는 주식의 가격이다. 그리고 세상의 모든 가격은 수요와 공급의 법칙에 따라 결정된다. 주가가 상승하기 위해서는 주식을 사고자 하는 수요가 올라가거나, 주식을 팔고자 하는 공급이 줄어들어야 한다는 말이다. 그런 관점에서 볼 때, 시장에 얼마나 많은 돈이 들어오고 있는지를 측정하는 '통화량'은 주가의 흐름에 큰 영향을 미칠 수 있으며, 당연히 주식 투자자 입장에서는 매우 중요한 지표가 된다.

통화량 측정에는 보통 M1과 M2라는 지표를 사용한다. 2가지 모두 통화량을 측정하는 지표지만, 포함하는 범위에 차이가 있다. M1은 가장 유동성이 높은 통화를 포함하는 통화량 지표인데, 유통 중인 현금, 여행자 수표, 요구불예금 그리고 즉시 현금화할 수 있는 예금이 포함된다.

M2는 더 넓은 범위의 통화량을 측정하는 지표로, 주식 투자자에게 매우 중요하다. M2는 M1에 더해 저축예금, 소액 정기예금, 소매 머니마켓 펀드 잔액 등 비교적 유동성이 높은 금융자산까지 모두 포함하기 때

문에, 경제 전반의 유동성과 통화 흐름을 보다 포괄적으로 나타내는 지표라고 할 수 있다.

M2가 주식 투자자에게 중요한 이유는 여럿이다. 우선 M2는 경제 활동의 강도를 나타내는 지표로 활용될 수 있다. M2가 증가한다는 것은 유통 중인 자금이 늘어난다는 뜻이다. 일반적으로 경제 활동의 확대를 의미하며, 이는 기업 실적 개선과 주가 상승으로 이어질 가능성이 있다.

또한, M2의 증가는 더 많은 자금이 주식 시장을 비롯한 금융 시장으로 유입될 수 있음을 의미한다. 주식 시장에 더 많은 자금이 유입된다면 주식을 사고자 하는 수요가 주식을 팔고자 하는 공급을 앞지를 가능성이 커지므로 주가 상승으로 이어질 수 있다.

M2는 인플레이션의 선행지표로도 활용될 수 있다. M2의 급격한 증가는 돈의 양이 갑자기 늘어난다는 의미고, 이는 돈의 가치가 떨어지는 이유가 될 수 있다. 따라서 M2의 빠른 증가는 때로 향후 인플레이션 압력이 높아질 수 있음을 시사하며, 금리 인상으로 이어질 수 있어서 주식 시장에 오히려 부정적인 영향을 미칠 수 있다. 과유불급(過猶不及)이라는 말이 M2 통화량에서도 적용되는 것이다. 반면, M2 증가율이 지나치게 낮아지면 디플레이션 위험이 커질 수 있다. 투자자들이 수익률이 낮아진 채권 시장에서 이탈해 주식 같은 위험 자산으로 이동하는 계기가 되기도 한다.

M2는 경제 안정성의 지표로도 활용된다. M2의 급격한 변화는 시장 스트레스의 신호가 될 수 있어서, 투자자들의 위험 관리에 중요한 정보를 제공한다. 예를 들어, 금융위기 시기에는 M2가 급격히 증가하는 경향이 있다. 이는 투자자들이 안전 자산으로 도피하고 있음을 나타내기

때문에 주식 시장에는 오히려 부정적인 뉴스로 봐야 한다.

연방준비제도이사회는 통화정책을 결정할 때 M2 통화량을 면밀히 모니터링한다. 연준의 통화정책은, 시장 금리는 물론이고 주식 시장에도 큰 영향을 미친다. 따라서 M2의 변화는 향후 금리 정책과 그에 따른 주식 시장의 움직임을 예측하는 데도 도움이 될 수 있다.

이렇게 M2는 단순한 통화량 지표를 넘어 경제 전반의 건강성과 향후 방향성을 예측하는 데 중요한 역할을 한다. 따라서 미국 주식 투자자라면 M2 변화를 주시하며 경제 전반의 흐름을 파악하고, 이를 바탕으로 투자 전략을 수립하고 수정해 나가야 한다.

M2의 변동 추이를 살펴보는 것은 비교적 간단하다. 세인트루이스 연방 준비은행은 미국의 최신 M2 데이터를 제공하는 연방준비제도 경제 데이터(FRED)를 관리하는데, 이것은 M2 통계에 관한 가장 권위 있는 출처 중 하나다. FRED의 M2 현황 페이지 링크는 다음과 같다.

 https://fred.stlouisfed.org/series/
WM2NS

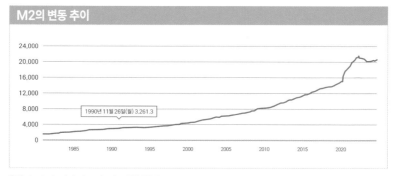

M2의 변동 추이

1990년 11월 26일(월) 3,261.3

출처: fred.stlouisfed.org/series/WM2NS

05

소비자 물가지수(CPI) &
생산자 물가지수(PPI)

소비자 물가지수(CPI; Consumer Price Index)와 생산자 물가지수(PPI; Producer Price Index)는 다양한 관점에서 인플레이션을 측정하는 중요한 경제지표다.

소비자 물가지수(CPI)는 소비자가 상품과 서비스에 지불하는, 시간 경과에 따른 평균 가격 변화를 측정한 것이다. 식료품, 주거, 의류, 교통, 의료 등 일상적인 품목이 포함된다. CPI는 기본적으로 소비자 관점에서 인플레이션을 반영하며, 일반 소비자의 생활비 및 구매력에 관한 인사이트를 제공한다. 소비자 구매력과 직접적인 관련이 있다.

반면 생산자 물가지수(PPI)는 국내 생산자가 생산물을 판매하는 가격의 평균 변화를 측정한다. 원자재, 중간재, 완제품을 포함한 다양한 상품과 서비스를 포함한다. PPI는 생산자 또는 판매자 관점에서 인플레이션을 반영하므로 기업이 직면한 비용과 청구하는 가격을 엿볼 수 있다. PPI의 변화는 향후 소비자 물가지수(CPI)의 변화로 이어질 수 있다. 이런 관계로 PPI는 투자자에게 중요한 선행지표가 될 수 있다.

소비자 물가지수만큼 투자자들에게 많은 관심을 받지는 못하지만, 생산자 물가가 상승하면 결국 이러한 비용 상승이 소비자에게 전가되어 소비자 지출, 나아가 기업 이익과 주식 가치에 영향을 미칠 가능성이 높다는 것을 기억하면 된다.

이들 지수는 주식 투자자가 경제 환경을 이해하고, 정보에 입각한 투자 결정을 내리는 데 매우 유용한 도구다. CPI와 PPI 모두 주식 시장과 투자 전략에 큰 영향을 미칠 수 있는 인플레이션의 주요 척도 역할을 하기 때문이다. 인플레이션은 화폐의 실질 가치에 영향을 미치고, 결과적으로 투자 수익률에까지 영향을 미친다. 투자자는 인플레이션 지수를 모니터링해 인플레이션을 고려한 실질 수익률을 더 잘 측정할 수 있다.

연방준비제도이사회는 금리와 통화정책을 결정할 때 CPI와 PPI를 모두 면밀히 주시하며, 주식 시장에 직접적이면서도 상당히 큰 영향을 미친다. 예를 들어 인플레이션이 빠르게 상승하면 연준은 경기 냉각을 위해 금리를 인상할 수 있으며, 이는 주식 시장 성장 둔화 또는 시장 조정으로 이어질 가능성이 매우 높다.

경제의 특정 부문은 CPI나 PPI의 변화에 더 민감할 수 있다. 예를 들어 생필품 기업은 CPI 변동에 더 큰 영향을 받는데, 제조 기업은 PPI 변동에 더 민감할 수 있다. 이러한 민감도는 업종별 투자 결정에 영향을 미쳐 투자자가 인플레이션 추세에 따라 포트폴리오를 교체하는 데 도움이 될 수 있다.

핵심은 두 지수 모두 전반적인 경제 건전성과 소비자 소비력에 중요한 인사이트를 제공한다는 것이다. 건전한 수준의 인플레이션은 경제가 성장하고 있음을 나타내며, 이는 일반적으로 주식 시장에 긍정적이다. 그러나 과도한 인플레이션이나 디플레이션은 경제 성장과 주식 시장 성과에 악영향을 미칠 수 있으니 면밀히 주시해야 한다.

결론적으로 CPI와 PPI는 경제의 인플레이션 압력에 대한 종합적인 시각을 제공하기 때문에, 주식 투자자에게 필수적인 도구라고 할 수 있다. 이러한 지수를 이해하면 자산 배분, 섹터 로테이션 및 전반적인 투자 전략에 더 많은 정보를 얻을 수 있고, 결과적으로 더 논리적인 결정을 내릴 수 있다. 논리적인 결정은 감이나 '촉'에 의한 결정보다 성공 확률이 높다는 것을 기억하자.

노동통계국(BLS)는 미국의 공식 CPI 및 PPI 데이터의 출처다. BLS는 다양한 카테고리의 가격 변동에 대한 자세한 분석이 포함된 월간 보고서를 발표한다. 다음 링크를 통해 직접 확인할 수 있다.

 https://www.bls.gov/cpi/

 https://www.bls.gov/ppi/

06

개인소비지출
(PCE)

앞에서 소개했던 CPI, PPI보다 연준이 정책 결정을 할 때 더 선호하는 물가지수가 있다. 바로 PCE, 그중에서도 근원 PCE라는 지표다.

개인소비지출(PCE; Personal Consumption Expenditures)은 미국의 가계가 상품과 서비스에 지출하는 총금액을 측정하는 주요 경제지표다. 개인소비지출(PCE) 물가지수와 소비자 물가지수(CPI) 모두 미국의 인플레이션을 측정하는 중요한 지표지만 방법론, 범위, 경제 분석에 미치는 영향 측면에서 다르다.

　PCE 물가지수는 가계의 상품 및 서비스에 대한 지출 습관을 반영하여 미국 내 모든 개인 소비의 평균 가격 변화를 측정한다. 미국 경제분석국(BEA)에서 계산하며, PCE에는 소비자가 직접 지출한 비용뿐만 아니라 고용주나 정부 프로그램에서 지불하는 의료비 등 제삼자가 소비자를 대신하여 지출한 비용도 모두 포함된다. 범위가 훨씬 크기 때문에 PCE는 소비자 행동과 지출 패턴을 포괄적으로 볼 수 있다.

반면에 CPI는 노동통계국(BLS)에서 계산하며, 도시 소비자가 직접 지출한 본인 부담금에만 초점을 맞춘다. 특히, 도시 가구의 소비 습관을 반영하는 고정된 상품 및 서비스를 기반으로 한다. CPI는 소비자를 대신하여 지출한 비용은 고려하지 않으므로, 보험이 적용되는 의료비 같은 중요한 비용은 제외된다는 한계가 있다.

PCE와 CPI의 또 다른 주요 차이점은, 다양한 상품 및 서비스 범주에 할당된 가중치를 처리하는 방식에 있다. PCE는 지출 가중치를 분기별로 더 자주 업데이트하기 때문에, 소비자 선호도의 변화와 가격 변동에 따른 대체 효과를 더 잘 반영할 수 있다.

예를 들어, 소고기 가격이 크게 오르면 소비자들이 닭고기로 대체할 수 있다. 이때 PCE는 업데이트 빈도가 낮고 고정 품목을 사용하는 CPI보다 이러한 변화를 더 효과적으로 포착한다. 따라서 물가가 상승할 때 저가 품목으로 이동하는 소비자들의 구매 성향을 반영하는 PCE에 비해, CPI는 시간이 지남에 따라 PCE보다 더 높은 인플레이션율을 나타내는 경향이 있다.

또한, 각 지수에 포함되는 상품과 서비스 범위가 다르다는 것도 중요하다. 이 차이로 인해 두 지수 간 인플레이션 수치에 상당한 차이가 발생할 수 있다. 예를 들어, 거주 비용은 PCE보다 CPI에서 훨씬 더 큰 가중치를 보인다. 실제로 CPI 중 주거비(거주 비용)가 차지하는 비중은 약 36%나 되며, 거주 비용이 급격하게 상승 혹은 하락하면 전체적인 CPI 인플레이션 측정치가 왜곡될 수 있다. 참고로, PCE 물가지수에서 주거비가 차지하는 비중은 약 18~20%에 불과하다.

연방준비제도이사회는 몇 가지 이유로 PCE를 인플레이션 주요 척도로 선호한다.

첫째, 적용 범위가 넓어 전반적인 경제 상황을 더 정확하게 반영할 수 있다.

둘째, 가중치를 자주 업데이트하기 때문에 PCE가 CPI보다 소비자 행동 변화에 더 효과적으로 적응할 수 있다.

셋째, PCE의 과거 데이터 수정 기능은 인플레이션 추세를 더 명확하게 장기적으로 파악할 수 있게 해준다. 게다가 PCE는 국내총생산(GDP)의 상당 부분을 차지하므로, 소비자 행동과 전반적인 경제 건전성을 이해하는 데 중요한 지표가 될 수 있다.

위에서 기술된 여러 이유로 연방준비제도이사회는 CPI보다 PCE 물가지수를 인플레이션의 주요 척도로 사용하는데, 특히 근원 PCE를 가장 선호한다. 근원 PCE는 변동성이 크다고 알려진 식품 및 에너지 가격을 제외한 수치다.

연준은 근원 PCE에 집중함으로써 변동성이 극심한 일부 카테고리의 가격 변동 때문에 생기는 잡음을 제거하고, 근본적인 인플레이션 추세를 파악하고자 하는 것이다. 연준은 이를 통해 장기 인플레이션 압력을 명확하게 평가할 수 있으며, 이는 통화정책 수립에 매우 중요하다. 연준의 목표 인플레이션율은 연간 2% 정도다. 근원 PCE를 모니터링하면 인플레이션이 이 목표를 달성할 수 있는지 평가하는 데 도움이 된다.

미국 증시에 참여하는 투자자 입장에서 PCE는 소비자 지출 패턴과 전반적인 경제 상황에 대한 인사이트를 제공하기 때문에 특히 중요하다. 미국은 소비자 지출이 경제 성장의 상당 부분을 주도하기 때문에,

PCE 추세가 소비자 신뢰와 행동의 변화를 어떻게 나타내는지 이해하는 것은 정보에 입각한 논리적인 투자 결정을 내리는 데 필수적이다.

PCE가 인플레이션 상승을 나타내면, 연준은 경기 냉각을 위해 금리를 인상할 수 있다. 금리가 상승하면 기업의 차입 비용이 증가하고, 소비자 지출이 감소해 주가가 하락할 수 있다. 결과적으로 주식 시장에 직접적인 악영향을 미칠 수 있는 것이다.

반면, 금리가 높은 상황에서 PCE가 하락 추세를 보이면 연준은 그들의 관심과 에너지를 고용 시장 활성화에 집중할 수 있게 된다. 결과적으로 연준은 경기 부양을 위해 금리를 인하할 가능성이 높으며, 금리가 하락하면 기업의 이자 비용이 감소하고 소비자들의 지출은 늘어나기 때문에 주식 시장에는 긍정적인 효과로 작용한다.

정리하면, PCE는 소비자 지출 행동과 전반적인 경제 활동을 반영하는 중요한 경제지표다. PCE는 특히 통화정책에 정보를 제공할 뿐만 아니라 주식 시장 성과에 직접적인 영향을 미친다는 점에서 매우 중요하다. 우리 투자자는 PCE 데이터를 면밀히 모니터링해 시장 상황을 탐색하고, 논리적인 투자 결정을 내리는 데 도움이 되는 귀중한 인사이트를 얻을 수 있다.

PCE 지수는 일반적으로 미국 경제분석국(BEA)의 개인 소득 및 지출 보고서의 일부분으로 매월 발표된다. BEA 공식 사이트를 방문하면, 누구나 PCE 수치가 포함된 개인 소득 및 지출 보고서를 볼 수 있다.

 www.bea.gov/data/consumer-
spending/main

07

국내총생산
(GDP)

국내총생산(GDP; Gross Domestic Product)은 특정 기간 한 국가의 국경 내에서 생산된 모든 완제품과 서비스의 전체 금전적 가치를 측정하는 중요한 경제지표다. GDP는 경제의 전반적인 규모와 성과를 반영하는, 한 국가의 경제 건전성에 대한 종합성적표 같은 역할을 한다.

미국의 국내총생산(GDP)은 지출 접근법, 소득 접근법, 생산(또는 산출) 접근법이라는 3가지 방법으로 계산한다. 이론적으로 각 방법은 같은 결과를 보여야 하며, GDP를 계산할 때는 보통 지출 접근법을 사용한다. 이 방법은 특정 기간에, 경제에서 이루어진 모든 지출을 합한다. 공식은 다음과 같다.

$$GDP = C + I + G + NX$$

C는 소비(Consumption)를 나타내며, 상품과 서비스에 대한 모든 개인 소비자 지출을 포함한다. I는 투자(Investment)를 나타내며, 주택 건설뿐만 아니라 장비 및 구조물에 대한 기업 투자가 모두 포함된다. G는 정부 지출(Government Spending)을 나타내며, 상품과 서비스에 대한 정부 지출을 포함한다. 마지막으로 NX는 순 수출(Net Exports)의 약자로 총수출에서 총수입을 뺀 값이라고 보면 된다.

주식 투자자에게 GDP의 중요성은 아무리 강조해도 지나치지 않다. 무엇보다도 GDP 성장률은 경제 건전성을 나타내는 지표라서 주의 깊게 지켜봐야 한다. GDP가 상승하면 경제가 성장하고 있다는 신호이며, 기업 이익 증가 및 주가 상승과 상관관계가 있는 경우가 많다. 투자자는 GDP 데이터를 사용해 경제의 확장 또는 축소 여부를 평가할 수 있다.

GDP는 미국 연방준비제도이사회 같은 중앙은행의 통화정책 결정에도 영향을 미친다. GDP 성장률이 높으면 중앙은행은 경기 과열을 막기 위해 금리 인상을 고려할 수 있으며, 반대로 GDP가 줄어들거나 너무 느리게 성장하면 경제 활동을 촉진하기 위해 금리를 낮출 수 있다. 앞부분에서 강조한 것처럼, 이러한 금리 변화는 기업과 소비자의 차입 비용에 영향을 미치기 때문에 주식 시장 실적에도 큰 영향을 미친다.

또한 GDP는 경제 활동의 상당 부분을 차지하는 소비자 지출 패턴에 대한 인사이트를 제공한다. 소비자 지출 증가는 일반적으로 기업의 매출 증가로 이어지므로, 투자자가 잠재적 투자를 평가할 때 고려해야 할 필수 요소 중 하나다.

이런 여러 이유로 GDP 성장률과 향후 주식 추세의 관계는 경제학자와 투자자들 사이에서 상당한 관심의 대상이 되어 왔다. 투자자들은 종종 GDP 성장률을 향후 기업 수익 잠재력의 지표로 삼는다. 경제가 성장하면 일반적으로 소비자 지출과 투자도 증가해 기업의 수익이 증가하고, 그에 따라 주가도 상승한다는 논리가 성립하기 때문이다. 반대로 GDP가 정체되거나 줄어들면 기업 수익이 감소하고, 주식 가치에는 부정적인 영향을 미칠 수 있다.

GDP 성장률은 향후 주식 시장 성과에 대한 인사이트를 제공하지만, 그 상관관계가 항상 이렇게 단순한 것은 아니다. GDP 성장률과 주식 시장 수익률의 관계는 금리, 인플레이션, 지정학적 사건 등 다양한 요인에 의해 영향을 받기 때문이다. 예를 들어, GDP 성장률이 높으면 처음에는 주가가 상승할 수 있지만, 경제 과열을 막기 위해 중앙은행이 금리를 인상할 수도 있다. 금리가 높아지면 기업과 소비자의 차입 비용이 증가해 경제 성장이 둔화한다. 주식 가치에도 부정적인 영향을 미치므로, GDP의 과도한 성장은 주식 시장에 오히려 독이 될 수도 있다는 것이다.

과거 데이터를 보면 경제 회복기처럼 GDP 성장률과 주식 시장 성과가 함께 움직이는 시기도 있었지만, 크게 엇갈리기도 했다. 예를 들어, 2020년 코로나19 팬데믹 동안 미국 GDP는 마이너스 3.5%로 크게 위축했으나 S&P 500 지수는 강하게 반등하여 팬데믹 이전보다 훨씬 높은 수준으로 한 해를 마감했다. 주식 시장이 때로는 현재의 경제 상황보다 투자자 심리와 기대에 더 크게 반응한다는 것을 보여주는 예일 것이다.

몇몇 연구에 따르면 주식 수익률이 오히려 향후 GDP 성장률을 예측할 수 있는 것으로 나타나기도 했다. 특히, 주식 수익률은 최대 4개 분기 후의 GDP 성장률을 예측할 수 있다는 증거가 있다. 이러한 주식 시장의 미래 예측적 특성은, 현재 상황이 얼마나 좋고 나쁘냐에 집착하기보다는 왜 남들보다 한발 앞서 미래의 추세와 변화에 집중해야 하는지를 보여준다.

GDP 성장률은 주식 시장의 잠재적 미래 추세에 관한 유용한 인사이트를 제공한다. 하지만 다른 경제지표 및 시장 요인도 함께 고려해야 한다는 걸 기억하자. GDP 성장률과 주식 성과 간의 상호작용은 투자자 심리, 통화정책 결정, 외부 경제 충격 등 다양한 역학 관계의 영향을 받는다. 따라서 투자자는 주식 시장 성과를 예측할 때 GDP 성장률에만 의존하지 말고 시장 상황을 평가하는 여러 도구 중 하나로 사용해야 한다는 것이 나의 생각이다.

미국 경제분석국(BEA)은 미국 GDP 데이터의 공식 출처다. 최신 GDP 보고서는 다음 웹사이트에서 확인할 수 있다.

 www.bea.gov/data/gdp

08

미국 고용 보고서
(US Job Report)

미국 증시에 참여하는 투자자 입장에서 매달 첫 번째 금요일은 중요한 의미가 있다. 이날은 미국의 '고용 보고서'가 발표되는 날이기 때문이다. 미국 고용 보고서(공식 명칭: 고용 상황 보고서)는 미국 노동통계국(BLS)에서 매월 발표하며, 미국 노동 시장 현황에 대한 중요한 정보를 제공한다. 이 보고서에는 실업률, 비농업 급여 고용, 평균 시간당 수입, 노동력 참여율 같은 주요 지표가 포함되어 있다.

현재 인구 조사(가구 조사)와 현재 고용 통계(사업체 조사)라는 2가지 주요 조사를 통해 수집된다. 가구 조사는 약 6만 가구의 정보를 수집하여 고용 상태와 실업률을 파악하고, 사업체 조사는 약 14만 5천 개의 사업체와 정부 기관으로부터 급여 데이터를 수집한다.

고용 보고서는 다양한 부문의 일자리 창출 또는 감소, 임금 동향, 전반적인 노동 시장 상황에 대한 인사이트를 제공한다. 이 보고서는 통화 정책과 시장 심리에 중대한 영향을 미칠 수 있으므로 투자자는 물론이고 정책입안자, 경제학자들까지도 면밀히 모니터링한다.

우리 투자자 입장에서 고용 보고서가 특히 중요한 이유는 4가지 정도다.

첫째, 고용 수준은 미국 경제 활동의 상당 부분을 차지하는 소비자 지출과 밀접한 관련이 있다. 더 많은 사람이 고용되어 임금을 받으면, 소비자 구매력이 상승해 상품과 서비스에 대한 지출이 늘어나는 경향이 있다. 이러한 소비자 지출 증가는 기업의 매출과 이익을 증가시켜 주가에 긍정적인 영향을 미치고, 더 많은 고용으로 이어지는 선순환의 구조를 만들 수 있다.

둘째, 일자리 보고서에 보고된 시간당 평균 수입의 변화는 임금 상승에 대한 인사이트를 제공한다. 임금 상승은 긍정적인 측면에서 소비자 구매력 증가를 의미할 수 있지만, 생산성 증가를 앞지르는 경우 인플레이션 압력으로 이어질 수도 있다. 시간당 평균 수입의 급격한 변화는 금리와 관련된 중앙은행 정책에 영향을 미칠 수 있으므로, 투자자들은 고용 보고서의 임금 동향에 주목해야 한다.

셋째, 일자리 보고서는 금융 시장의 변동성을 유발할 수도 있다. 일자리 증가 또는 감소 등 예상 수치에서 큰 편차가 발생하면, 투자자들이 경제 상황에 대한 새로운 정보를 바탕으로 전망을 조정하면서 시장이 급격하게 반응하는 경우가 종종 발생한다.

넷째, 마지막으로 고용 보고서를 통해 '실업률'을 확보할 수 있다는 점이다. 실업률은 경제 건전성을 나타내는 주요 지표다. 실업률이 낮다는 것은 일반적으로 경기가 좋다는 것을 의미하며, 이는 주식 시장 밸류에이션 상승으로 이어질 수 있다. 반대로 실업률이 상승하면 경기가 어럽다는 신호인 경우가 많다. 실업률이 높아지면 일자리와 가처분소득을 가진 사람이 줄기 때문에 소비자 지출 역시 감소하게 된다. 이러한 지출 감소는 결국 기업의 매출과 이익 감소로 이어져 주가가 하락할 수 있다. 투자자들 다수가 실업률 상승이 경기 침체 가능성을 시사한다고 인식하게 되면 주식 시장에 매도세가 강화되면서 더 광범위한 시장 침체로 이어지는 경우도 드물지 않다.

하지만 이 상관관계 역시도 단순한 것은 아니다. 실업률 상승이 주가에 긍정적인 영향을 미치는 경우도 있기 때문이다. 예를 들어, 실업률이 너무 높으면 연방준비제도이사회가 경제 활동을 촉진하기 위해 금리를 낮추는 경우가 많다. 금리가 낮아지면 소비자와 기업의 대출 비용이 저렴해져 지출과 투자가 늘어나기 때문에, 결과적으로 실업률이 높은 상황에서도 이러한 통화정책 조치에 따라 주가가 급등하는 일도 종종 발생한다.

또한 실업률 데이터에 대한 시장의 반응은, 그 변화가 예상된 것인지 예상치 못한 것인지에 따라 달라진다. 업계의 연구에 따르면 예상치 못한 실업률 증가는 시장 변동성을 높일 수 있지만, 항상 주가가 크게 하락하지는 않는 것으로 나타났다. 또 시장이 이미 실업률 상승에 대한 기대치를 가격에 반영한 경우, 실제 발표 후에는 주가의 반응이 미미하거나 심지어 긍정적인 움직임으로 이어질 수도 있다.

경제 확장기에는 실업률 상승이 주가에 예상만큼 부정적인 영향을 미치지 않을 수도 있다. 이러한 상황에서는 실업률 상승과 관련된 나쁜 소식이 금리 하락 혹은 낮은 금리의 유지라는 좋은 소식으로 상쇄될 수 있기 때문이다.

실업률 변화는 주가에 큰 영향을 미칠 수 있지만, 그 영향의 성격은 투자자의 기대, 통화정책의 반응, 전반적인 경제 상황 등 다양한 요인에 영향을 받는다. 이런 관계를 제대로 이해하고 적절히 대처하려면 현재 노동 시장 동향과 광범위한 경제지표를 주의 깊게 분석해야 한다.

이렇게 미국 고용 보고서는 노동 시장의 건전성에 대한 다양한 지표와 귀중한 통찰력을 제공하는 중요한 경제지표다. 미국 주식 투자자의 경우 이런 고용 데이터의 의미를 이해하는 것은 정보에 입각한 투자 결정을 내리고, 경제 상황 변화에 따른 잠재적 시장 움직임을 예측하는 데 필수라고 할 수 있다.

미국 고용 보고서의 공식 명칭은 고용 상황 요약(Employment Situation Summary)이며, 이 보고서의 공식 출처는 미국 노동통계국(BLS) 웹사이트다. 다음 웹사이트에서 최신 보고서를 확인할 수 있다.

 www.bls.gov/news.release/empsit.nr0.htm

09

신규 실업수당청구
(Jobless Claims)

앞에서 살펴본 경제지표 중 GDP는 분기별로 발표되며, 그 밖에 CPI, PCE 등의 인플레이션 지표와 고용 보고서는 1개월에 한 번씩 보고된다. 투자자들이 일주일에 한 번씩 확인할 수 있는 경제지표가 있는데, 바로 '실업수당청구 보고서'다.

실업수당청구 보고서는 미국 노동부에서 발표하는 주요 경제지표 중 하나로, 지난주를 기준으로 신규로 각 주에서 제공하는 실업 보험을 신청한 개인의 수를 측정한다. 이 보고서는 매주 목요일 오전 8시 30분(동부시간 기준)에 발표되며, 노동 시장의 건전성에 대한 귀중한 인사이트를 제공한다.

실업수당청구 보고서에는, 신규 실업수당청구 건수와 계속청구 건수라는 2가지 주요 구성 요소가 있다. 신규 실업수당청구 건수는 최근 실직을 나타내는 신규 실업수당 신청을 의미하며, 계속청구는 최초 청구 이후에도 여전히 실업수당을 받는 사람들의 수를 보여준다. 이 보고서에는 주간 변동성을 완화하기 위해 별도로 계산된 4주 이동평균이 포함되어 있다.

주식 투자자에게 주간 실업수당청구 건수 보고서는 주요 경제지표의 역할을 한다. 신규 실업수당 청구 건수가 증가하면 일반적으로 노동 시장이 약화하고 있다는 의미이며, 이는 소비자 지출 감소와 기업 이익 감소로 이어질 수 있다. 반대로 실업수당청구 건수가 감소하면 일자리를 잃는 사람이 줄어들고 있다는 의미이며, 이는 해고자 수가 감소하고 있다는 의미로 해석할 수 있다. 경제가 호전되고 있다는 신호이자 소비자 지출이 증가할 수 있음을 의미한다.

투자자들은 이 보고서를 면밀히 모니터링하는데, 이는 향후 경제 상황에 대한 시장 심리와 기대에 영향을 미칠 수 있기 때문이다. 예를 들어, 초기 청구 건수가 예상보다 적으면 투자자의 신뢰가 높아져 주가가 긍정적으로 움직일 수 있다. 반대로 예상보다 청구 건수가 많으면 경기 둔화에 대한 우려를 불러일으키고, 부정적인 시장 반응을 초래할 수 있다.

주간 실업수당청구 건수는, 노동 시장 활동을 거의 실시간으로 보여주는 몇 안 되는 지표 중 하나이기도 하다. 포괄적인 월간 고용 상황 보고서가 발표되기 전에 경제 동향을 가늠하는 데 특히 유용하다고 할 수 있다. 따라서 투자자 입장에서는 실업수당청구 건수가 컨센서스 추정치에서 크게 벗어나면 최신 데이터를 기반으로 남들보다 앞서 투자 전략을 수정하면서 금융시장의 변동성에 대비할 수 있는 것이다.

전반적으로 주간 실업수당청구 보고서는 노동 시장의 건전성과 광범위한 경제 상황에 대한 귀중한 통찰력을 가장 빠르게 제공한다는 의미에서, 주식 투자자에게 필수적인 투자 정보라고 할 수 있다. 실업수당청구 건수의 변화를 모니터링함으로써 투자자는 소비자 지출과 기업 수익성의 잠재적 변화를 측정할 수 있고, 가장 빠른 정보에 따라 민첩한 투자 결정을 내릴 수 있다.

신규 실업 수당 청구 건수의 공식 출처는 미국 노동부이며, 매주 목요일 오전 8시 30분(동부시간 기준)에 발표한다. 최신 보고서는 다음 웹사이트에서 확인할 수 있다.

 www.dol.gov/ui/data.pdf

10

소매판매 리포트
(Retail Sales Report)

소매판매 보고서는 미국 전역 소매업소의 상품 및 서비스 총판매량을 측정하는 중요한 월간 경제지표다. 미국 인구조사국(U.S. Census Bureau)에서 작성하는 이 보고서는 소비자 지출 패턴에 대한 필수적인 인사이트를 제공하며, 경제의 전반적인 건전성과 궤적을 이해하는 데 중요한 역할을 한다.

이 보고서는 백화점, 식료품점, 의류 소매업체, 전자상거래 플랫폼 등 다양한 업종을 포괄하는 약 13,000개의 소매업체에서 수집한 데이터를 기반으로 작성된다. 매달 이렇게 많은 소매업체의 데이터를 수집해 분석할 수 있다는 자체가 대단하게 느껴지기도 한다.

미국에서 소매판매 보고서가 특히 중요하게 여겨지는 이유는, 미국 국내총생산(GDP)의 약 3분의 2를 차지하는 것이 소비자 지출이기 때문이다. 미국 경제는 소비자 지출에 따라 좌지우지된다고 해도 과언이 아니다. 이런 소비자 지출 동향을 파악하기 위해 활용하는 것 중 하나가 소매판매 리포트다.

소매판매 수치가 높은 성장세를 보인다는 것은, 일반적으로 소비자의 신뢰와 소비 의지가 강하다는 것을 나타낸다. 또 가계가 재정 상황에 안정감을 느끼고 있음을 시사하며, 자연스럽게 기업의 투자와 고용 증가로 이어져 경제 확장을 촉진할 가능성이 커진다.

가까운 예로 2023년에 들어서면서 시장에서는 미국 경제가 경기 침체, 즉 리세션에 빠져들고 있다고 주장하는 경제학자들이 크게 늘었었다. 이들은 연준이 필요 이상으로 오랫동안 높은 금리를 유지했다는 논리를 펼치면서 조만간 미국 경제가 경착륙, 즉 경기 침체에 직면할 것으로 예측했다. 하지만 그 예측은 보기 좋게 빗나가 버렸다.

2023년 1분기 1.1%에 불과했던 미국의 GDP 성장률은 2분기에 2.0%로 회복 기미를 보이더니, 3분기에는 4.9%를 찍으면서 전문가들을 당혹스럽게 만들었다. 이렇게 강력한 성장의 배경에는 최악의 인플레이션 시대를 맞이하고도 변함없이 지갑을 여는 미국 소비자들의 강력한 지출이 있었다. 미국의 소비자들이 건재한 이상, 미국 경제는 살아있다는 것을 다시 한번 증명한 셈이다.

반대로 소매판매 수치가 부진하면 경기 침체 또는 하락을 의미할 수 있으며, 소비 심리와 전반적인 경제 안정에 대한 우려를 불러일으킨다는 점 역시 기억해야 한다.

주식 투자자에게 소매판매 보고서는 시장 심리와 투자 결정에 직접적인 영향을 미치기 때문에 특히 중요하다. 소매판매가 예상치를 웃돌면 즉 소비자 수요가 강세를 보이면, 투자자들 역시 긍정적인 반응을 보이는 경우가 많다. 이러한 낙관론은 판매 활동 증가로 기업의 실적 개선이 예상되기 때문에 주가 상승으로 이어질 수 있다. 반면에 실망스러운 소매판매 수치는 부정적인 시장 반응을 유발한다. 투자자들은 기업의 수익 감소와 경제 전반의 잠재적 어려움을 예상해 위험 자산 투자를 줄이기 때문에, 주가가 하락하는 원인이 될 수 있는 것이다.

또한 소매판매 보고서는 인플레이션 압력에 대한 인사이트를 제공한다. 소매판매가 지나치게 급증하면 소비자 수요가 강해져 물가가 상승하고, 인플레이션 우려가 커질 수 있다. 반복해서 말하지만, 인플레이션은 금리와 관련된 연방준비제도의 통화정책 결정에 큰 영향을 미칠 수 있어서 매우 중요하다. 소비자 지출 증가로 인플레이션이 크게 상승하면 연준은 경기 과열을 막기 위해 금리를 인상해 통화정책을 긴축하는 방안을 고려할 수 있다. 이러한 금리 변화는 기업과 소비자 모두의 차입 비용에 영향을 미치면서 결국 주식 시장 실적에 악영향을 미치게 된다.

소매판매 보고서는 매달(보통 매월 중순쯤) 발표되며, 이러한 정기적인 업데이트 덕분에 투자자는 시간에 따른 소비자 행동 변화를 추적하고, 투자 전략을 조정할 수 있다. 소매판매 보고서에는 헤드라인 수치(총소매판매)와 자동차, 휘발유처럼 변동성이 큰 항목을 제외한 근원 지표가 모두 포함된다. 투자자는 2가지 데이터를 모두 분석해야 한다. 그래야 해당 카테고리의 가격 변동에 영향을 받지 않고, 소비자 지출의 근본적인 추세를 더 명확하게 파악할 수 있다.

여기서 한 가지 꼭 기억해야 할 것이 있다. 소매판매 리포트는 유형 상품에 초점을 두기 때문에, 레스토랑이나 호텔 같은 서비스 부문의 매출은 제외된다는 점이다. 다른 선진국과 마찬가지로 미국의 서비스 부문은 전체 소비자 지출의 3분의 2 이상을 차지한다. 이것은 소매판매 리포트의 옥에 티가 아닐 수 없다. 이 단점을 꼭 기억하자.

　소매판매 리포트 결과만으로 미국 경제 상황을 섣불리 판단하지 말고, 앞에서 소개했던 개인 소비 지출(PCE), GDP 등의 수치를 두루 보며 종합적인 진단을 내려야 한다.

　미국 소매판매 보고서의 공식 출처는 미국 인구조사국이며, 다음 웹 사이트에서 볼 수 있다. 보고서는 보통 매월 13일 오전 8시 30분(동부시간 기준)에 발표된다.

 www.census.gov/retail/sales.html

11

ISM PMI 리포트

공급관리협회 구매관리자지수(ISM) 보고서는 미국 경제의 건전성을 확인할 수 있는 경제지표로, 특히 제조업과 서비스업에 중점을 두고 있다. 이 보고서는 매월 첫 번째 영업일에 발표되는 제조업 PMI와 매월 세 번째 영업일에 발표되는 서비스 PMI라는 2가지 요소로 구성되어 있다. 둘 다 동부 표준시 오전 10시에 발표된다.

이 보고서는 미국 내 다양한 산업 분야의 구매관리자를 대상으로 실시한 현장 설문조사를 기반으로 한다. PMI는 신규 주문, 생산, 고용, 공급업체 납품, 재고 등 여러 요소를 고려한 종합 지수지만, 점수 체계는 매우 단순하다. PMI가 50을 넘으면 경기 확장을, 50 미만이면 경기 위축을 의미한다. 비교 대상은 지난달이다. PMI 지수가 50을 넘으면 지난달에 비해 해당 섹터의 비즈니스가 향상되고 있다는 신호로 해석되며, 반대로 50 이하면 비즈니스 상황이 악화한다는 것을 의미한다.

ISM PMI 보고서가 중요한 이유 중 하나는 '시의성'이다. 이 보고서는 매월 가장 먼저 발표되는 경제 활동 지표 중 하나로, 생산, 신규 주문, 물가, 고용 등 다양한 측면의 비즈니스 상황을 종합적으로 파악할 수 있다.

구매관리자는 종종 응답에 대한 이유를 제공하도록 요청받기 때문에 정량적 데이터에 정성적 인사이트를 더할 수 있다. 이러한 수치 데이터와 설명이 포함된 의견의 조합은 제조업과 서비스 부문의 건전성과 동향에 대한 종합적인 시각을 제공한다는 점에서 그 가치가 높다.

주식 투자자 입장에서도 ISM PMI 보고서는 매우 중요하다. 전반적인 경제 건전성을 나타내는 선행지표라서 투자자들이 향후 경제 동향을 가늠하는 데 도움이 되기 때문이다. 매월 발표되는 이 보고서는 투자자와 기업의 신뢰도에 상당한 영향을 미치며, 잠재적으로는 주식 시장 움직임에도 영향을 미칠 수 있다.

또한 다양한 산업에 대한 자세한 정보를 제공하므로, 업종별 투자 정보에 기반한 결정을 내릴 수 있다는 장점이 있다. 앞에서 살펴본 소매판매 리포트는 서비스 부문의 매출이 제외된다는 큰 단점이 있었다. 매월 세 번째 영업일에 발표되는 서비스 PMI 지표를 확인하면, 소매판매 리포트의 단점이었던 서비스 부문 경제 현황까지 정확히 진단할 수 있는 것이다.

ISM PMI 지수는 각 기업의 구매 담당 매니저들이 제공하는 산업 현장의 의견을 매달 바로 반영하기 때문에 미래지향적 지표라고도 할 수 있다. 향후 GDP 성장률과 경제 상황을 예측해 선제적인 투자 결정을 내리는 데 도움이 된다. 중앙은행과 정책입안자들도 경제 정책에 필요한 정보를 얻기 위해 PMI 데이터를 사용하기 때문에 시장 참여자의 심리에도 큰 영향을 미칠 수 있는 지표다. 일반적으로 PMI가 지속적으로 상승하면, 투자자들은 기업 이익 증가에 대한 기대감으로 주식 시장이 강세를 보일 것으로 예상한다.

다시 한번 강조하지만, ISM PMI 지수의 시의성은 현재 경제 상황에 따라 투자 전략을 신속하게 조정할 수 있다는 엄청난 장점을 제공한다. 또 제조업과 서비스 부문의 인사이트를 결합함으로써 경제에 대한 총체적인 관점을 얻을 수도 있다. 이러한 종합적인 경제 관점은 오늘날처럼 상호 연결된 시장에서는 특히 유용하다.

본질적으로 ISM PMI 보고서는 주식 투자자가 경제 동향을 평가하고, 시장 움직임을 예측하며, 경제의 다양한 부문에 걸쳐 정보에 입각한 투자 결정을 내릴 수 있도록 하는 매우 중요한 도구 역할을 한다. 신뢰성, 시의성, 포괄성 덕분에 많은 투자자의 투자 여정에 없어서는 안 될 필수 요소로 자리 잡았다. 또 금융 시장의 복잡한 환경을 통찰력 있게 탐색할 수 있도록 도와주는 소중한 투자 정보라고 정리할 수 있겠다.

참고로, 공급관리협회(ISM)는 다음 공식 웹사이트에서 PMI 보고서를 발표한다. 'Supply Management News & Reports'(공급 관리 뉴스 및 보고서) 섹션에서 볼 수 있는데, 제조업 PMI는 매월 첫 번째 영업일 오전 10시(동부시간 기준)에, 서비스 PMI는 매월 세 번째 영업일 오전 10시(동부시간 기준)에 발표된다.

www.ismworld.org

12

소비자 심리지수
(Consumer Sentiment Index)

이번에 살펴볼 경제지표는 '소비자 심리지수'다. "주식 투자하는데 뭐 이리 확인해야 하는 게 많을까?" 이렇게 생각할 수 있지만, 대부분의 보고서는 한 달에 한 번 혹은 분기당 한 번 나온다. 관심을 가지고 따라가다 보면 언젠가부터는 드라마를 보는 것처럼 오히려 다음 회를 기다리게 될 것이다. 이제 몇 개 남지 않았다. 조금만 더 힘내자.

소비자 심리지수(Consumer Sentiment Index)는 개인 재정과 전반적인 경제 상황에 대한 소비자의 사고방식을 확인할 수 있는 귀중한 경제지표다. 이 지수는 소비자의 태도와 기대치를 측정하는 월간 설문조사 결과라고 할 수 있는데, 향후 경제 동향과 소비자 행동을 예측할 수 있게 해준다.

소비자 심리지수는 2가지가 널리 알려져 있다. 컨퍼런스 보드 (Conference Board)에서 작성하는 소비자 신뢰지수(CCI; Consumer Confidence Index)와 미시간 대학교에서 실시하는 미시간 소비자 심리지수(MCSI;

222

Consumer Sentiment Index)다. 이 설문조사에서는 소비자에게 전년 대비 현재의 재정 상황, 재정적 미래에 대한 기대, 비즈니스 상황 및 고용 시장에 대한 전망, 주택, 자동차 또는 가전제품 같은 주요 구매 계획에 대해 질문한다.

주식 투자자에게 소비자 심리지수는 다른 경제지표 못지않게 중요한 의미가 있다. 소비자 지출은 미국 국내총생산(GDP)의 약 68~70%를 차지하는 경제 활동의 중요한 동인이기 때문이다. 거기에 소비자 심리는 경제 성장의 선행지표로 작용한다. 이것은 투자자가 소비자 지출 패턴의 잠재적 변화에 대한 조기 신호를 포착할 수 있는 자료라는 점에서 중요하다. 그래서 미국 증시에 참여하는 투자자라면 반드시 찾아봐야 하는 투자 정보 중 하나다.

투자자들은 주로 경기 사이클의 잠재적 변화를 미리 파악하기 위해, 소비자 심리 변화를 면밀히 모니터링한다. 소비자 심리의 하락은 종종 경기 침체에 선행하는 반면, 심리가 개선되면 경기 회복이 임박했음을 의미할 수 있다. 이 정보를 통해 투자자는 각자의 포트폴리오를 조정해 새로운 트렌드를 활용하거나 잠재적인 시장 침체에 대비할 수 있다.

소비자 심리가 기업 실적에 미치는 영향은 주식 투자자가 고려해야 할 또 다른 중요한 요소다. 소비자 신뢰도가 높아지면 일반적으로 소비자 지출이 증가하여 많은 기업, 특히 소비자 대면 산업에 속하는 기업의 매출과 이익이 증가할 가능성이 크다. 이러한 심리와 수익 간의 관계로 소비자 심리지수는 기업 실적의 잠재적 변화, 나아가 주가를 예측하는데 유용한 도구가 되는 것이다.

미국 경제의 다양한 섹터 중 특정 부문은 소비자 심리 변화에 특히 민감하다. 예를 들어 소매업, 여행업, 소비재 등의 업종은 소비자 신뢰도 변화가 다른 산업이나 업종에 비해 더 큰 영향을 주는 경우가 많다. 따라서 관련 기업에 베팅하는 투자자라면 투자 결정을 내릴 때 소비자 심리지수에 특히 주의를 기울여야 한다.

소비자 심리지수는 연준의 통화정책 결정에도 중요한 역할을 한다. 연방준비제도이사회는 금리 및 기타 정책 수단을 심의할 때 소비자 심리를 포함한 다양한 경제지표를 고려한다. 앞에서 수없이 언급한 것처럼, 이러한 연준의 정책 결정은 차입 비용부터 인플레이션 기대치까지 모든 것에 영향을 미치며, 주식 시장에도 중대한 영향을 미칠 수 있다는 점을 꼭 기억하자.

또한 소비자 심리는 다른 경제 데이터를 해석할 때 필요한 필수적인 맥락을 제공한다. 분석할 때 소매판매 보고서나 GDP 성장률 지표와 함께 살펴보면, 경제 상황을 종합적으로 이해하는 데 도움이 될 것이다. 이렇게 전체적이고 종합적인 관점을 확보해야 정보에 입각한 논리적인 의사결정을 할 수 있다. 게다가 소비자 심리와 실제 경제 성과 사이의 잠재적 단절을 파악하는 능력도 키울 수 있을 것이다.

특히, 시장 기대와 다른 소비자 심리의 큰 변화는 주가의 단기적인 변동성을 유발할 수 있다는 점에도 관심을 가질 필요가 있다. 이러한 주식 시장의 변동성은 투자 전략과 위험 감내도에 따라 투자자에게 위험과 기회를 모두 제공할 수 있다. 변동성이 극심한 시장 상황이라도 그 이유를 정확히 파악하고 대처할 수 있다면, 변동성은 더 이상 리스크가 아니라 저가 매수의 기회가 될 수 있음을 기억하자.

결론적으로, 소비자 심리지수는 경제 건전성과 소비자 행동의 중요한 바로미터로서 주식 투자자에게 잠재적인 미래 동향에 대한 귀중한 인사이트를 제공한다. 이 지표를 주의 깊게 모니터링하고 해석함으로써, 복잡하고 끊임없이 변화하는 금융 시장을 탐색할 때 경쟁우위를 확보할 수 있을 것이다.

컨퍼런스 보드(Conference Board)에서 작성하는 소비자 신뢰지수(CC)와 미시간 대학교에서 실시하는 미시간 소비자 심리지수(MCSI)는 다음 웹사이트에서 확인할 수 있다.

 소비자 신뢰지수(CC)
www.conference-board.org/topics/
consumer-confidence

 미시간 소비자 심리지수(MCSI)
www.sca.isr.umich.edu

13

기대 인플레이션
(Inflation Expectations)

미국 주식 투자자라면 반드시 따라가야 할 마지막 경제지표는 '기대 인 플레이션(Inflation Expectations)'이다. 기대 인플레이션은 금융 시장, 특히 주식 시장에 큰 영향을 미치는 중요한 경제 개념이다.

기대 인플레이션은 일단 미래지향적 지표다. 소비자, 기업, 금융시 장, 정책입안자 등 다양한 경제 주체들이 향후 예상하는 인플레이션율 을 반영하기 때문이다. 따라서 기대 인플레이션을 이해하면 잠재적인 경제 동향과 연준의 정책 방향, 나아가 시장 움직임에 대한 귀중한 통찰 력을 얻을 수 있다.

주식 투자자에게 기대 인플레이션은 매우 중요하다. 기대 인플레이 션은 종종 주가와 전반적인 시장 역학을 형성하는 데 중추적인 역할을 하기 때문이다. 최근 수십 년 동안 기대 인플레이션이 잘 고정되어 있던 시기에는, 인플레이션 상승이 경제 활동 강세 및 주가 상승과 일치하는 경우가 많았다. 그러나 인플레이션 기대치가 불안정했던 시기에는, 인플레이션 상승이 오히려 경제 활동 약세 및 주가 하락으로 이어지는 경우가 자주 나타났다. 이러한 기대 인플레이션과 주식 시장 성과 간의 관계 변화는, 투자자들이 기대 인플레이션을 면밀히 모니터링하고 이해해야 하는 이유를 보여준다.

기대 인플레이션은 주식 밸류에이션의 주요 동인인 기업 실적을 예측하는 데 적지 않은 도움이 될 수 있다. 인플레이션으로 비용 상승이 예상되면, 기업은 수익성을 유지하기 위해 상품 및 서비스 가격을 인상하는 등 가격 전략을 조정한다. 이러한 가격 결정은 경제 전반에 파급 효과를 가져오고, 소비자 지출 패턴과 기업 수익에까지 영향을 미친다. 따라서 주식 투자자는 기대 인플레이션의 변화가 포트폴리오에 포함된 기업의 수익성과 주가에 어떤 영향을 미칠지 신중하게 고려해야 한다.

연방준비제도 같은 중앙은행은 통화정책 결정을 내릴 때 기대 인플레이션을 면밀히 모니터링한다. 여러 번 강조하지만, 금리 및 양적완화 조치를 포함한 연준의 정책 결정은 주식 시장에 큰 영향을 미친다. 간단한 예로 기대 인플레이션이 중앙은행의 목표치보다 높아지면 통화정책이 긴축으로 이어져 투자심리와 주식 시장 밸류에이션에 변화를 일으킬 수 있다. 반대로 기대 인플레이션이 낮아지면 완화적인 정책이 나올 수 있으며, 이는 주가를 지지할 수 있다. 따라서 주식 투자자는 기대 인플레이션이 중앙은행 조치와 금융시장에 미치는 영향에 주의를 기울여야 한다.

또한, 기대 인플레이션이 시장 컨센서스와 차이가 날 경우 주가 변동성은 극심해질 수 있다. 기대 인플레이션의 급격한 변화는 자산의 급격한 가격 재조정으로 이어져 투자자에게 위험과 기회를 모두 안겨줄 수 있다. 이러한 변화를 정확하게 예측하는 투자자는 포트폴리오를 유리하게 가져갈 수 있고, 방심하면 예상치 못한 손실로 이어진다는 걸 꼭 기억해야 한다.

기대 인플레이션에 따라 주식 시장의 섹터별 성과가 달라질 수도 있다. 역사적으로 인플레이션이 높은 기간에는 단기적으로 가치주가 성장주 및 배당주를 능가하는 경향이 있었다. 이런 섹터 간 성과 차이는, 기대 인플레이션 변화에 따라 섹터가 어떤 영향을 받을지 고려하는 게 중요하다는 걸 보여준다. 미국의 빅테크 기업처럼 가격 결정력이 있거나 인플레이션 압력의 혜택을 받는 업종은 고인플레이션 환경에서 더 매력적일 수 있지만, 그렇지 않은 업종은 어려움을 겪을 수 있다는 것도 기억해 두자.

기대 인플레이션은 채권 시장과 주식 시장 간의 역학 관계를 형성하는 데도 중요한 역할을 한다. 기대 인플레이션이 높아지면 인플레이션 환경에서 이자의 실질 가치가 감소해, 채권형 증권의 매력이 약화할 수 있기 때문이다. 이는 잠재적으로 투자자들을 주식, 특히 가격 결정력이 강한 기업이나 역사적으로 인플레이션에도 강했던 섹터의 주식으로 유도할 수 있다. 2022년 말부터 2024년까지 매그니피센트7 주식이 미국 증시를 이끌었던 것은 우연이 아닌 셈이다.

또한 장기 기대 인플레이션 수치가 적절하게 높으면 향후 경제 성장이 더 강해지고 변동성이 줄어들어 주식 수익률에 긍정적일 수 있다. 투자자들은 적당한 기대 인플레이션을 건전한 경제 활동 신호로 해석하며, 결과적으로 기업 수익 성장과 함께 주가를 지지한다. 그러나 지나치게 높은 기대 인플레이션은 경제 안정과 주식 시장 성과에 부정적인 영향을 미칠 수 있다는 점에 유의해야 한다.

기대 인플레이션은 주식 투자자가 고려해야 할 다면적이고 중요한 요소 중 하나다. 기대 인플레이션은 주가, 기업 수익, 통화정책, 시장 변동성, 업종 실적에 복잡하고 상호 연결된 방식으로 영향을 미친다. 기대 인플레이션과 잠재적 영향의 미묘한 차이를 이해하면, 투자 전략을 세우거나 포트폴리오를 배분할 때 더 많은 정보를 기반으로 결정할 수 있을 것이다.

이러한 이해를 바탕으로 투자자는 끊임없이 변화하는 경제 환경을 더 잘 탐색할 수 있게 된다. 잠재적인 기회를 파악하고, 재무 목표를 추구해야 위험을 완화할 수 있다. 따라서 인플레이션 기대치를 정확하게 해석하고, 이에 따라 행동하는 능력은 투자 성과에 중요한 차별화 요소가 될 수 있다. 당연히 성공적인 주식 투자자의 유용한 툴이 될 것이다.

물론 앞에서 소개한 많은 경제지표와 마찬가지로 이 정보 역시 따로 보면 안 된다. 신중한 투자자라면 다양한 경제지표, 기업별 정보, 광범위한 시장 동향과 함께 여러 경제지표를 종합적으로 분석하면서 전반적인 흐름을 이해할 수 있어야 할 것이다.

기대 인플레이션 데이터는 앞서 등장했던 미시간 소비자 심리지수(MCSI)와 마찬가지로, 미시간 대학교 소비자 설문조사 내용에 포함되어 있다.

www.sca.isr.umich.edu

CHAPTER

7

분위기 파악
잘 못하는
당신을 위해

똑똑한 사람은 주식 투자를 잘하지 못한다는 말이 있다. 일반화하기 어려운 속설에 불과하지만, 몇몇 이유로 일부 신빙성 있는 주장이기도 하다.

우선, 똑똑한 사람들은 자신의 분석 능력을 과신하는 경향이 있다. 이는 투자에서 과도한 자신감으로 이어질 수 있고, 결과적으로 큰 손실을 초래할 수 있다. 또 높은 IQ가 반드시 감정 통제 능력과 일치하지는 않는다는 점도 주목할 만하다. 주식 시장에서는 감정 관리가 매우 중요한데, 이는 지적 능력과는 별개의 문제이기 때문이다. 게다가 주식 투자는 실제 경험이 매우 중요하다. 아무리 뛰어난 이론적 지식을 가지고 있더라도, 실제 시장 경험이 부족하면 성공하기 어려운 게 투자의 세계다.

결정적으로 주식 시장은 때로 비합리적으로 움직인다. 논리적 사고에 익숙한 똑똑한 사람들로서는 이해하기 어려운 부분일 수 있다. 이 책의 독자 중 혹시 시장의 움직임이 이해되지 않는 경험을 자주 하고 있다면, '내가 너무 똑똑하고 합리적이구나'라고 생각해도 무방하겠다. "주식 시장은 예측하는 것이 아니라 대응해야 한다"라는 말은 이러한 시장의 비합리성에서 기인했을 것이다.

마지막으로 주식 투자에서는 심리적 요인이 매우 중요한데, 단순히 지적 능력만으로는 이러한 심리적 요인을 극복하기 어렵다는 점을 강조하고 싶다. 개인적으로 주식 투자는 '눈치'가 빠른 사람이 성공할 수 있다고 생각한다. 주식 시장을 단순히 '눈치 싸움'이라고 표현하는 건 과한 단순화일 수 있지만, 투자자들의 심리와 기대가 주가 움직임에 큰 영향을 미치는 것은 누구나 알고 있는 사실이다.

그런 의미에서 주식 투자와 심리학은 매우 밀접한 관계다. 투자자 심리와 감정이 투자 결정과 시장 전체의 움직임에 큰 영향을 미치기 때문이다. 주식 시장은 투자자들의 행동과 감정의 상호작용을 반영하며, 투자 결정은 단순한 재무적 판단을 넘어 깊은 심리적 요인의 영향을 받기 마련이다. 실제로 투자자의 감정적 구성이 시장의 흐름에 가장 큰 영향을 미친다고도 볼 수 있다.

주요 심리적 요인으로는 탐욕과 공포, 확증 편향, 집단 사고 등이 있다. 투자자들은 탐욕을 부리며 과도한 위험을 감수하거나, 공포에 짓눌려 좋은 기회를 놓치기도 한다. 자신의 믿음을 확인시켜 주는 정보에만 주목하는 확증 편향이 나타나기도 하고, 다수의 의견에 영향을 받아 비논리적인 혹은 무논리적인 결정을 내리는 집단 사고의 영향을 받기도 한다.

따라서 성공적인 투자를 위해서는 이러한 심리적 요인들을 인식하고 관리하는 것이 매우 중요하다. 자신의 감정을 인식하고 이해하는 것, 감정적 결정을 방지하기 위해 투자 계획과 전략을 세우는 것, 그리고 다양한 의견과 관점의 이야기에 귀 기울이면서 편협한 사고에 빠지지 않고 시장의 분위기를 파악하는 것은, 성투(성공적인 투자)와 행투(행복한 투자)에 있어 필수적인 요소라고 믿어 의심치 않는다.

01

경매 시장의
분위기를 살펴라

나는 종종 주식 시장을 경매 시장에 비유한다.

　주식의 가격을 결정하는 메커니즘이 경매와 매우 흡사하기 때문이다. 주가는 구매자의 최고 지불 의사 가격(매수 호가)과 판매자의 최저 수용 가격(매도 호가)이 만나는 지점에서 거래가 이루어지는데, 이는 경매에서 최고 입찰가로 낙찰되는 원리와 같다고 볼 수 있다.

　또한 주식 시장에서는 구매자와 판매자가 동시에 경쟁적으로 호가를 제시한다. 이러한 시스템은 마치 여러 입찰자가 동시에 가격을 부르며 경쟁하는 경매장의 모습과 매우 흡사하다.

　결국 경매 시장과 마찬가지로 주식 시장에서도 거래의 대상인 주식의 가격은 수요와 공급의 법칙에 따라 결정된다고 정리할 수 있겠다. 즉, 특정 주식을 매수하고자 하는 투자자가 매도하고자 하는 투자자보다 많으면 주가는 상승하고, 반대로 매도자가 매수자보다 많아지면 주가는 하락한다.

그래서 주식 시장에서는 내 생각보다 다른 사람들의 생각을 살피는 것이 더 중요하다. 내 생각에는 정말 좋은 종목이라도, 시장 참여자들 대다수가 다르게 생각한다면 그 주식의 주가는 올라가기 어렵다. 반면 내가 볼 때는 매력이 없더라도, 시장 참여자들 대다수가 긍정적으로 바라본다면 그 주식의 주가는 올라갈 가능성이 높다. 그래서 주식 시장에서는 독불장군처럼 나만의 신념과 확신으로 투자하다 보면 실패할 가능성이 매우 커진다. 이 와중에 인내심까지 뛰어나면 패가망신할지도 모른다.

이런 측면에서 주식 시장의 분위기를 파악하는 것은 매우 중요하다. 시장 참여자들의 집단적인 심리와 행동이 주가 움직임에 큰 영향을 미치기 때문이다. 시장 분위기는 투자자들의 행동과 감정의 상호작용을 반영하며, 이는 곧바로 투자 결정에 영향을 주게 된다. 그 투자 결정은 때로는 이익을 내고, 때로는 손실을 초래한다. 투자자들은 각각의 상황에 대응하려고 노력하며, 이 과정에서 형성된 분위기는 다시 주가에 영향을 미치는 과정이 반복된다. 따라서 시장 분위기를 이해하고 투자를 진행하면 더 나은 투자 결정을 내릴 가능성이 매우 커진다고 할 수 있다.

시장 분위기는 주가의 변동성과도 밀접한 관련이 있다. 예를 들어, 공포에 의한 매도(패닉 셀링)나 탐욕에 의한 매수(FOMO)가 시장 흐름에 큰 영향을 줄 수 있다. 투자자는 이러한 분위기를 파악함으로써 주가의 급격한 변동을 예측하고 대비할 수 있게 된다.

주식 시장은 센티멘트를 자극하는 뉴스 기사에 과도하게 반응하는 경향이 있다. 이러한 과도한 반응은 보통 1~2개월에 걸쳐 지속되다가 정상 수준으로 돌아오는데, 때로는 수개월이 걸릴 수도 있다. 투자자들이 시장 분위기를 잘 파악하고 있다면, 시장에 과도한 반응이 나타났을 때 이를 인식하고 저가 매수의 기회로 삼는 등 적절히 대응할 수 있을 것이다.

실제로 시장 분위기에 기초한 투자 전략이 펀더멘털에 근거한 전략보다 더 높은 수익률을 창출할 수 있다는 연구 결과도 있다. 이 연구는 Matthias W. Uhl이 2014년에 발표한 〈Reuters Sentiment and Stock Returns〉라는 논문에 기반한다. 이 논문에서 로이터(Reuters)의 뉴스 데이터를 이용해 투자자 센티멘트(sentiment)가 주식 수익률에 미치는 영향을 분석했다. 연구 결과 센티멘트 기반 매매 전략을 사용했을 때 놀라운 수익률을 기록했다.

예를 들어, 2010년 다우존스의 평균 수익률은 7.49%였다. 반면, 센티멘트 기반 매매 전략을 사용했을 때 같은 해 평균 수익률은 무려 41.54%를 기록했다. 특히 주목할 만한 점은 부정적 센티멘트(부정적 뉴스)의 강력한 영향력이었다. 부정적 센티멘트의 매매 신호만을 이용했을 경우, 평균 수익률은 35.73%로 시장 평균을 28%p 이상 상회했다. 펀더멘탈과 관계없는 뉴스로 주가가 억울하게 하락한 경우 저가 매수의 기회가 생기는 이유가 바로 여기에 있다.

긍정적 센티멘트 포트폴리오의 평균 수익률도 17.21%로, 시장 평균보다 9.72%p 높은 초과 수익률을 보였다. 반면, 거시경제지표 같은 펀더멘털에 근거한 투자 전략은 시장의 평균 수익률과 큰 차이를 보이지 않았다. 이러한 결과는 적어도 단기적으로는 센티멘트 기반 투자 전략이 펀더멘털 기반 전략보다 더 효과적일 수 있다는 점을 시사한다.

이 연구는 또한 주식 시장이 센티멘트를 자극하는 뉴스 기사에 과도하게 반응하며, 그 영향이 1~2개월간 지속된다는 점을 밝혀냈다. 이후 정상 수준으로 돌아오는 데도 수개월이 걸렸다. 새로운 정보가 즉각적으로 주가에 반영된다는 투자자들의 일반적인 생각과 다르다는 점에서 주목할 만하다. 물론 이것은 특정 기간의 연구 결과이므로 모든 시장 상황에 일반화하기는 어렵다. 하지만 주식 시장에서 투자자의 감정과 심리가 매우 중요한 역할을 한다는 걸 증명했다는 데 그 의미가 있다. 특히 단기적으로는 센티멘트 기반의 투자 전략이 펀더멘털 기반 전략보다 더 높은 수익률을 낼 수 있다는 점을 보여준다.

결론적으로 주식 시장의 분위기를 파악하는 것은 투자자가 시장의 움직임을 더 잘 이해하고 예측할 수 있게 해준다. 이는 더 나은 투자 결정을 내리고, 리스크를 관리하며, 궁극적으로 더 높은 수익을 내는 데 도움이 될 수 있다.

지금부터는 분위기 파악 잘 안되는 투자자들이 시장의 분위기를 직관적으로 이해하고, 투자 결정에 참고할 수 있는 유용한 정보의 창고를 하나씩 소개하고자 한다.

02

AAII 투자자 심리 설문조사
(The AAII Investor Sentiment Survey)

AAII 투자자 심리 설문조사는 주식 시장 분석 분야에서 널리 인정받는 영향력 있는 도구 중 하나다. 1987년부터 미국 개인 투자자 협회(AAII) 웹사이트에서 실시하는 이 설문조사는 매주 목요일에 업데이트되기 때문에, 시시각각 변화하는 시장 참여자들(개인 투자자)의 분위기를 파악하는 데 더할 나위 없이 유용하다.

설문조사 방법은 간단하면서도 효과적이다. 매주 AAII 회원들은 매우 간단하지만 중요한 질문 하나를 받는다. 바로 "향후 6개월 동안 미국 주식 시장의 방향이 상승(강세), 변동 없음(중립), 하락(약세) 중 어느 쪽이 될 것이라고 생각하십니까?"라는 질문이다. AAII 설문조사는 이 질문의 결과를 강세, 약세, 중립 등 각 범주에 속하는 개인 투자자 비율로 측정하는 방식으로, 투자자들의 현재 심리 상태를 한눈에 볼 수 있게 도와준다.

이 설문조사가 가치 있는 이유 중 하나는 장기적인 추세도 보여준다

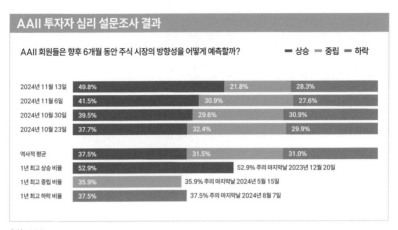

AAII 투자자 심리 설문조사 결과

AAII 회원들은 향후 6개월 동안 주식 시장의 방향성을 어떻게 예측할까?　　　■ 상승 ■ 중립 ■ 하락

	상승	중립	하락
2024년 11월 13일	49.8%	21.8%	28.3%
2024년 11월 6일	41.5%	30.9%	27.6%
2024년 10월 30일	39.5%	29.6%	30.9%
2024년 10월 23일	37.7%	32.4%	29.9%
역사적 평균	37.5%	31.5%	31.0%
1년 최고 상승 비율	52.9%	52.9% 주의 마지막날 2023년 12월 20일	
1년 최고 중립 비율	35.9%	35.9% 주의 마지막날 2024년 5월 15일	
1년 최고 하락 비율	37.5%	37.5% 주의 마지막날 2024년 8월 7일	

출처: AAII

는 점이다. 1980년대 후반까지 거슬러 올라가는 데이터를 통해 풍부한 역사적 맥락을 제공한다. 참고로 과거 평균은 강세 37.5%, 중립 31.5%, 약세 31% 정도였으며, 이러한 벤치마크는 현재 심리 수준을 해석하는 데 유용한 기준점이 된다.

이 책을 집필 중인 11월 중순 AAII 설문조사 결과는 위 그림과 같다. 2024년 11월 13일 현재, 설문조사에 참여한 개인 투자자 중 49.8%는 향후 6개월 동안 미국 주식이 상승할 것으로, 단 28.3%만이 하락할 것으로 예상했다. 중립적인 의견은 21.8% 정도였다. 이 수치들을 역사적인 평균치와 비교해 보면, 주식 시장 참여자들은 직관적으로 주식 시장의 분위기가 매우 뜨거운 상태라는 것을 쉽게 파악할 수 있다.

하지만 많은 투자자와 애널리스트는 AAII 센티먼트 설문조사를 정반대 지표로 간주한다. 즉, 극단적인 심리 수치를 종종 시장이 반대 방향으로 반전될 수 있는 잠재적 신호로 해석하는 것이다. 예를 들어, 비정상적으로 높은 비율의 투자자가 강세를 보인다면 시장이 과열되어 조정이 필요하다는 신호로 볼 수 있다. 반대로 극단적인 약세 심리는 시장이 과매도 상태이며 반등할 준비가 되어 있음을 나타낼 수도 있다. 이 책을 미래 시점에서 읽고 있는 투자자라면, 11월 13일 이후 1~2개월 동안 미국 증시의 주가 흐름이 어땠는지 확인해 보는 것도 재미있을 것이다.

흥미롭게도 관련 연구에 따르면, 역사적으로 비정상적으로 높은 수준의 '중립적 정서'는 평균 이상의 시장 수익률로 이어졌다고 한다. 이러한 현상은 시장 심리의 복잡성과 고유한 시장 상황을 파악하는 데 설문조사가 지닌 잠재적 가치를 보여준다.

리스크 관리 측면에서 볼 때, 극단적인 심리지수는 투자자가 자신의 포지션과 위험 노출을 재평가하는 데 도움이 될 수 있다. 예를 들어, 설문조사에서 비정상적으로 높은 수준의 강세 심리가 나타난다면 신중한 투자자는 잠시 멈춰 서서 본인의 포트폴리오가 잠재적인 시장 침체에 대비해 적절히 보호되고 있는지 진단해 볼 수 있을 것이다.

그러나 투자를 결정할 때 AAII 센티먼트 설문조사만을 참고하면 안된다는 점을 강조하고 싶다. 현명한 투자자라면 이런 센티먼트 데이터를 다른 기술적 지표 및 펀더멘털 지표와 결합해 시장 상황을 종합적으로 파악한 후 인사이트를 얻으려 노력할 것이다.

AAII 센티먼트 설문조사 대상은 개인 투자자로 국한되어 있지만, 그 영향력은 개인 투자자를 넘어선다. 왜냐하면 많은 기관 투자자와 시장 전문가들도 광범위한 시장 심리를 반영할 수 있는 이 설문조사의 잠재력을 인식하고, 수시로 센티먼트 수치를 모니터링하기 때문이다.

이러한 광범위한 관심은 심리 수준에 대한 인식이 시장 행동에 영향을 미치는 자기충족적 예언 효과로 이어질 수 있다. 이런 이유로 투자 환경에서 이 설문조사는 매우 중요하다. 여기서 자기충족적 예언이란, 사람들이 어떤 일이 일어날 거라고 믿으면 실제로 그 일이 일어나게 되는 현상을 말한다. AAII 설문조사는 이렇게 작용할 가능성이 크다.

예를 들어 AAII 설문조사 결과가 지나치게 긍정적이면, 많은 시장 참여자가 그 결과를 시장의 기술적인 조정이 임박했다는 신호로 해석할 가능성이 커지고, 그 결과 매도세가 강화되면서 주가가 하락하는 계기가 될 수도 있다는 것이다. '닭이 먼저냐, 달걀이 먼저냐' 같은 원리라고 보면 되겠다.

AAII 센티멘트 설문조사는 매주 목요일 자정, 즉 오전 0시 1분부터 수요일 오후 11시 59분까지 진행된다. 결과는 자동으로 표로 작성되어 매주 목요일 새벽 AAII 웹사이트에 게시된다. 웹 주소는 다음과 같다.

 www.aaii.com/sentimentsurvey

03

시장 폭
(Market Breadth)

시장 폭은 시장을 구성하는 개별 종목들의 성적을 보여주는 지표다. 미국 증시는 통상 S&P 500 지수가 벤치마크 역할을 하고 있으니, 이 책에서는 S&P 500 폭이라는 표현과 병용하겠다.

시장 폭은 주식 시장 분석에서 매우 중요한 개념으로, 투자자가 시장의 내부 역학 관계를 깊이 이해할 수 있게 해준다. 기본적으로 '시장 폭'은 시장 지수의 평균적인 성적을 살펴보는 것이 아니라, 그 지수를 이루고 있는 개별 종목들이 어떤 성적을 내는지를 측정하는 수치다. 결과적으로 시장 폭은 시장의 건전성을 평가하며, 잠재적 반전에 대한 조기 경고 신호를 제공하는 강력한 도구 역할을 한다.

예를 들어 S&P 500 지수가 상승하는 상황에서, 지수에 포함된 많은 종목이 함께 상승하고 있다면 '시장의 폭이 넓어졌다'라고 표현한다. 이렇게 시장이 폭이 넓어졌다면 S&P 500 상승세의 강도가 강력하며, 지속 가능성이 큰 것으로 예상할 수 있다. 반대로 S&P 500이 상승하고 있지만 시장 폭이 좁다면 소수의 대형주만이 랠리를 주도하고 있다는 뜻이며, 이는 지속 가능하지 않거나 건강하지 않은 시장 상황의 신호일 수 있다.

시장 폭 분석이 가치 있는 측면 중 하나는 조기 경보 시스템 역할을 할 수 있다는 점이다. 좋은 신호가 될 수도 있으므로 '경고'보다는 '경보'가 맞는 표현이라고 생각한다. 시장 폭의 변화는 지수 방향의 변화보다 먼저 나타나는 경우가 많다. 왜냐하면 S&P 500 같은 시장 지수는 일부 대형 주식의 성과에 크게 영향을 받을 수 있기 때문이다. 예를 들어, 엔비디아나 애플 같은 기업의 주가가 상승세를 지키고 있다면, 나머지 시장 전체의 분위기가 냉각되는 상황에서도 전체 지수는 심하게 흔들리지 않을 가능성이 크다.

만약 S&P 500 지수가 상승하거나 횡보하는 동안 시장 폭이 악화하기 시작하면, 잠재적인 주가 하락 반전의 조기 신호일 수 있다. 반대로 S&P 500 지수가 약세를 보이거나 횡보하는 가운데 시장 폭이 크게 확대된다면, 조만간 시장이 상승세로 돌아설 가능성을 예측할 수 있다. 이렇게 주가와 시장 폭의 차이는 투자자에게 귀중한 정보를 제공하여 전체 시장이 반응하기 전에 기민하게 전략을 조정할 수 있게 해준다.

시장 폭 분석은 리스크 평가에서도 중요한 역할을 한다. 일반적으로 참여도가 높은 시장은 소수의 종목에 의해 상승이 집중되는 시장보다 덜 위험한 것으로 간주한다. 왜냐하면 시장 폭이 넓다는 것은 시장 성과가 소수 기업에 지나치게 의존하지 않는다는 것을 뜻하며, 이들 중 한두 종목이 흔들린다고 해도 시장 전체가 급락할 가능성은 적기 때문이다.

반면에 2023년처럼 엔비디아를 비롯한 소수 종목이 상승세를 지배하는 경우, 이 종목들의 성장세나 실적이 저하된다면 전반적인 시장이 함께 침체기에 빠질 위험성이 높다는 것도 기억해야 한다. 2023년에는 다행히 주도주였던 엔비디아의 성장세가 오히려 가속화되면서 상승장 추세가 장기간 유지될 수 있었다.

또한 S&P 500의 시장 폭은 섹터 순환 추세에 대한 귀중한 인사이트를 제공한다. 즉, S&P 500을 구성하는 11가지 섹터 중 어떤 섹터가 상승 폭 확대에 기여하고, 어떤 섹터가 하락하고 있는지를 분석함으로써 투자자는 시장 주도권의 잠재적 변화를 파악할 수 있다. 이 정보는 특히 섹터 로테이션 전략을 사용하는 투자자에게 매우 유용하다. 시장 폭이 확대되고 있는 섹터에 좀 더 많은 자본을 배분하고, 약세 업종에 대한 노출을 줄이면서 투자 수익률을 극대화하는 데 도움이 된다.

이 지표는 시장의 과매수, 과매도 상황을 파악하는 데도 도움이 될 수 있다. 시장 폭이 한쪽으로 극단적으로 나타난다면, 시장이 단기적으로 반전될 수 있다는 신호일 수 있기 때문이다. 예를 들어, 비정상적으로 높은 비율의 주식이 50일 이동평균선 위에서 거래되고 있다고 하자. 이는 시장이 과매수 상태임을 보여주며, 조만간 기술적인 조정으로 인해 하락할 수 있음을 시사한다.

오른쪽 그림은 MacroMicro에서 제공하는 분석이다. 이 그림을 보면 2024년 12월 31일 현재 시장 폭은 장기적으로는 중립에 가깝고, 단기적으로는 극단적인 약세를 보인다. S&P 500을 구성하는 500개 기업 중 50일 이동평균선 이상으로 주가가 오른 종목은 55.06%, 200일 이동평균선 이상으로 주가가 형성된 주식 비율은 53.87%로 나타난다.

즉, 장기적으로 봤을 때 미국 증시는 54%에 가까운 주식들이 상승세

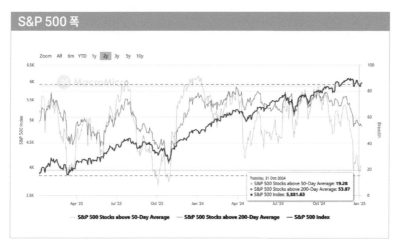

에 있으므로 강세장이 이어지고 있다고 판단된다. 중/단기적으로는 상 승세를 보이는 종목과 하락세를 보이는 종목의 비율이 큰 차이를 보이 고 있으므로 단기적인 증시 바닥(과매도)에 가까운 형국이라고 판단할 수 있다.

결론적으로 시장 폭은 시장의 움직임을 더 깊이 이해하고자 하는 주 식 투자자에게 매우 유용한 도구다. 시장 참여도, 추세 강세, 잠재적 반 전에 대한 인사이트를 제공하기 때문에, 투자자는 정보에 입각한 결정 을 내리고, 리스크를 효과적으로 관리하며, 기회가 나타나기 전에 먼저 더 넓은 시장에서 잠재적 기회를 포착할 수 있다.

시장 폭 분석은 강력한 도구지만, 이 지표 역시도 단독으로 사용하면 안 된다. 다른 분석 도구와 마찬가지로 종합적인 투자 전략 중 하나로 참고하고, 다른 형태의 분석을 보완해 시장 상황을 균형 있게 파악해야 한다. 그제야 진정한 힘을 발휘할 수 있음을 꼭 기억하자. 내가 주로 사용하는 MacroMicro에서 제공하는 시장 폭 관련 페이지는 다음과 같다.

 https://en.macromicro.me/
charts/81081/S-P-500-Breadth

04

공포 지수(VIX)

다음은 그 이름부터 심상치 않은 공포 지수, VIX다. VIX 또는 CBOE 변동성 지수는 주식 투자자에게 매우 중요한 도구로, 시장 심리와 미래 변동성에 대한 인사이트를 제공한다. 흔히 '공포 지수' 또는 '공포 게이지'라고도 부르는 VIX는 S&P 500 지수 옵션을 기준으로 향후 30일 동안 주식 시장의 예상 변동성을 측정한다. 한 달 뒤 만기가 되는 옵션의 가격 변동을 바탕으로 시장 지수나 특정 주식의 주가가 향후 얼마나 움직일 지를 측정해서 보여준다.

VIX를 이해하고 활용하면 투자자가 주식 시장을 성공적으로 탐색하는 능력을 키울 수 있다. 상황에 따라 차이가 있겠지만, 일반적으로 VIX가 20 아래로 떨어지면 변동성이 낮은 평온한 시장을 나타낸다. VIX가 20~30 사이로 상승하면 시장의 불확실성이 커지고 있음을 의미하며, VIX가 30을 넘으면 변동성이 높고 투자자의 공포가 커졌다는 신호로 해석할 수 있다.

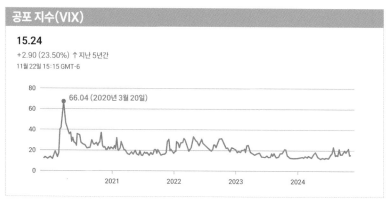

공포 지수(VIX)

15.24
+2.90 (23.50%) ↑ 지난 5년간
11월 22일 15:15 GMT-6

80

60   ● 66.04 (2020년 3월 20일)

40

20

0

2021   2022   2023   2024

출처: Google.com

위 그림은 VIX의 5년 차트다. 이 차트를 보면 실제로 2020년 3월 코로나19 공포로 미국 증시가 폭락하던 당시 VIX가 66을 넘어가면서 시장의 공포감이 극에 달했었다는 사실을 알 수 있다.

VIX의 큰 기능 중 하나는 역시 반대 지표로서의 역할이다. 앞에서 언급한 것처럼 VIX는 옵션 거래 상황을 기준으로 향후 30일 동안 주식 시장의 예상 변동성을 측정한다. 시장 저점보다 먼저 상승하는 경우가 많아서 기민한 투자자라면 매수 기회를 얻을 수도 있을 것이다.

반대로 매우 낮은 VIX 수준은 시장의 지나친 안도감을 나타내기 때문에, 조만간 시장이 고점을 찍고 하락할 수도 있으므로 주의가 필요하다. 워런 버핏의 유명한 투자 조언 중에 "사람들이 공포감에 빠져있을 때 욕심을 부려라. 거꾸로 사람들이 탐욕을 부릴 때는 공포를 느껴라"라는 말이 있다. 이 조언을 따라 투자 전략을 세운다면, VIX 지수는 당신에게 가장 유용한 시장 지표가 될 것이다.

VIX는 섹터 로테이션 전략에도 참고할 수 있다. VIX가 높은 기간 동안, 투자자는 변동성 장세에서 더 나은 성과를 내는 경향이 있는 방어적인 섹터로 로테이션을 고려할 수 있다. 반대로 VIX가 낮을 때는, 더 공격적인 성장 섹터로 투자 자금을 집중하면서 수익률의 극대화를 꾀할 수 있을 것이다.

앞에서 언급한 것처럼 VIX는 미래지향적이고, 30일 이후의 옵션 가격을 기반으로 계산되기 때문에 현재 상황보다는 미래의 기대치를 반영한다. 따라서 VIX의 가장 큰 가치는 시장 심리를 측정하고, 잠재적으로 시장의 움직임을 예측할 수 있는 능력에 있다.

그러나 모든 시장 지표와 마찬가지로 VIX 역시 완전무결한 것은 아니다. 노련한 투자자들은 VIX를 다른 시장 데이터, 경제지표, 기업별 정보 등과 함께 고려하여 여러 도구 중 하나로 사용하는 경우가 많다.

VIX 지수를 확인하는 방법은 간단하다. 그냥 구글 검색창을 열고 'VIX'라고 입력해서 검색하면 된다. CBOE 공식 웹사이트인 Cboe.com에서도 공식 과거 및 실시간 VIX 데이터를 제공한다.

공포 탐욕 지수
(Fear & Greed Index)

CNN에서 개발한 '공포 탐욕 지수'는 주식 시장 센티멘트에 통찰력을 제공하는 강력한 도구 중 하나다. 이 지수는 특히 시장 움직임에 큰 영향을 미치는 것으로 널리 알려진 공포와 탐욕에 초점을 맞춰 투자자의 행동을 이끄는 복잡한 감정을 최대한 정량화하는 것을 목표로 한다.

　비슷한 이름 때문에 바로 앞에서 살펴본 공포 지수(VIX)와 가끔 혼동되기도 한다. 하지만 30일 이후의 옵션 거래 상황만을 반영하는 공포 지수에 비해 공포 탐욕 지수는 매우 포괄적이라는 차이가 있다. VIX 같은 단일 지표와 달리, 이 지수는 무려 7가지 지표를 결합해 전체적인 시장 심리를 파악할 수 있게 한다. 공포 탐욕 지수 산정에 포함되는 지표로는 시장 모멘텀, 주가 폭, 풋 옵션 및 콜 옵션 비율, 시장 변동성, 안전 자산 수요, 정크 본드 수요 등이 있다.

1. 시장 모멘텀(Market Momentum)

시장의 모멘텀을 측정한다. S&P 500 지수의 현재 가격과 중기적인 추세를 보여주는 125일 이동평균선을 비교한다. S&P 500 지수의 현재 주가가 이동평균선보다 높으면 모멘텀이 강하다고 보면 된다. 이는 시장의 전반적인 추세와 힘을 나타내는 지표다.

2. 신고가 & 신저가 비교(Stock Price Strength)

뉴욕증권거래소(NYSE)에서 52주 신고가를 기록한 주식 수와 신저가를 기록한 주식 수를 비교한다. 신고가를 찍은 주식 수가 더 많으면 시장이 강세라고 판단하고, 신저가를 기록한 주식 수가 더 많으면 약세 시장으로 판단한다. 시장 지수 성과와는 별개로, 개별 주식들의 전반적인 성과를 확인함으로써 시장의 건전성을 보여주는 지표다.

3. 맥클레런 볼륨 합산 지수(Stock Price Breadth)

상승한 주식과 하락한 주식의 거래량 차이를 누적해서 계산한다. 이 지수가 상승하면 시장 참여도가 높아지고 있다는 긍정적인 신호로 여겨진다. 시장의 전반적인 참여도와 건전성을 확인할 수 있는 유용한 지수 중 하나다.

4. 풋 & 콜 옵션 비율(Put & Call Options)

옵션은 합의된 가격과 날짜에 주식, 지수 또는 기타 금융 증권을 매수하거나 매도할 수 있는 권리를 투자자에게 부여하는 계약이다.

풋 옵션은 주식을 매도할 수 있는 권리다. 미래에 주가가 하락하면

저가에 매수한 후 그보다 높은 옵션 행사 가격에 주식을 매도해 차익을
실현하는 전략이다.

반대로, 콜 옵션은 주식을 매수할 수 있는 권리다. 미래에 주가가 상
승하면 옵션 행사 가격보다 낮은 가격에 주식을 매수한 후 상승한 가격
으로 매도해 수익을 창출하는 전략이다.

풋 & 콜 비율이 상승하면 풋 옵션 베팅이 콜 옵션보다 많아진다는 의
미로, 보통은 투자자 불안감이 커지고 있다는 신호로 해석된다. 통상 이
비율이 1을 넘으면 약세장으로 간주한다.

5. 시장 변동성(Market Volatility)

시장의 변동성은 VIX 지수로 측정한다. VIX가 높으면 시장의 불안감
이 크다는 뜻이고, 낮으면 안정적이라고 해석한다.

6. 안전 자산 수요(Safe Haven Demand)

과거 20일간의 거래일 동안 주식과 국채의 투자 수익률 차이를 계산
한다. 일반적으로는 위험 자산인 주식의 수익률이 안전 자산인 국채를
압도한다. 하지만 경제 침체 등 리스크가 커지면 단기적으로 국채 수익
률이 주식 수익률을 초과할 수 있다. 투자자들의 리스크 회피 성향을 보
여주는 지표다.

7. 정크 본드 수요(Junk Bond Demand)

고수익 채권(정크 본드)과 우량 기업들이 발행하는 투자 등급 채권의
수익률 차이를 비교한다. 이 차이가 작아지면 투자자들이 위험을 감수

할 의향이 있다고 보면 된다. 즉, 투자자들의 위험 자산 선호도가 올라가고 있다는 신호로 해석한다.

위에서 설명한 7가지 요소를 각각 측정하고 가중치를 부여한 공포 탐욕 지수는 0에서 100까지의 점수로 표시된다. 0에 가까울수록 극도의 공포를, 100에 가까울수록 극도의 탐욕을 의미한다. 공포 및 탐욕 지수는 이렇게 다양한 시장 심리와 투자자 감정 상태를 이해하기 쉬운 단일 지표로 추출해 제공하며, 투자자는 시장 심리를 빠르고 종합적으로 파악할 수 있다. 즉, 현재 투자자 행동을 지배하는 것이 공포인지 탐욕인지를 명확하게 파악할 수 있는 것이다.

공포 탐욕 지수 역시 다른 지표들과 마찬가지로 역발상 투자 전략을 위해 자주 사용된다. 공포 탐욕 지수가 극도의 공포를 나타내면 오히려 바닥이 가까워졌으니 잠재적인 매수 기회가 될 수 있다는 이론이다. 공포가 최고조에 달하면 투자자들이 공황 상태에서 자산을 매도하기 때문에 주식이 저평가될 수 있다는 원칙에 근거한다.

반대로 이 지수가 극단적인 탐욕을 나타내면 주식이 고평가되어 조정이 필요하다는 신호일 수 있다. 이러한 역발상적인 접근 방식은 투자자가 시장의 잠재적 진입 및 퇴장 시점을 파악하는 데 적지 않은 도움이 될 수 있다.

나 역시 공포 탐욕 지수를 이용해 현금 비중 조절 시기를 판단한다. 예를 들어, 공포 탐욕 지수가 75를 넘어 '극적인 탐욕' 상태로 넘어가면 일부 주식을 매도하면서 현금의 비중을 평소에 비해 확대한다. 공포 탐욕 지수가 '극적인 탐욕' 단계로 상승했다는 것은 한동안 주식 시장에서 매수세가 매우 강력했다는 의미가 될 수 있고, 그 말은 대다수 투자자가 보유하고 있던 현금을 주식 시장에 투척하면서 주가를 올리고 있는 상황으로 해석할 수 있다.

이 상황을 역으로 보면 앞으로 시장에 추가될 투자 자금은 제한적인데, 급격한 주가 상승으로 수익 실현을 위한 매도 물량은 오히려 늘어날 가능성이 커졌다고 볼 수 있다. 결국 조만간 기술적인 조정이 찾아올 가능성 역시 크다고 예측할 수 있게 된다.

반대의 경우도 마찬가지다. 공포 탐욕 지수가 25 이하로 추락하면서 '극적인 공포' 상태라면, 주식 시장은 엄청난 매도세가 지배하고 있을 것이다. 즉, 투자자 대다수가 주식을 내던지면서 현금 비중을 늘리고 있는 것으로 해석할 수 있다. 주식을 팔 만한 사람은 다 팔고 더 이상 매도하는 사람이 없으면, 수요와 공급의 법칙에 따라 하락세가 바닥을 찍고 시장의 추세는 결국 반전될 가능성이 높다.

물론 공포 탐욕 지수가 정확한 매수, 매도 타이밍을 찍어주지는 못한다. 하지만 공포 및 탐욕 지수는 투자자가 잠재적인 시장 고점 또는 저점에 대비하면서 수익을 실현하거나 방어적 포지션을 취하도록 유도한다는 점에서 유용성이 매우 높다.

이렇게 공포 탐욕 지수는 투자자가 투자의 감정적 측면을 상기하는 심리적 점검 역할을 한다. 일종의 알람 시계 역할을 하는 것이다. 이 알람 시계는 투자자가 자신의 편견을 인식하고 잠재적으로 대응하여 더 합리적인 의사결정을 내리는 데 도움이 된다. 또한 전반적인 시장 심리를 이해할 수 있는 맥락을 제공해 시장 움직임을 해석하는 데도 매우 유용하게 사용될 수 있다.

CNN 비즈니스가 제공하는 공포 탐욕 지수는 다음 웹페이지에서 실시간으로 누구나 확인할 수 있다.

 https://edition.cnn.com/markets/fear-and-greed

주린이를 위한 차트 분석 기초

이번 장에서는 차트 즉 기술적 분석에 관해 이야기해 볼까 한다. 솔직히 나 역시도 주식 매매 결정에 차트를 사용하기 시작한 건 1년 남짓에 불과하다. 그런데도 《미국 주식 투자의 정석》이라는 제목의 이 신성한(?) 책에 과감히 차트 이야기를 넣기로 한 이유가 있다. 이유는 매우 간단하고 확실하다. 차트가 생각보다 쉽기 때문이다.

난생처음 차트를 접하면 겁부터 먹게 되는 것이 사실이다. 굉장히 오랫동안 공부하고 연구한 특별한 전문 지식을 가진 사람들만 이해할 수 있는 것이 차트 분석이고, 나 같은 초보 투자자와는 상관없는 자료라고 생각하면서 제쳐두기 십상이다. 나도 그렇게 생각했었다. 그런데 차트를 들여다보면서 하나하나 패턴을 익혀 보니 어려운 점이 다소 있긴 하지만, 초보 투자자가 효과적으로 배우고 적용하기에도 어렵지 않다는 사실을 발견했다.

더구나 요즘은 초보자들을 위한 자료도 풍부하다. 인터넷과 유튜브에는 무료 강의, 동영상 강좌, 복잡한 개념을 이해하기 쉽게 정리한 종합 가이드 등 교육 자료가 넘친다. 여러 증권 회사와 금융 웹사이트에서도 사용자 친화적인 인터페이스를 갖춘 무료 차트 도구까지 제공하니 초보자도 부담 없이 다양한 지표와 차트 유형을 실험해 볼 수 있는 시대인 것이다.

처음부터 차트 분석 전체를 다 이해하진 못하더라도 괜찮다. 하나씩 패턴을 습득하는 것만으로 의미 있고 바로 활용할 수도 있어서, 초보자도 실전에 적용하는 재미와 실력이 늘어나는 즐거움을 느낄 수 있다. 추세선, 지지선, 저항선, 헤드 앤 숄더 또는 더블탑 같은 기본 차트 패턴과 파악하기 쉬운 기본 개념부터 시작해 보자. 어느새 자신감이 붙으면서 이동평균, 상대강도지수(RSI), 볼린저밴드 같은 보조지표와 관련된 정교한 기법으로 자연스럽게 발전할 수 있게 된다.

물론 처음에는 몇 가지 어려움에 직면할 수 있다. 선택할 수 있는 지표와 차트 패턴이 수백 개에 달하는 등 정보의 양이 방대하기 때문이다. 게다가 차트 패턴과 지표를 정확하게 해석하는 기술을 개발하려면 시간과 경험이 필요하다. 따라서 처음에는 차트를 통해 투자 종목의 주가 흐름을 예측하려 하기보다는, 관심 종목들의 과거 차트 모습을 복기해 보자. 이론상의 차트 분석이 얼마나 실제 주가의 흐름과 맞아떨어졌는지 확인하는 방식으로 간접적인 경험을 늘려나가는 것이 바람직할 것이다.

초보 투자자에게 또 다른 중요한 장애물은 감정 조절이다. 차트 분석은 가격 움직임과 패턴에 따라 결정짓는 경우가 많아서 트레이딩을 처음 접하는 초보자라면 불안할 수 있다. 상승 추세를 놓치는 것에 대한 두려움(FOMO)이나 잠재적 손실에 대한 불안감이, 기술적 분석에 근거한 신중한 전략에서 벗어난 충동적인 결정으로 이어질 수 있으니 주의해야 한다. 실제로 차트 분석을 매매에 활용하기 전에 충분한 시뮬레이션을 통해 감정적인 맷집을 키우는 것이 중요하다.

차트 분석의 학습 능률과 실력을 향상시키고 싶다면 실용적으로 접근하길 권한다. 아주 간단한 개념부터 시작해 점차 복잡성을 높이는 것이 중요하다. 예를 들어 일단은 추세선과 이동평균을 이용한 추세 분석에만 집중한 다음에, 어느 정도 기본적인 차트에 익숙해지면 모멘텀 지표나 오실레이터(부가지표)까지 욕심을 내보는 방식이다.

마지막으로 꼭 하나 기억해야 할 것은 '차트의 한계성'이다. 투자 기간에 상관없이 주식 투자는 결국 미래에 베팅하는 것이며, 본질적으로 투자에 100% 확실한 건 없다. 따라서 목표는 각 투자의 성공 확률을 높이는 것이어야 한다. 투자 결정의 확률을 높이려면 한두 가지의 단편적인 주식 정보보다는 가급적 많은 정보와 데이터에 기반한 종합적인 판단이 더 도움이 될 것이라는 건 자명하다.

차트 패턴과 보조지표는 시장 심리와 잠재적 가격 변동에 대한 인사이트를 제공한다. 하지만 기업의 기본 가치를 보여주는 주식의 '펀더멘탈'과 기업의 장기 전망을 이해하는 데 도움이 되는 '기업의 스토리' 부분과 결합했을 때, 기술적 분석을 통한 인사이트 역시 그 빛을 발할 수 있다고 믿는다.

핵심은 간단하게 시작해, 규칙적으로 연습하고, 지속적으로 학습하는 것이다. 경험이 쌓이면 차트 분석이 투자 무기고에서 귀중한 도구가 된다. 균형 잡힌 접근법과 다양한 정보에 입각한 결정을 내리고, 전반적인 투자 성과를 개선하는 데 도움이 된다는 사실을 알게 될 것이다.

01

차트, 그거
꼭 봐야 하나?

결론부터 말하면 차트를 꼭 봐야 하는 것은 아니다. 특히, 최소 3~4년 이상의 미래를 보면서 베팅하는 투자자라면 사실상 별다른 도움이 안 되는 도구가 차트일 수 있다. 개인적으로는 2가지 이유로 주가 차트를 매우 요긴하게 활용하고 있다.

첫째, 미주은 투자 전략은 6개월에서 1년을 바라보며 실행되기 때문이다. 그래서 투자 진입 시점과 추가 매수 시점, 매도 시점의 타이밍이 장기 투자자보다 훨씬 더 중요할 수 있다. 아무리 좋은 기업을 선정했더라도 잘못된 투자 기간이나 매매 시점을 설정한다면, 중기 혹은 단기적인 투자 전략 수익률은 결코 향상될 수 없다.

둘째, 미주은 투자 전략의 핵심은 바로 '모멘텀'에 있기 때문이다. 모멘텀이라는 요소는 사실상 펀더멘탈보다는 기술적 분석에 바탕을 두고 있고, 주가 차트 분석을 통해 직관적으로 파악할 수 있는 부분이다. 그래서 개인적으로 모멘텀 전략을 성공시키기 위해 차트를 볼 수 있는 능력이 꼭 필요했다.

차트 분석의 큰 역할 중 하나는 주가 움직임의 추세와 패턴을 파악하는 데 도움이 된다는 것이다. 이 장점 때문에 미주은 모멘텀 투자 전략과 차트 분석이 찰떡궁합이라고 판단했다.

투자자는 차트를 통해 과거의 주가 데이터를 꼼꼼하게 살펴봄으로써 상승 추세, 하락 추세, 횡보 추세를 파악할 수 있으며, 이는 주식의 모멘텀을 이해하기 위한 기본이다. 또 매수자와 매도자에게 심리적 장벽으로 작용하는 지지선과 저항선을 파악할 수 있다. 지지선과 저항선은 주식 가격 추이에서 잠재적인 전환점 혹은 돌파점을 나타내며, 향후 주가 변동에 매우 귀중한 단서를 제공할 수 있다고 생각한다.

또한 매수 또는 매도 타이밍을 잡는 데도 중요한 단서를 제공한다. 보조지표와 차트 패턴은 투자자에게 잠재적 기회나 리스크를 알려주는 이정표 역할을 하기 때문이다. 예를 들어, 기술적 지표에 따라 주식이 과매수 또는 과매도로 보이면 가격 반전이 임박했다는 신호일 수 있다. 마찬가지로 횡보 패턴에서 벗어나면서 돌파를 보인다면 새로운 추세의 시작을 의미할 수 있으며, 투자자에게 적시에 진입할 기회를 제공한다. 최적의 매수 또는 매도 시점을 찾아내는 능력은 투자자의 전체 수익률에 큰 영향을 미칠 수 있으며, 특히 1년 이하의 투자 기간을 설정하고 있는 투자자라면 더더욱 그러하다.

리스크 관리 측면에서도 차트 분석은 매우 중요하다. 기술적 분석 지표를 활용하면 투자자는 적절한 손절매 수준을 설정하여 거래에서 발생할 수 있는 손실을 줄일 수 있다. 예를 들어, 주요 지지선을 파악하면 투자자는 특정 주가 수준이 무너질 때 손절해야 할지 말지를 감이 아닌 정보에 근거해 결정할 수 있다. 또한 주식의 과거 변동성을 바탕으로 종목별 포지션 규모를 정하고, 투자 포트폴리오 전반에서 리스크를 적절히 배분, 관리할 수 있도록 돕는다. 과거에 변동성이 극심했던 종목보다는 상대적으로 변동성이 적었던 주식 비중을 높여 전체 포트폴리오 변동성을 줄일 수 있는 효과를 기대할 수 있다.

차트 분석은 주가 변동에 중요한 요소인 시장 심리에 대해 중요한 인사이트를 제공할 수도 있다. 차트는 기본적으로 시장 참여자들의 집단적 감정과 투자 결정을 반영하기 때문이다. 주가 움직임과 거래량을 살펴 시장의 공포 혹은 탐욕의 수준을 측정할 수 있고, 투자자 정서가 극적인 수준에 이를 때는 잠재적인 전환점을 파악할 수도 있다.

특정 주가 수준에서 군중이 어떻게 반응할지 예측할 수 있는 '전지전능한' 능력까지도 제공할 수 있다. 적어도 이론상으로는 그렇다. 시장 심리에 대한 이해도가 높아지면 보다 이성적인 결정을 내릴 수 있고, 경험이 적은 초보 투자자들을 괴롭히는 감정적 함정을 피할 힘이 생긴다.

마지막으로, 차트 분석의 중요한 장점 중 하나는 투자 과정에서 일관성과 객관성을 제공할 수 있다는 점이다. 주관적인 의견이나 뉴스에 흔들리지 않고, 주가 차트를 통해 체계적으로 분석할 수 있는 구체적인 데이터를 제공받을 수 있다. 이러한 데이터 중심의 접근 방식은 투자자가 감정을 배제한 채 냉철하고 체계적인 매매 전략을 구사하는 데 도움이 된다.

이렇게 차트 분석은 투자자에게 강력한 도구를 제공한다. 하지만 차트 역시 완벽하지 않다는 점에도 유의하자. 시장은 절대 완벽하게 예측할 수 없으며, 어떤 분석 방법도 성공을 보장하지 않는다. 하지만 차트 분석은 잠재적인 투자 결과를 평가하고, 기존 포지션을 관리하고, 거래 진입 또는 청산 시점을 정할 때 정보에 근거해 결정할 수 있는 구조화된 접근 방식을 제공한다는 데 가장 큰 가치를 부여하고 싶다.

펀더멘털 분석은 기업의 재무 건전성과 사업 전망에 초점을 맞추지만, 차트 분석은 이러한 펀더멘털 관점을 재확인하거나 약점을 보완할 수 있는 또 다른 접근 방식이다. 기술적 분석과 펀더멘털 분석의 상호작용은 투자자에게 포괄적인 관점을 제공해 더 견고한 투자 결정을 내릴 수 있도록 도와주며, 우리의 성공 확률을 조금이라도 더 높여 줄 것이라고 확신한다.

02

차트,
그것이 알고 싶다!

주식 차트는 주식 가격, 즉 주가의 움직임을 그림으로 나타낸 것이다. 마치 주식 가격의 인생 일기와 같다. 투자자들은 하나의 주식이 태어나서 지금까지 어떻게 살아왔는지 해당 주식의 과거를 볼 수 있고, 동시에 미래를 예측하는 데도 도움이 된다.

이렇게 '주식의 인생'이라고 정의할 수 있는 차트의 주연 배우는 캔들이다. 캔들은 특정 기간의 주가 정보를 담고 있으며, 그 모양이 초를 닮아 '캔들'이라고 부른다. 캔들의 색은 가격의 상승 또는 하락을 나타내는데, 미국 주식의 경우 녹색은 가격이 올랐다는 뜻이고, 빨간색은 가격이 내렸다는 뜻이다. 한국 주식 시장에서는 색을 반대로 해석하니 헷갈리지 말자. 캔들에서 몸통의 길이는 시작 가격(시가)과 마지막 가격(종가)의 차이를 보여주며, 캔들의 꼬리는 해당 기간의 최고 가격과 최저 가격을 알려준다.

예를 들어 오늘 오전 장 초반에 100달러로 시작해서, 낮에 110달러까

테슬라 주식 차트의 캔들, 거래량, 이동평균선

Tesla, Inc. · 1D · Cboe One   D   O 377.42 H 389.49 L 370.80 C 389.22 +19.73 (+5.34%)
Vol 81.46 M
EMA 50 close

출처: seekingalpha.com

지 올랐다가 오후에 95달러까지 내려갔지만, 결국 저녁에 105달러로 마
감했다고 가정하자. 그렇다면 오늘 하루 동안의 캔들은 녹색 몸통에 위
아래로 긴 꼬리를 가진 모양이 될 것이다.

통상적으로 주식 차트 아래쪽에 표시되는 거래량은 말 그대로 주식
이 얼마나 많이 거래되었는지를 보여주며, 보통 막대그래프로 표시된
다. 거래량의 막대가 길다는 것은 많은 사람이 이 주식을 사고팔았다는
뜻이고, 짧은 막대는 거래가 적었다는 뜻이다.

거래량은 주식 거래의 참여도와 관심도를 알려주는 지표다. 해당 주
식이 현재 시장에서 얼마나 인기가 많은지 파악하는 데 도움이 되는 지
표라고 할 수 있다. 갑자기 거래량이 늘면 뭔가 중요한 일이 있다는 신
호일 수 있으니 해당 주식에 관심을 가질 만하다.

차트 분석에서 빼놓을 수 없는 또 하나의 용어는 '이동평균선'이다.
이동평균선은 주가의 평균을 보여주는 선인데, 이것은 마치 일정 기간

주식의 '평균 체중'을 재는 것과 비슷하다. 5일, 10일, 20일 등 단기 이동평균선은 최근의 변화를 빠르게 반영하고, 120일, 150일, 200일 등의 장기 이동평균선은 장기적인 추세를 보여준다. 중기 이동평균선은 보통 50일, 60일의 추세를 살펴본다.

이동평균선은 주식의 전반적인 흐름을 파악하는 데 도움을 주며, 주가가 이들 이동평균선 위에 있으면 상승 추세, 아래에 있으면 하락 추세로 볼 수 있다. 예를 들어 어떤 주식의 주가가 20일 이동평균선 위쪽에 올라가 있다면, 해당 주식의 주가 흐름이 최근 긍정적이라고 해석할 수 있다. 반면에 장기 추세를 보는 200일 이동평균선 이하로 주가가 내려와 있다면, 상당 기간 그 주식의 주가가 많이 하락했음을 암시한다. 이 경우 주가의 큰 흐름이 반전되기 위해서는 커다란 호재나 이벤트가 필요하다고 판단해도 무리가 없다.

차트를 볼 때는 먼저 전체적인 추세를 보고, 개별 캔들의 모양과 색깔을 관찰한다. 그다음 가격 변화와 거래량을 함께 확인하고, 주가와 이동평균선의 관계를 분석하는 것이 통상적인 차트 분석 방법이다. 마지막으로 반복되는 모양이나 눈에 띄는 패턴이 발견되는지 확인하는 단계로 넘어간다.

개인적으로 차트 분석은 욕심을 줄일 필요가 있다고 생각한다. 성공적인 주식 투자자가 되기 위해 반드시 모든 차트 패턴을 알아야 할 필요는 없으며, 가장 빈번하게 나타나는 주요 패턴 정도만 이해해도 매매 전략을 크게 향상시킬 수 있다고 믿기 때문이다.

특정 차트 패턴이 투자자들 사이에서 잘 알려져 있다면, 그 이유는 아마도 미래 주가 흐름의 예측에 있어서 가장 성공 확률이 높았기 때문일 것이다. 따라서 이 책에서는 가장 널리 알려져 있고, 가장 자주 사용하는 필수 차트 패턴만 다루기로 하겠다. 차트 패턴은 크게 3가지 유형으로 분류할 수 있다.

1. 지속 패턴(Continuation Patterns)

지속 패턴은 현재 추세가 계속될 가능성이 높다는 것을 나타낸다. 이 카테고리에 속하는 패턴들은 다음과 같다.

- 상승 삼각형(일반적으로 상승 추세에서)
- 하락 삼각형(일반적으로 하락 추세에서)
- 페넌트
- 깃발
- 쐐기(상승 쐐기는 하락 추세에서, 하락 쐐기는 상승 추세에서)

2. 반전 패턴(Reversal Patterns)

반전 패턴은 현재의 추세가 반전될 수 있다는 신호를 제공한다. 이 카테고리에 속하는 패턴들은 다음과 같다.

- 이중 천장(하락 반전)
- 이중 바닥 혹은 삼중 바닥(상승 반전)
- 헤드 앤 숄더(하락 반전)
- 역 헤드 앤 숄더(상승 반전)
- 컵 앤 핸들(상승 반전)
- 둥근 바닥 또는 둥근 상단(각각 상승 또는 하락 반전)

3. 양방향 패턴(Bilateral Patterns)

양방향 패턴은 시장의 변동성 때문에 어느 방향으로든 움직일 수 있음을 시사한다. 이 카테고리에 속하는 패턴은 '대칭 삼각형(강세 혹은 약세)'이 대표적이다.

03

초딩도 이해할 수 있는
차트 분석의 정석

이제 실전편으로 들어갈 차례다. 실전이라고 지레 겁먹을 필요는 없다. 생각보다 쉽고 재미있게 공부할 수 있는 것이 차트 분석이니까 말이다. 먼저 실제 주가 차트에서 가장 빈번하게 등장하고 초보자도 쉽게 활용할 수 있는 '삼각 수렴' 패턴 5가지를 정리해 보겠다. 삼각 수렴 패턴은 주식 차트 분석에서 중요한 기술적 패턴 중 하나로 알려져 있다. 그 전에 차트 분석에 가장 많이 등장하는 용어 몇 가지의 개념을 먼저 정리하고 시작하자. '저항선, 지지선, 추세선'이 그 주인공이다.

추세선은 주식 가격의 전반적인 움직임 방향을 보여주는 선으로 정의된다. 이는 마치 주가가 움직이는 길을 그려놓은 것과 같다. 예를 들어, 주식 가격이 계속 올라가는 상황에서 각 상승 시작점을 연결하면 상승 추세선이 되고, 주가가 떨어지는 상황에서 하락 시작점을 연결하면 하락 추세선이 된다. 투자자들은 이 추세선을 통해 주식의 전반적인 흐름을 파악하고, 앞으로의 움직임을 예측하는 데 활용한다.

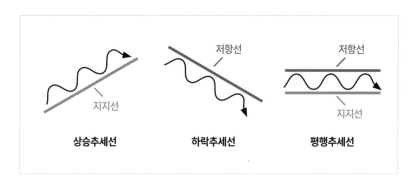

상승추세선   하락추세선   평행추세선

저항선은 주식 가격이 올라가다가 더 이상 상승하지 못하고 멈추는 지점을 연결한 선이다. 이는 마치 주가의 '천장' 같은 역할을 한다고 보면 된다. 예를 들어 어떤 주식의 가격이 계속해서 100달러 부근까지 올랐다가 떨어지는 현상이 반복된다면, 100달러 선이 저항선이 될 수 있다. 단기 투자자는 이 저항선을 주식을 팔아야 할 시기로 여기기도 한다. 하지만 가격이 이 저항선을 뚫고 올라가면 큰 상승 신호가 될 수 있다.

지지선은 저항선과 반대되는 개념으로, 주식 가격이 떨어지다가 더 이상 내려가지 않고 반등하는 지점을 연결한 선이다. 이는 주식 가격의 '바닥' 같은 역할을 한다. 예를 들어 어떤 주식의 가격이 계속해서 80달러까지 떨어졌다가 다시 오르는 현상이 반복된다면, 80달러 부근에서 지지선이 형성될 수 있다. 많은 투자자가 이 지지선을 해당 주식의 포지션을 새롭게 시작하거나 추가로 매수할 만한 좋은 기회로 여긴다. 그러나 만약 주가가 이 지지선을 뚫고 내려가면 커다란 하락의 전조가 될 수도 있으니 주의해야 한다.

이 선들은 주식 시장에서 중요한 심리적 기준점 역할을 한다. 많은 투자자가 이 선들을 기준으로 매수와 매도를 결정하기 때문에, 실제로

이 선들이 주가 움직임에 영향을 미치게 되는 경우가 많다. 따라서 저항선, 지지선, 추세선을 이해하고 활용하는 것은 주식 투자에 매우 유용하다. 이 선들은 과거의 데이터를 바탕으로 그려지는 것이므로, 예상치 못한 사건이나 뉴스가 생기면 언제든 무너질 수 있다는 점을 명심해야 한다.

이러한 개념들을 이해하고 앞으로 설명할 여러 가지 대표적인 주가 차트 패턴들을 적절히 활용한다면, 주식 시장의 흐름을 파악하고 더 나은 투자 결정을 내리는 데 도움이 될 것이다. 단기 투자자는 물론이고 장기 투자자도 적지 않은 도움을 받을 수 있다. 특히, 주가의 추세를 중요시하는 모멘텀 투자자라면 차트 분석은 선택이 아닌 필수가 아닐까 한다.

차트는 모두 스토리를 가지고 있다. 시장 참여자들 사이에서 어떤 분위기가 형성되고 있는지, 매수자들과 매도자들 사이의 힘의 균형은 어느 쪽으로 기울고 있는지 등 차트가 전하는 이야기에 귀를 기울일 필요가 있는 것이다.

이를 통해 우리 투자자들은 잠재적인 시장의 추세를 파악하면서 주가 움직임을 예측하고, 수익률을 극대화할 수 있는 최적의 매매 시점을 결정하는 데 도움을 받을 수 있다. 하락 추세에 접어든 종목들은 적절한 시점에 손절하면서 리스크 관리에도 만전을 기할 수 있게 될 것이다.

상승 삼각형 Ascending Triangle

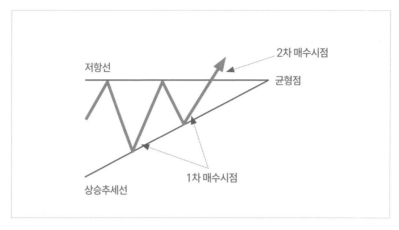

상승 삼각형 패턴은 주가에서 고점은 고점끼리 저점은 저점끼리 연결했을 때, 고점은 그대로 유지되지만 저점이 점점 높아지는 형태를 말한다. 저점이 점점 높아진다는 것은 매수자들에 대응하여 매도자들이 매도를 시도하지만, 가격이 상승세를 나타내고 있음을 의미한다. 주가가 하락할 가능성이 작고, 주가의 모멘텀이 강력하며, 관련 종목에 호재가 있을 것이라고 해석할 수 있다.

매수세가 적극적인 강세 패턴으로, 상단 저항선을 돌파할 때를 매수 신호로 간주한다. 두 선이 만나는 지점에서 거래량까지 늘면 상승 가능성이 70%로 매우 크며, 삼각형 패턴이 오래 지속될수록 상승세가 더 강해지는 경향이 있다.

하락 삼각형 Descending Triangle

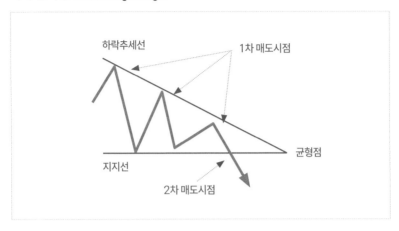

하락 삼각형 패턴은 저점은 그대로지만 고점이 점점 낮아지는 패턴
이다. 상승 삼각 수렴과는 반대로 고점이 하락한다는 것은 그만큼 주가
에 힘이 없다는 뜻이다. 고점이 형성될 때마다 투자자가 매도했다는 뜻
이며, 이는 전저점을 또다시 갱신할 가능성이 높다는 의미로 해석된다.

이 패턴은 아래쪽 지지선이 완전히 돌파되는 순간에 완성된다. 악재
가 있거나 섹터 자체 이슈 등 여러 가지 불확실성 때문에 고점이 하락하
는 경우가 대부분이다. 이 경우 두 선이 만나는 지점에서 거래량이 급격
히 늘면 하락 추세를 보일 확률이 70% 이상이다.

대칭 삼각형 Symmetrical Triangle

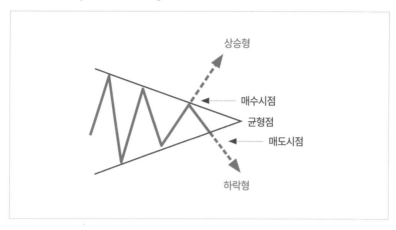

상승 대칭 삼각형 패턴은 마치 삼각형처럼 좁아지는 모양을 그린다. 상단 추세선은 하락하고, 하단 추세선은 상승하면서 가격이 점차 좁은 범위로 수렴하게 된다. 패턴이 형성되는 동안은 미지근한 주가 흐름으로 거래량이 점진적으로 감소하다가, 패턴이 완성되고 추세가 돌파될 때 급격히 증가하는 경향을 보인다. 이 차트 패턴은 보통 1~3개월의 시간이 소요되는 중기 패턴으로, 매수세와 매도세 균형이 점차 무너지면서 한쪽으로 기울어지는 투자자들의 심리적 변화를 보여준다.

또 하나 중요한 점이 있는데, 대칭 삼각형은 일반적으로 이전 추세를 따른다는 것이다. 즉, 대칭 삼각 수렴이 만들어지기 전에 주가가 상승 추세에 있었다면 대칭 삼각형은 수렴 이후 상승 돌파할 가능성이 높다. 주가가 하락 추세였다면 대칭 삼각형 만나는 지점에서 하락할 가능성이 통계적으로 더 높다. 따라서 과거 주가의 움직임을 살펴보고 그에 따라 거래해야 한다.

하지만 이 패턴은 기본적으로 상승과 하락을 예상하는 트레이더 비율이 비슷해 힘이 균형을 이루고 있는 상황을 나타낸다. 따라서 돌파를 확인하고 나서 돌파하는 방향대로 대응해야 하는 것이 더 나은 매매 전략이 될 것이다.

상승 쐐기형 Rising Wedge

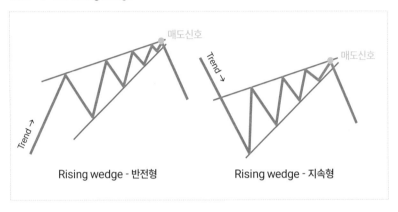

Rising wedge - 반전형   Rising wedge - 지속형

이 패턴은 2개의 수렴하는 추세선으로 구성된다. 상단과 하단 추세선 모두 상향으로 기울어지지만 하단 추세선의 기울기가 상단 추세선보다 더 가팔라서 점차 상승폭이 줄어든다는 것이 포인트다. 패턴이 형성되기 전에 상승하고 있었다면 '반전형', 하락하고 있었다면 '지속형'이라고 부른다.

두 경우 모두 지지선에서의 반등 정도가 갈수록 줄어들기 때문에, 일반적으로 하락 반전을 예고하는 신호로 해석된다. 패턴이 형성되는 동안(주가가 추세선 쐐기형 내에서 등락을 반복하는 동안)에는 거래량이 줄어들다가, 패턴이 완성되고 추세가 돌파될 때 거래량이 증가하는 경향을 보인다. 주가가 하단 추세선을 하향 돌파할 때 매도 신호로 간주한다. 상승 쐐기형 패턴은 급락 리스크가 높은 패턴으로 간주하며, 패턴의 신뢰성을 높이기 위해서는 각 추세선에 최소 3번 이상의 터치가 있어야 한다.

하락 쐐기형 Falling Wedge

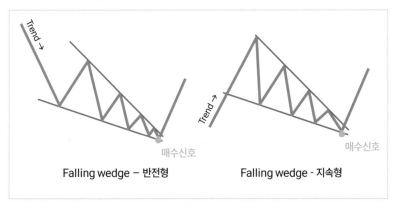

Falling wedge – 반전형   Falling wedge - 지속형

이 패턴은 주가가 하락 추세를 유지하면서도 점차 하락폭이 줄어드는 형태를 보인다. 하락 쐐기형 패턴은 주로 하락 추세의 끝자락에서 나타나며, 시간이 지남에 따라 저항선에서의 하락폭이 줄어들기 때문에 조만간 상승 반전의 가능성을 시사한다.

주가가 지속적으로 낮은 고점과 낮은 저점을 형성하며 좁아지는 형태를 보이다가, 결국 상단 저항선을 돌파하면서 상승세로 전환될 가능성이 크다. 패턴이 형성되는 동안 거래량이 줄어들다가 상단 돌파 시점에서 거래량이 증가하는 경향을 보인다. 상승 쐐기형과 마찬가지로 패턴의 신뢰성을 높이기 위해서는 각 추세선에 최소 3번 이상의 터치가 있어야 한다.

지금까지 살펴본 삼각 수렴 패턴 5가지 외에 가장 빈번히 볼 수 있는 주식 차트 패턴은 다음과 같다.

페넌트형 Pennant

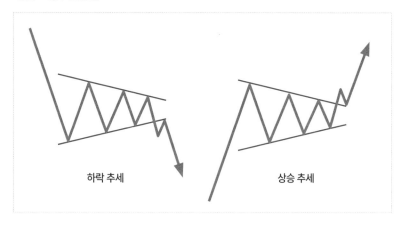

페넌트형은 횡보 후 돌파가 이어지는 연속 패턴이다. 이 패턴에서는 거래량을 살펴보는 게 중요하다. 페넌트 패턴이 형성되는 횡보 기간에는 거래량이 적어야 하고, 돌파는 더 높은 거래량에서 발생해야 한다. 주식에 큰 가격 변동이 발생한 후 고점과 저점 사이의 거리가 좁아지면서 추세선이 수렴하는 통합 움직임이 나타날 때 형성된다.

이 패턴은 이전 추세를 보고 해석해야 한다. 위 왼쪽 그림처럼 페넌트 패턴이 형성되기 전에 주가가 하락 추세였다면 페넌트는 약세를 보일 가능성이 높다. 반대로, 오른쪽처럼 상승 추세였다면 강세를 보일 가능성이 높다.

깃발형 Flag

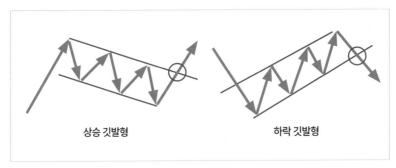

상승 깃발형   하락 깃발형

상승 깃발형 패턴과 하락 깃발형 패턴은 각각 상승 추세와 하락 추세의 지속을 나타낸다. 상승 깃발형 패턴은 급격한 상승(깃대)으로 시작해 이후 짧은 기간 동안 가격이 하락하거나 횡보한다. 하지만 이 패턴은 상승 추세의 지속을 나타내며, 깃발의 상단 저항선을 돌파(왼쪽 그림의 동그라미 부분)하면 추가적인 상승을 보이는 경향이 있다.

반면, 하락 깃발형 패턴은 급격한 하락(깃대)으로 시작하여 이후 짧은 기간 동안 가격이 상승하거나 횡보한다. 하지만 깃발 형태의 상승 추세는 오래가지 못하며, 결국 깃발의 하단 지지선을 하향 돌파(오른쪽 그림의 동그라미 부분)하면 추가 하락이 나타난다.

거래 전략 측면에서 보면, 두 경우 모두 거래량은 깃발 형성 중에 감소하다가 돌파 시 증가한다. 상승 깃발형 패턴에서는 깃발의 상단 돌파시 매수 신호로 간주한다. 중장기 투자자는 상단 돌파를 매수 시점으로 삼을 수 있다. 단기 투자자는 깃발 내 하단 지지선에서 매수, 상단 저항선에서 매도하는 전략을 사용할 수 있을 것이다.

반면에 하락 깃발형 패턴에서는 깃발의 하단 돌파 시 매도 신호로 간

주하며, 돌파 후 패닉 셀링이 발생할 수 있어 하락폭이 커질 수 있다는
점을 기억하자.

이중 천장형 Double Top

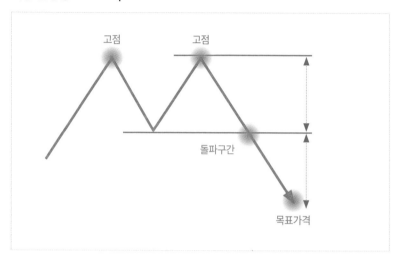

알파벳 M처럼 보이는 이중 천장형 패턴은 '더블탑, 쌍봉, 쌍고점' 등
으로 불리기도 한다. 이 패턴은 상승하던 주가가 첫 번째 하락했던 주가
수준에서 다시 한번 꺾이면서 상승 추세를 보였다가 앞에서 설명한 저
항선이 형성되는 패턴이다.

위 그림에 표시된 것처럼 주가가 이전 두 고점 사이의 저점과 동일한
지지 수준 아래로 떨어지면(하방 돌파) 이중 천장형 패턴으로 확정된다.
종종 추세 반전과 지지선 하향 돌파를 의미하기 때문에, 해당 주식을 매
도 또는 공매도(주가의 하락에 베팅하는 투자 방법)하기에 좋은 시기임을 의
미한다.

삼중 바닥형 Triple Bottom

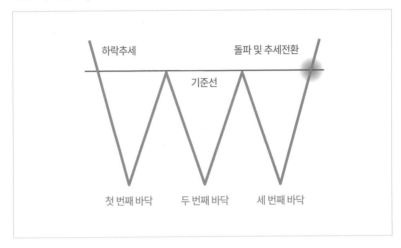

삼중 바닥형은 주가가 거의 동일한 가격 수준에서 3개의 뚜렷한 하락 갈래를 형성한 후 추세를 돌파하고 반전할 때 발생한다. 일반적으로 3개의 거의 동일한 저점 지지선에서 반등한 후 이전에 상승했던 저항선을 돌파하면서 완성된다.

삼중 바닥은 이중 바닥보다 상승 예측에 대한 신뢰도가 높으며, 매수자(강세)가 매도자(약세)의 가격 움직임을 통제하는 모습을 보여주는 매우 긍정적인 패턴이다. 3번이나 바닥을 보았으니 강세 포지션에 진입할 기회로 간주한다.

헤드 앤 숄더 Head and Shoulders

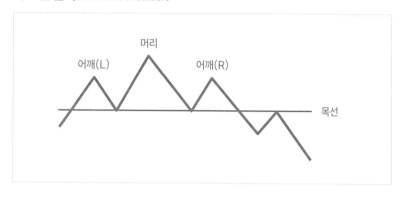

　헤드 앤 숄더 패턴은 전형적으로 상승 추세가 하락 추세로 전환될 때 나타난다. 이 패턴은 3개의 고점으로 구성되며, 중앙의 고점(머리)이 양쪽의 고점(어깨)보다 높다. 첫 번째 어깨가 형성된 후 주가는 상승하여 더 높은 고점(머리)을 형성한다. 이후 주가가 하락하다가 다시 상승하여 두 번째 어깨를 형성하지만, 이 고점은 머리보다 낮다. 이 세 고점의 저점을 연결하는 선을 '넥라인(목선)'이라고 부르며, 이는 매우 중요한 지지선 역할을 한다.

　일반적으로 우상향하는 넥라인이 많이 나타나지만, 수평이거나 우하향하는 경우도 있다. 패턴이 완성되면 넥라인 아래로 주가가 하락 돌파하는 경향이 있으며, 이때 거래량이 증가하는 것이 일반적이다. 보통 넥라인 아래로, 머리에서 넥라인까지의 하락폭만큼 추가 하락할 가능성이 높다.

역 헤드 앤 숄더 Inverse Head and Shoulders

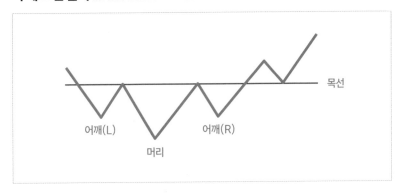

　역 헤드 앤 숄더 패턴은 헤드 앤 숄더 패턴이 반대로 뒤집힌 형태로, 하락 추세가 상승 추세로 전환될 때 나타난다. 이 패턴은 3개의 저점으로 구성되며, 중앙의 저점(머리)이 양쪽 저점(어깨)보다 낮다. 이 세 저점의 고점을 연결하는 선을 '넥라인(목선)'이라고 부르며, 이는 중요한 저항선 역할을 한다.

　일반적으로 우하향하는 넥라인이 많이 나타나지만, 수평이거나 우상향하는 경우도 있다. 패턴이 완성되면 넥라인 위로 주가가 상승하는 경향이 있으며, 이때 거래량이 함께 증가해야 상승 신호가 완성된다. 역 헤드 앤 숄더의 목표 주가는 보통 넥라인 위로, 머리에서 넥라인까지의 상승폭만큼 상승한 지점이다.

컵 앤 핸들 Cup with Handle

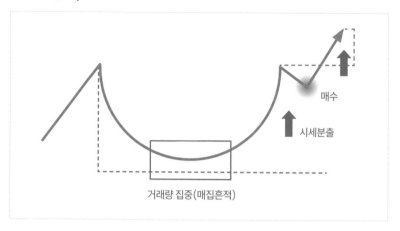

매수

시세분출

거래량 집중(매집흔적)

기술적 분석에서 중요한 강세 지속 패턴으로, 주로 상승 추세가 지속될 가능성을 나타낸다. 패턴 이름 그대로 컵과 핸들이라는 2가지 요소로 구성된다. 여기서 컵은 V자가 아닌 둥근 바닥 모양인데, 주가가 점진적으로 하락한 후 상승하면서 형성된다.

이상적인 컵의 형태는 부드럽고 둥글어야 하며, 날카로운 스파이크가 없어야 한다. 이후 컵 오른쪽에 핸들이 나타나는데, 작은 하향 패턴 후 상승하면서 형성된다. 핸들의 깊이는 일반적으로 컵 깊이의 1/3을 초과하지 않아야 신뢰성 있는 패턴으로 간주한다.

거래량은 이 패턴의 신뢰성을 확인하는 데 중요한 역할을 한다. 컵이 형성될 때는 가격이 낮아지면서 거래량이 증가해야 하고, 핸들이 형성될 때는 거래량이 감소해야 한다. 패턴을 벗어나는 돌파 시점에서 거래량이 다시 증가해야 완벽한 컵 앤 핸들이 완성된다.

거래 전략으로는 일반적으로 핸들의 저항 수준을 상향 돌파할 때 매수 포지션을 취한다. 이때 예상되는 상승폭은 컵의 바닥에서 컵 상단까지의 상승폭 정도이며, 핸들이 시작되는 시점부터 다시 한번 같은 폭으로 상승할 가능성이 있다고 보면 된다.

둥근 바닥형 Rounding Bottom

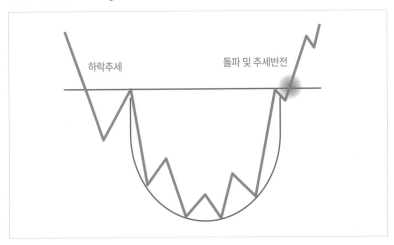

'접시바닥, U자형 바닥'이라고도 부르며, 주가가 하락 추세에서 상승 추세로 전환하는 장기 반전을 보여준다. 컵 앤 핸들 패턴과 매우 비슷하지만, 손잡이가 없어서 다른 이름이 붙었다. 패턴 형성에는 몇 주, 몇 달, 때로는 몇 년이 걸릴 수 있으며, 형성 기간이 길수록 반전의 중요성이 커진다.

거래량 측면에서는 바닥 과정에서 거래량이 감소하다가 우측 상승 및 돌파 시 증가하는 경향을 보인다. 패턴은 가격이 패턴의 왼쪽 고점을 연결하는 저항선(넥라인)을 돌파할 때 완성된다.

거래 전략으로는 일반적으로 가격이 넥라인을 상향 돌파할 때 매수 신호로 간주한다. 장기간의 추세가 중요하므로 주간 차트를 활용하여 패턴을 식별하는 것이 효과적이며, 돌파 시 거래량 증가를 확인하여 패턴의 신뢰성을 높일 수 있다.

04

차트 분석,
실수를 줄여야 산다!

앞에서 나는 주식 투자는 확률 게임이며, 투자자는 자신이 참여한 게임에서 승리할 확률을 높이기 위해 차트 분석을 배워야 한다고 말했다. 펀더멘탈 분석에만 의존하지 않고, 기술적 분석 즉 차트 분석까지 활용한다면 조금은 더 확률 높은 베팅을 할 수 있다는 것이 나의 생각이다.

하지만 초보자는 차트 패턴을 식별할 때 부정확한 분석이나 섣부른 판단으로 실수를 저지르면서 오히려 성공 확률을 떨어뜨리는 경우가 종종 있다. 예를 들면, 광범위한 시장 추세를 고려하지 않고 개별 차트 패턴에 너무 좁게 초점을 맞추는 것이다. 주가 패턴은 항상 전체 시장 상황이라는 큰 맥락에서 분석해야 한다. 이렇게 좁게 초점을 맞추면 신호를 잘못 해석하고 잘못된 투자 결정을 내릴 수 있다.

다양한 차트 형태와 특성에 대한 지식이 부족해 차트 패턴을 잘못 식별하는 경우도 있다. 또 현재 상황을 객관적으로 분석하기보다 자신의 편견에 맞춰 패턴을 억지로 꿰맞추거나 부적절한 차트 주기로 패턴을 분석하기도 한다. 이러한 잘못된 해석은 잘못된 매매 전략으로 이어질 테고, 결국은 안 좋은 결과로 이어질 가능성이 높다.

또 다른 일반적인 실수는 패턴이 제대로 확인될 때까지 기다리지 않고 서둘러 매매에 진입하는 것이다. 이러한 조급함은 조기 진입과 잠재적 손실로 이어질 수 있으니 주의해야 한다. 예를 들어, 주가가 바닥을 찍고 반등하자마자 바로 주식을 매수하거나 꼭지를 찍고 떨어지자마자 매도하고 싶어 하는 투자자들이 있는데, 욕심이다.

주가 차트 분석은 본질적으로 주가의 방향 즉 추세를 통해서 미래를 예측하는 방법이다. 그래서 그 방향이 확실하게 결정된 것을 확인하고 결정하는 것이 매우 중요하다. 제대로 된 모멘텀 투자자는 주식을 발(바닥)에서 사지 않고, 무릎(추세가 확정된 이후)에서 산다는 것을 꼭 기억하자.

반대의 경우도 있다. 추세 전환 시기를 잘 발견하고 진입했음에도 불구하고, 두려움과 경험 부족으로 해당 패턴이 완전히 발전할 때까지 기다리지 못하는 경우도 잦다. 상승 추세가 확정된 좋은 투자 종목을 찾고도 조기에 수익을 실현해 버려, 큰 수익의 기회를 놓치는 이런 경우가 생각보다 많다. 주가의 꼭지(최고점)를 자꾸 예측하려 들면서 저지르는 실수다.

숙련된 모멘텀 투자자는 상승 추세에 접어든 종목을 머리에서 매도하지 않는다. 상승 추세의 수명이 다하고 하락 추세에 접어든 시점 즉 어깨에서 매도해야 한다. 그래야 200% 상승 종목, 300% 상승 종목, 아니 텐배거가 될지도 모를 주식이 내 포트폴리오 안에 계속 남아있을 확률이 높아진다는 것을 기억하길 바란다.

부적절한 차트 주기를 선택하는 것도 자주 발생하는 오류 중 하나다. 시간별 차트처럼 짧은 차트 주기가 일일 차트보다 항상 더 정확하다고 잘못 생각하는 초보자가 많다. 이렇게 짧은 주기 차트에 매달리면 전체적인 시장의 움직임을 잘못 읽게 되고, 잘못한 매매 결정으로 이어질 가능성이 높다. 추세는 한순간에 만들어지지 않는다는 것을 기억해야 한다.

또한 경험이 부족하면 차트 패턴의 중요성을 확인할 때 거래량의 중요성을 간과하는 경우도 많다. 대부분의 차트 패턴에서 돌파 또는 하락 시 거래량이 많으면 투자자들의 확신이 넘쳐난다는 뜻이고, 해당 패턴을 확정해 주는 신호로 해석할 수 있다. 하지만 반대로 거래량이 적으면 주가 방향에 대해 투자자들의 확신이 부족하다는 뜻일 수 있으니 주의해야 한다. 기술적 분석에서 이 중요한 측면을 무시하면 매매의 성공 확률은 떨어질 수밖에 없다.

FOMO(혼자 파티에 참석 못 하게 되는 두려움) 때문에 이미 완성된 지 한참 지난 주가 패턴을 따라 추격 매매를 하는 경우도 있다. 최적의 진입 시점이 이미 지났기 때문에 너무 늦게 진입하면 좋지 않은 결과를 초래할 수 있다. 기회는 얼마든지 다시 온다. 이번 기차를 놓쳤다면 다음 기차를 기다리면 되니 너무 초조해하지 말자.

마지막으로 일부 초보 트레이더는 펀더멘털 분석이나 시장 심리 등 다른 중요한 요소를 고려하지 않고 차트 패턴에만 근거해 결정을 내리는 실수를 범하기도 한다. 차트 패턴 신호만을 맹목적으로 믿고 과도하게 큰 금액을 투자하는 경향이 있는데, 단일 거래에서 전체 투자 자금을 위험에 빠뜨릴 수 있는 매우 무모한 접근법이다.

다시 한번 말하지만, 주식 투자는 확률에 베팅하는 것이다. 명확한 차트 패턴을 바탕으로 매매를 진행하면 베팅 성공 확률이 올라가지만, 100% 신뢰할 수 있는 패턴은 없으며 잘못된 신호가 발생할 수 있다는 점을 꼭 기억해야 한다.

차트 패턴은 여러 투자 도구 중 하나일 뿐이며, 진정한 성공은 체계적인 리스크 관리에서 시작된다. 투자자들은 이 점을 명심하고 항상 신중하고 포괄적인 분석에 따라 접근해야 한다. 이 책의 독자 모두 '차트 분석만' 잘하는 투자자가 되지 말고, '차트 분석도' 잘하는 실력 있는 투자자로 거듭나기를 바란다.

05

거래량,
그것까지 꼭 봐야 하나?

주가 차트 분석이라는 새롭고 복잡한 영역에 대해 이제 막 마음을 싸잡고 공부를 시작한 독자들에게, 이번에는 주식의 거래량까지 봐야 한다고 말하고 싶다. 물론 차트만으로도 버거운 초보 투자자로서는 그야말로 미칠 노릇일 것이다. 하지만 주식을 분석할 때 거래량을 확인하는 것은 현명한 투자자가 간과해서는 안 되는 중요한 부분이며, 생각보다 쉽게 정복할 수 있기도 하니 조금만 더 힘을 냈으면 한다.

주식의 거래량은 말 그대로 특정 기간에 특정 종목에서 거래된 총주식 또는 계약 수를 말한다. 이 지표는 시장 심리와 가격 변동에 대한 확신을 보여주는 핵심지표로 작용하기 때문에, 기술적 분석을 참고하는 투자자들 사이에서는 성공적인 투자를 위해 살펴봐야 할 중요한 요소 중 하나로 알려져 있다.

투자자가 거래량을 활용해 매매 성공 확률을 개선할 방법은 여러 가지다. 그중 가장 중요하고 일반적인 방법은 거래량을 이용해 추세를 확인하는 것이다. 거래량이 많을 때 주식 가격이 한 방향으로 변동하면, 시장 참여자들 사이에서 주식 방향에 대한 일방적인 합의가 있다는 뜻으로 해석된다. 반대로 거래량이 적을 때 가격이 변동하면, 확신이 부족하고 반전에 더 취약할 수 있다.

따라서 거래량은 추세를 검증하고 잠재적인 반전을 포착하는 데 도움이 될 수 있다. 건전한 상승 추세에서는 일반적으로 가격이 상승할 때 거래량이 증가하고, 하락할 때 거래량이 감소하는 것이 보통이다. 반대로, 거래량이 감소하는 상황이라면 조만간 추세 반전 가능성이 있다는 신호일 수 있다. 예를 들어 갑자기 급락하는 주식을 보면서 지금이 일명 '줍줍' 기회인지, 아니면 해당 종목에서 탈출해야 하는 시점인지 헷갈릴 때가 종종 있는데, 이럴 때 참고할 수 있는 소중한 지표가 바로 주식 거래량이다.

한때 단기간 텐배거를 달성하며 미주은 멤버의 사랑을 독차지했던 슈퍼마이크로컴퓨터(SMCI) 주식을 예로 들어보겠다. 오른쪽에 있는 슈퍼마이크로컴퓨터의 주가 차트와 거래량(아래쪽 막대그래프)을 살펴보자. 4월 말과 8월 말 두 번에 걸쳐 폭락 추세를 보이는데, 두 번 모두 빨간색 막대그래프(매도량)가 이상할 정도로 급격히 올라가는 것을 확인할 수 있다.

첫 번째 거래량 급증은 2024년 4월 19일경에, 두 번째는 8월 28일 근처에서 발생했다(빨간색 박스 참고). 당시 슈퍼마이크로컴퓨터 주가는 단 하루 만에 각각 92.85달러에서 71.36달러로 -23.1%, 54.76달러에서 44.35로 -19.1% 폭락했다. 그 이후 주가는 지속적으로 하락하면서 11월 중순에는 18.58달러를 기록하게 된다. 엄청난 거래량과 함께 발생한 주

슈퍼마이크로컴퓨터(SMCI)의 주가 차트와 거래량

출처: www.tradingview.com

가 폭락은 저가 매수 기회가 아니라 오히려 '탈출 신호'였던 것이다.

거래량은 앞에서 공부했던 돌파 및 기술적 패턴을 확인할 때도 중요한 역할을 한다. 일반적으로 높은 거래량을 동반한 돌파는 낮은 거래량일 때보다 더 신뢰할 수 있는 신호로 간주한다. 투자자가 차트 신호에 입각한 매매를 결정할 때, 거래량이 받쳐준다면 조금 더 성공 확률이 높아진다는 의미다.

거래량의 또 다른 중요한 측면은 유동성과 거래 체결의 용이성을 나타내는 신호라는 것이다. 거래량이 많은 주식은 매수-매도 호가 스프레드가 좁고 변동성이 낮은 경향이 있어 가격에 큰 영향을 주지 않고 쉽게 매매할 수 있다는 특징이 있다. 따라서 시가총액이 매우 작은 초소형 주식에 베팅하는 투자자라면 거래량이 너무 적은 종목은 피할 필요가 있다.

주식의 거래량이 특별히 유용한 경우가 있는데, 바로 돌파(breakout)가 나타나는 경우다. 거래량은 이때 매우 강력한 검증 도구가 될 수 있다. 일반적으로 거래량이 많을 때 발생하는 돌파는 거래량이 적을 때 발생하는 것보다 더 안정적이고 지속 가능성이 높은 것으로 간주한다. 거래량이 많다는 것은, 시장 참여자들 사이에서 주식 방향에 대해 전폭적인 동의와 참여가 이루어지고 있음을 의미하기 때문이다.

실질적인 예로 다음 그림을 보자. 테슬라 주식은 2024년 11월 초, 271달러 부근의 저항선을 돌파하면서 폭등한 적이 있다. 차트 아래쪽에 나와 있는 막대그래프를 살펴보면, 거래량 역시 평소에 비해 2배 이상 급증하면서 상승 추세가 강화된 것을 확인할 수 있다.

출처: www.tradingview.com

거래량에 주의를 기울이면 진입 및 청산 타이밍도 개선할 수 있다. 거래량 급증은 주요 가격 변동에 선행하는 경우가 많으며, 비정상적인 거래량 활동을 인지하면 투자자가 잠재적인 중요한 시장 움직임을 예측하는 데 도움이 된다.

또한 거래량은 우리가 애정하는 '모멘텀'을 평가할 때도 사용할 수 있다. 가격 상승과 함께 거래량이 증가하면 매수세가 강한 상승 추세를 나타낼 수 있다. 반대로, 가격이 상승하고 있지만 거래량이 감소하고 있다면 상승 추세가 힘을 잃고 있다는 의미일 수 있다. 나 같은 모멘텀 투자자들이 주가 차트 패턴뿐만 아니라 거래량까지 참고해야 하는 이유가 바로 여기에 있다.

거래량 분석은 매우 강력한 도구이긴 하지만 단독으로 사용하면 안 된다는 점을 다시 한번 강조하고 싶다. 성공적인 투자자들은 일반적으로 거래량 분석을, 다른 기술적 지표 및 펀더멘털 분석과 함께 사용해 종목의 잠재력을 종합적으로 평가한 뒤 매매를 결정한다. 이러한 전체론적 접근을 통해 투자자는 더 많은 정보를 바탕으로 자신감 있는 매매 결정을 할 수 있게 될 것이다.

06

베어마켓의 시작을
간파할 수 있을까?

미국 주식 시장의 주요 벤치마크인 S&P 500 지수는 정기적으로 조정을 경험한다. 조정이라는 것은 최근 고점 대비 10% 이상 20% 미만으로 하락하는 시장 상황을 가리키며, 평균적으로 약 2년에 한 번씩 발생한다. 1950년대 이후 S&P 500 지수는 약 38번의 시장 조정을 경험했으며, 이는 약 1.84년에 한 번씩이라고 볼 수 있다. 2차 세계대전 이후 미국 증시 조정장의 평균 하락률은 14.5%로 집계되고 있다.

이렇게 잊힐 만하면 투자자들을 방문하는 조정장의 회복 기간은 일반적으로 약 4개월에 불과하다. 따라서 조정장은 투자자들에게 커다란 고통을 안겨주는 리스크라기보다는 가끔 찾아오는 저가 매수 기회 정도로 생각해도 별 무리가 없을 것이다.

하지만 지수 하락폭이 20%를 넘어가는 하락장, 즉 '베어마켓'이 찾아온다면 이야기가 달라진다. 베어마켓에서는 일반적으로 미국 주식 시장이 훨씬 더 큰 폭으로 하락한다. 예를 들어 S&P 500 지수는 1928년 이후 29번의 약세장을 겪었고, 그때마다 주가는 평균 36% 하락했다. 좀 더 가까이 1987년 이후만 따로 보면 S&P 500 지수는 가장 최근의 하락장을 제외하고도 3번의 하락장을 겪었으며, 평균 47%의 하락률을 기록한 바 있다.

평균적으로 이렇게 심각한 하락장은 약 4년에 한 번씩 발생해 왔다. 1932년 이후 베어마켓 사이의 간격은 평균 약 56개월, 즉 약 4년 8개월 이었다. 아주 다행스럽게도 베어마켓의 빈도는 시간이 지남에 따라 조금씩 바람직한 패턴으로 변했다.

1928년에서 1945년 사이에는 약 1.5년마다 베어마켓이 발생했는데, 17년 사이에 무려 12번의 베어마켓이 기록된 것이다. 우리가 이 시기에 주식 투자를 하지 않은 게 다행일 정도다. 하지만 다행히 1945년 이후에는 그 패턴이 바뀌어 약 5.2년이라는 긴 평균 간격으로 79년간 15번의 약세장이 발생했다.

지속 기간에 있어서는 일반적으로 약세장의 수명이 강세장보다는 현저히 짧은 편이다. 미국 증시는 기본적으로 70%는 상승장, 30%가 하락장임을 기억하자. 그럼에도 불구하고 약세장은 평균적으로 289일, 즉 약 9.6개월 동안 지속되는 경향이 있다. 게다가 우리 인간은 행복보다는 불행을, 즐거움보다는 고통을 더 크게 인식하는 경향이 있다. 10개월 가까이 진행되는 베어마켓의 심리적 고통과 재정적 손실은 조정장의 그것과는 차원이 다른 경험이 될 것이다.

가장 최근인 2022년에 발생했던 베어마켓은 비교적 견디기 수월한 편이었는데(최고점에서 27.55% 하락한 후 마무리), 모르긴 해도 이 기간 역시 일부 투자자들에게는 지옥 같은 시간으로 기억되고 있을 것이다.

그래서 항상 궁금했다. '상승장의 마지막, 즉 베어마켓의 시작을 간파할 방법이 있을까?' 이것은 나와 미주은의 소중한 동료 투자자를 위해 늘 나 자신에게 반복해서 물어보는 중요한 질문 중 하나였다. 그러던 중 집필에 참고하기 위해 여러 책을 읽다가 《이동 평균선 투자법》을 만났다. '고지로 강사'라고 알려진 데즈카 고지(手塚宏二)라는 일본인이 집필한 책이다. 고지로 강사는 모멘텀 투자 전문가로, 5년 넘게 이 방법을 연구했다고 한다.

아내의 권유로 무심코 《이동 평균선 투자법》의 첫 페이지를 넘겼던 나는 단 이틀 만에 이 책을 완독해 버렸고, 바로 고지로 강사의 열렬한 팬이 되었다. 이 책의 내용을 실전에 적용한 지는 반년이 채 지나지 않았다. 하지만 하루에도 수십 종목의 과거 주가 움직임을 '이동평균선 투자법' 이론에 맞추어 백테스팅 해본 결과, 어렴풋이나마 베어마켓에 대한 최선의 대응책에 가까워지고 있음을 직감하고 있다.

다음 베어마켓에서 직접 시험해 봐야 결론이 나겠지만, 지금은 '이동평균선 투자법'이 가장 쉽고 효과적으로 하락장에 대비할 수 있는 전략이라고 생각한다. 이 책에서는 《이동 평균선 투자법》에서 설명하는 가장 기본적이고 중요한 핵심 내용만 간단히 정리해 공유해 보겠다.

07

이동평균선 투자법

주식 시장에서는 특정 종목이 신고가를 갱신할 경우 추가 상승세를 보이고, 신저가를 기록할 경우 하락세가 지속되는 경향이 아주 빈번하게 관찰된다. 투자 종목이 신고가를 갱신하면, 기존 주주들은 추가 상승을 예상해 보유 포지션을 유지하거나 추가 매수에 나서면서 매도를 자제하는 양상을 보인다. 이런 이유로 신고가 기록 이후에는 상대적으로 매도 저항이 적은 상태에서 주가가 지속적으로 상승하는 현상이 나타나는 경우가 많다. 반대로 신저가의 경우 이와는 상반된 시장 메커니즘이 작용한다고 볼 수 있다.

이러한 시장 동향(모멘텀)은 투자자 심리와 기술적 분석의 관점에서 중요한 의미가 있으며, 투자 결정 시 주요 고려 사항 중 하나로 작용할 수 있다는 것이 '이동평균선 투자법'의 기본 전제라고 보면 된다. 이제 모멘텀 투자 전략을 신봉하는 내가 왜 이 투자법에 푹 빠졌는지 눈치챘을 것이다.

내가 이동평균선 투자법을 특별히 선호하게 된 또 다른 이유가 있는데, 바로 실전 투자에 적용하는 방법이 너무 쉽다는 점이다. 이동평균선 투자법에서는 단기, 중기, 장기 이렇게 단 3개의 이동평균선을 통해 추세를 분석하기 때문에 차트 분석 초보자도 바로 활용할 수 있다.

또 다른 이유도 있다. 주가가 한동안 횡보하면서 직사각형 모양을 형성하는 박스권의 경우 다른 기술적 지표에서는 빈번한 매수, 매도 신호가 나온다. 그러나 이동평균선 매매 신호는 2가지의 까다롭지만 명확한 조건에 따라 매수 혹은 매도 신호를 발동하기 때문에, 초보자도 그 신호를 분명히 인지하고 대처할 수 있다.

여기서 단기 이동평균선, 중기 이동평균선, 장기 이동평균선은 각 투자자가 추구하는 투자 기간에 따라 달라질 수 있다. 단기적인 관점을 가지고 트레이딩하는 투자자라면, 고지로 강사처럼 5일, 20일, 55일 이동평균선을 사용하면 될 것이다. 개인적으로 미주은 모멘텀 투자 전략은 향후 6개월에서 1년 정도를 투자 기간으로 설정하고 있으므로, 단기는 20일 이동평균선, 중기는 60일 이동평균선, 장기는 120일 이동평균선을 주로 사용한다.

개별 종목에 대한 분석이 아니라 대세 상승장에서 베어마켓으로 넘어가는 장기적인 추세만 파악하고자 할 수도 있다. 그런 경우라면 50일, 100일(150일), 200일 이동평균선을 사용해도 무방하다고 생각한다. 반대로 특정 종목에 대한 최적의 매수 혹은 매도 시점을 간파하기 위해서라면, 단기 투자자들이 선호하는 5일, 20일, 55일 이동평균선을 병행해서 참고하면 좋을 것이다.

이동평균선 투자법이 제시하는 매수 신호와 매도 신호는 다음과 같이 매우 간단하고 명확하다.

· 매수 조건
1. 이동평균선 정렬: 단기 > 중기 > 장기(상향 배열)
2. 추세 확인: 모든 이동평균선이 우상향 진행

· 매도 조건
1. 이동평균선 정렬: 단기 < 중기 < 장기(하향 배열)
2. 추세 확인: 모든 이동평균선이 우하향 진행

이동평균선 투자법의 핵심은 위에서 명확히 정의된 2가지 조건을 동시에 충족할 때만 거래 신호로 인식한다는 점이다. 즉, 매수 조건 2가지를 모두 충족하면 매수 포지션을, 매도 조건 2가지를 모두 충족하면 매도 포지션을 취하라고 조언한다.

특히 주목할 점은, 이 2가지 명확한 상태 이외의 모든 시장 상황에서는 주식 매매를 자제하는 것이 이 전략의 중요한 원칙이다. 불필요한 거래를 줄이고 높은 확률의 거래 기회에만 집중함으로써, 전반적인 거래 효율성을 높이겠다는 의도가 녹아있는 부분이다.

개인적으로 이러한 체계적이면서도 단순화된 접근은, 우리 투자자들이 시장의 추세와 개별 종목의 모멘텀을 더 쉽고 정확하게 파악하고, 조금이라도 더 객관적이고 근거에 입각한 거래 결정을 내릴 수 있도록 돕는 방법이라고 확신한다.

너무 간단해서 놀랐을 것이다. 나도 깜짝 놀랐으니까. 조금 더 자세히 설명하자면《이동 평균선 투자법》에서는 시장이나 특정 종목의 모멘텀에 대해 주가의 움직임을 1단계부터 6단계까지의 연속적이고 반복적인 사이클로 구분해 설명한다. 각 단계는 특정 시장 상황과 주가 동향을 대표적으로 보여주며, 다음과 같은 6단계 사이클이 주기적으로 반복된다는 것이 이 분석법의 핵심 개념이다.

제1 스테이지(안정 상승)

- 배열: 단기 > 중기 > 장기(위에서부터)
- 특징: 세 선 모두 우상향, 간격 벌어짐
- 대응 전략
  - ☑ 세 이동평균선이 모두 우상향일 때 매수 시작
  - ☑ 이동평균선 간격이 벌어질 때 공격적 매수

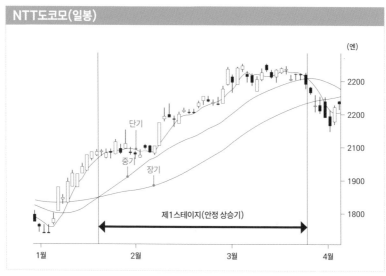

출처: 고지로 강사,《이동 평균선 투자법》

제1 스테이지에서 주식을 매수해야 하는 이유는 간단하다. 일단, 세 이동평균선이 모두 우상향하는 것은 단기, 중기, 장기적 관점에서 모두 상승 추세에 있음을 보여준다. 즉, 주가의 상승 모멘텀이 강력하다는 뜻이다.

게다가 단기, 중기, 장기 이동평균선이 순서대로 위치하는 정배열 상태는 안정적인 상승 추세를 보일 뿐만 아니라 최근 들어 이러한 상승 추세가 강화되고 있다는 의미로도 해석된다. 주가가 지속적으로 상승할 가능성이 높다는 것을 암시한다. 이동평균선들 사이의 간격이 벌어지면 최근 들어 상승 추세가 점점 더 강화되고 있다는 신호이므로, 공격적인 매수를 실행해야 하는 시점이 찾아왔다고 판단할 수 있다.

제2 스테이지(하락 변화기 1)

- 배열: 중기 > 단기 > 장기
- 특징: 단기선이 하락 전환, 단기선이 중기선과 하향 교차
- 대응 전략
  - ☑ 매수 포지션 청산 검토
  - ☑ 중기선과 장기선이 여전히 상승 중이면 포지션 유지 고려
  - ☑ 일부 매도 검토

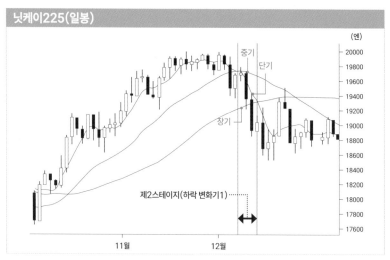

출처: 고지로 강사, 《이동 평균선 투자법》

제2 스테이지에서 단기선이 하락 전환하고 중기선을 하향 돌파하는 것은, 단기적인 가격 움직임이 약화되고 있다는 신호다. 상승 추세가 끝나가고 있음을 나타낼 가능성이 있으므로 주식 투자 비중을 일부 줄이면서 리스크 관리에 들어갈 필요가 있다. 하지만 단기적인 기술적 조정에서 끝날 가능성도 간과할 수 없다. 중기선과 장기선이 여전히 상승 중이라면, 대부분의 주식 포지션은 유지하는 것이 바람직하다.

제3 스테이지(하락 변화기 2)

- 배열: 중기 > 장기 > 단기
- 특징: 단기선이 장기선 하향 돌파
- 대응 전략
  - ☑ 상승 추세 종목 전량 청산
  - ☑ 하락장 진입 조건 확인

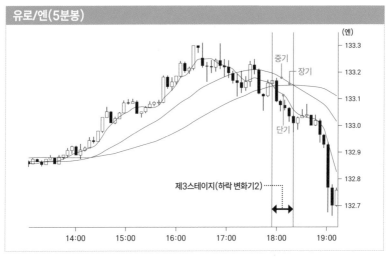

유로/엔(5분봉)

출처: 고지로 강사, 《이동 평균선 투자법》

단기선이 장기선을 하향 교차하는 것은 '데드 크로스(Dead Cross)'라는 용어로 표현된다. 이름에서 유추할 수 있듯이 주가 하락의 시작을 알리는 중요한 기술적 지표다. 많은 투자자가 이 신호를 매도 기회로 인식하기 때문에, 실제로 시장에서 매도 압력이 증가할 가능성이 높다. 이동평균선 투자법은 기본적으로 추세를 따라가는 전략이며, 따라서 상승 추세가 끝나고 하락 추세가 시작된다는 신호가 나타났을 때 포지션을 정리하는 것은 이 전략의 핵심 원칙을 따르는 것이다.

모멘텀 투자 전략을 구사하는 투자자라면 상승 추세가 끝난 종목을 정리할 타이밍일 수 있다. 상승 추세인 다른 종목을 찾아 투자할 여유 자금을 확보하면서, 주식 포트폴리오 종목 구성에 긍정적인 변화를 줄 수 있다.

제4 스테이지(하락 안정기)

- 배열: 장기 > 중기 > 단기
- 특징: 모든 선이 하향, 완전한 하락 추세
- 대응 전략: 주식 비중 최소화 유지

출처: 고지로 강사, 《이동 평균선 투자법》

이동평균선이 모두 하향하는 상황은 하락 추세의 지속성을 나타낸 다. 게다가 단기선 추세가 맨 아래 떨어져 있다는 것은 향후 하락 추세 가 이어질 가능성이 높다는 것을 의미한다. 또한 하향하는 이동평균선들은 차후 주가 상승 시 여러 단계의 저항선 역할을 하게 되므로, 주가 상승을 어렵게 만드는 요인이 될 수 있다.

이렇게 강력한 하락 추세에서는 해당 지수나 종목의 주식 비중을 최소화해 잠재적인 손실을 방지하는 게 중요하다. 주가의 바닥을 정확히 맞추겠다는 욕심은 버려야 한다. 바닥을 확인한 후 추세가 전환되어 무릎까지 상승했을 때 진입해도 절대 늦은 것이 아니다.

제5 스테이지(상승 변화기 1)

◦ 배열: 장기 > 단기 > 중기
◦ 특징: 단기선이 상승 전환, 중기선 상향 교차
◦ 대응 전략: 아직 대응하지 않는다.

출처: 고지로 강사, 《이동 평균선 투자법》

아직 완전한 상승 전환 신호로 보기에는 부족하다. 장기 이동평균선이 여전히 최상단에 있어서 전체적인 하락 추세가 완전히 끝났다고 판단하기 어렵기 때문이다. 즉, 하락 추세 중 발생하는 일시적인 반등일 가능성이 있다. 특히, 장기 이동평균선이 아직 하락 추세를 유지하고 있다면 전체적인 하락 추세가 끝났다고 보기 어렵다. 장기 이동평균선 방향이 우상향으로 전환되고, 단기 이동평균선이 맨 위로 올라가기를 기다려야 한다.

제6 스테이지(상승 변화기 2)

- 배열: 단기 > 장기 > 중기
- 특징: 단기선이 장기선 상향 돌파, 상승장 시작
- 대응 전략: 부분 매수 개시

금/달러(일봉)

제6스테이지(상승 변화기2)

(달러)
1300
1250
1200
1150

단기
장기
중기

12월   2017년 1월   2월

출처: 고지로 강사, 《이동 평균선 투자법》

단기 이동평균선이 장기 이동평균선을 상향 돌파하는 것은 소위 '골든 크로스(Golden Cross)'의 한 형태로, 상승 추세의 시작을 알리는 중요한 신호다. 이는 주가가 상승 모멘텀이라는 것을 의미한다. 또 단기선이 맨 위에 있다는 것은 최근의 가격 움직임이 강세라는 것을 뜻한다.

이 시점부터는 부분 매수를 시작해 상승 추세의 초기 단계에 진입할 수 있다. 투자자 성향에 따라서는 리스크를 최소화하기 위해 중기 이동평균선이 장기 이동평균선을 넘어서는 추가적인 확인 신호를 기다릴 수도 있을 것이다.

참고로 다음 그림은 《이동 평균선 투자법》이 2022년 베어마켓을 성공적으로 찾아냈을지 궁금해서 내가 직접 분석해 본 것이다. 차트에 나와 있는 3가지 이동평균선은 S&P 500을 추종하는 SPY의 20일, 50일 그리고 150일 이동평균선이다.

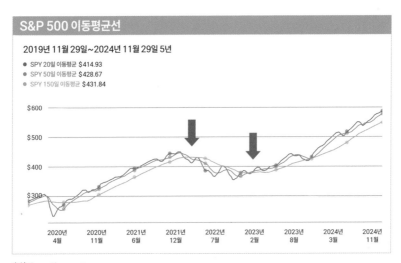

출처: investing.com

이동평균선 투자법에 따르면, SPY에 대한 매도 신호는 2022년 3월 15일에 등장했으며(빨간색 화살표), 재매수 신호는 2023년 1월 19일에 처음 나타났다(파란색 화살표).

2022년 3월 15일부터 SPY의 이동평균선이 단기 < 중기 < 장기 순서로 역배열되고, 3가지 이동평균선 모두 우하향하는 매도 신호의 2가지 조건을 모두 만족했다. 반대로 이동평균선이 단기 > 중기 > 장기의 순서로 정배열되고, 3개의 이동평균선이 모두 우상향하면서 발생하는 매수 신호는 2023년 1월 19일에 나타났다.

이러한 차트상의 신호를 실제 시장 상황과 비교해 보면 다음과 같다. 실제로 2022년 당시 베어마켓 직전의 최고점은 1월 1일이었으며, 최저점은 9월 30일이었다. 결론적으로 매도 신호는 시장이 최고점에서 하락을 시작한 지 73일 만에, 매수 신호는 최저점에서 상승을 시작한 지 111일 만에 등장했다. 머리에서 팔고 발에서 다시 살 수는 없었겠지만, 적어도 어깨에서 매도하고 무릎에서 매수할 수 있는 적절한 매매 신호를 보낸 셈이라고 평가할 수 있을 것이다.

하지만 이동평균선 투자법이 모든 종목의 매매에 활용되기는 어렵다는 점을 강조하고 싶다. 이 매매 방법은 장기적인 관점에서 큰 추세를 따라가는 것을 목표로 하기 때문에, 극단적인 변동성보다는 안정적이면서도 꾸준한 움직임을 보이는 종목에 적합할 것이다. 실제로 고지로 강사는 소형주보다는 중형주 종목을 발굴하는 것에 초점을 맞추고 이 투자법을 활용했다고 한다.

핵심은 간단하게 시작해,

규칙적으로 **연습**하고,

지속적으로 **학습**하는 것이다.

경험이 쌓이면 차트 분석이

투자 무기고에서

귀중한 도구가 된다.

성투보다 중요한 행투

투자자들 사이에서 "성투하세요"라는 말을 자주 건넨다. 상대방에게 '성공적인 투자'를 기원한다는 말이다. 나는 미주은 멤버나 구독자에게 '성투'보다는 '행투'라는 말을 더 자주 사용한다. '성공적인 투자'보다는 '행복한 투자'가 더 중요한 기준이 되어야 한다는 믿음이 있기 때문이다.

주식 투자라는 행위 자체가 아무래도 삶의 여러 요소 중 '돈'이라는 경제적인 영역에 집중한 활동이다 보니, 투자자들은 자연스럽게 투자 수익률이나 주식 앱이 보여주는 여러 가지 수치들에 초점을 맞출 수밖에 없다. 그러다 보면 처음에 자신이 주식 투자를 왜 시작했는지 서서히 잊게 되고, 하루에도 몇 번씩 주가 창을 바라보며 수익률의 노예가 돼버리는 불상사가 발생한다. 주식 투자의 궁극적인 목적은 단순한 금전적 이익을 넘어선다는 사실을 정기적으로 환기할 필요가 있다.

물론 생각의 차이는 있을 테지만, 투자자 대부분이 생각하는 진정한 투자의 목적은 삶의 질을 향상하고 개인의 행복을 증진하는 데 있을 것이다. 주식 투자는 삶의 일부일 뿐, 전부가 되어서는 안 된다. 균형 잡힌 삶이 있어야 건강한 투자가 가능하다고 생각한다. 투자에만 몰두하다 보면 가족, 건강, 취미 생활 등 삶의 다른 중요한 영역을 놓칠 수 있으며, 이는 장기적으로 불행을 초래할 수 있다. 그래서 행복한 투자자는 투자와 삶의 다른 영역 사이에서 적절한 균형을 유지하며, 이를 통해 더 풍요롭고 만족스러운 삶을 영위하기 위해 노력한다.

미주은 유튜브를 운영해 오면서, 높은 수익률만을 추구하다가 오히려 삶의 균형을 잃고 과도한 스트레스와 불안감에 시달리게 되는 모습을 너무도 자주 목격해 왔다. 이렇게 건강하지 못한 투자 활동이 장기간 지속되면 자신도 알지 못하는 사이에 투자의 본질적 목적에서 벗어난 길을 가게 될 수 있다. 결국은 치명적인 결과를 초래할 위험성을 내포하고 있는 것이 바로 주식 투자다.

얼마 전까지만 해도 한국에서는 주식 투자를, 일하기 싫어하는 인생 실패자들이 한탕을 노리고 뛰어드는 투기나 도박으로 간주하는 사람들이 정말 많았다. 건강하지 못한 주식 투자로 인생을 돌이킬 수 없는 어려운 상황으로 몰아넣은 사례가 빈번해서 이런 부정적인 이미지가 구축되었을 것이다. 이렇게 많은 사람이 과거의 부정적 경험이나 주변의 실패 사례로 인해 부정적인 편견을 형성해 왔고, 한국 증시의 구조적인 문제가 더해지면서 '주식 투자 패가망신'이라는 고정관념이 한국 사회에 깊이 뿌리박힌 것 같다.

하지만 주식 투자, 특히 미국 주식 투자는 100여 년이 넘는 역사적 수치가 증명하고 있듯이 건강한 투자 마인드만 갖춘다면 불확실한 시장 상황에서도 안정적인 성과를 낼 수 있으며, 장기적으로 투자 목표를 달성할 가능성이 매우 높다. 따라서 이러한 마인드셋을 꾸준히 발전시키고 실천하는 것이 성공적인 투자의 핵심이라고 할 것이다. 이 책의 마지막 장에서는 '성투'가 다가 아닌 '행투'를 위한 마음 자세에 대해 나의 개인적인 생각을 독자들과 공유하고자 한다.

01

'꽝'이 없는 투자를 하자

2024년 여름에 우리 가족은 말레이시아의 페낭이라는 도시에서 한 달 살기를 했다. 연중 내내 따뜻한 날씨와 친절한 동남아시아 문화가 말레이시아에 머물게 된 중요한 이유였지만, 가장 큰 이유는 음식이었다. 싸고 맛있는 식당이 넘쳐나는 페낭에서, 우리 가족은 하루에 최소 두 번씩 외식을 즐기면서 많은 살을 단기간에 키워내고 영국으로 돌아왔다.

자주 방문했던 식당 중에 Aunty Q라는 현지 체인이 있었는데, 혹시 말레이시아에 방문하는 독자가 있다면 열렬하게 '강추' 한다. 이곳은 특히 올해 10살 된 딸아이가 정말 좋아했다. 맛있는 국수가 첫 번째 이유였고, 두 번째 이유는 가게 옆에 있던 작은 인형뽑기 기계였다. 이 인형뽑기 기계에는 한 가지 특이한 게 있었다. '꽝'이 없었다. 우리 딸은 인형뽑기를 너무 좋아하는데, 늘 몇 번씩 시도하다가 돈만 날리고 기분만 상하는 경우가 허다했다.

그런데 이번에는 달랐다. 인형 뽑는 과정이 쉽지는 않았지만, 성공할 때까지 계속 시도할 수 있었기 때문에 금전적 손실도 최소화하면서 실패의 아픔을 겪지 않아도 되는 최고의 인형뽑기 기계였다. 어차피 인형이 너무 예쁘고 갖고 싶어서라기보다는, 기계손으로 어렵사리 낚아챌 때의 기분을 느끼기 위해 하는 것 아닌가? '세상의 모든 인형뽑기 기계에 꽝이 없다면 얼마나 좋을까'라고 생각하게 되었다.

물론 주식 투자에는 '꽝'이 있다. 순간의 실수로 투자 자금의 100%를 모두 날릴 수도 있는 것이 주식 투자다. 그래서 주식 투자는 '위험 자산'이라는 꼬리가 붙는다. 하지만 위험 자산이라고 항상 꽝만 나오는 건 아니다. 건전한 투자 방식을 고수한다면 꽝이 나올 확률은 아주 낮아진다. 주식 투자를 하면서 완전히 꽝을 배제하기는 어렵겠지만, 꽝의 확률을 최소화하는 방법은 분명히 존재한다.

2024년 11월 5일 실시된 미국 대통령 선거에서 트럼프가 다시 승리하면서 제47대 미국 대통령으로 당선되었다. 트럼프 행정부는 기업 친화적인 정책을 지지할 것으로 예상되었는데, 특히 법인세 인하와 세금 감면 정책을 공약으로 내세웠다. 이러한 정책들은 기업들의 수익성 개선으로 이어질 수 있어 주가 상승의 직접적인 요인이 될 수 있다. 결과적으로 트럼프 당선 이후 미국 증시는 한 달간 2% 가까이 급등했고, '트럼프 트레이드'라는 유행어가 미국 증시를 지배했다.

트럼프 트레이드는 특히 소형주에서 두드러졌다. 트럼프의 당선이 연준의 금리 인하 사이클과 맞물리면서 부채 비율이 높은 소형 기업들에게는 최상의 매크로 환경이 조성되었기 때문이었다. 그러다 보니 2022년 이후 70%, 80% 이상 폭락했던 적자 기업들의 주가가 큰 폭으로 반등했다. 예를 들어, 한국인들이 사랑하는 양자 컴퓨터 기업 아이온큐

(IONQ)의 주가는 트럼프 당선 이후 한 달간 70% 이상 급등했다. 이 외에도 인공지능을 활용한 테크 보험 회사 레모네이드(LMND), 에어택시를 개발하고 있는 조비에비에이션(JOBY), 전력반도체 나비타스(NVTS) 등 70% 이상 급등한 종목들이 수두룩했다.

미주은 유튜브 댓글에는, 이렇게 급등하는 종목들의 모멘텀이 좋아 보이는데 매수해야 하는 게 아니냐는 질문이 자주 올라왔다. 물론 내가 추구하고 있는 투자 전략과 종목 매매에서는 기업의 모멘텀이 커다란 역할을 한다. 하지만 여기에서 한 가지 확실하게 하고 싶은 부분이 있는데, 모멘텀이 좋은 주식이라고 무조건 투자하고 매수하는 것은 아니라는 점이다.

책 앞부분에서 자세히 설명한 것처럼 투자 종목의 모멘텀 분석보다 선행되어야 하는, 미주은 투자 전략의 핵심은 바로 '포트폴리오 구성'이다. 포트폴리오 구성 단계에서는 모멘텀을 고려할 필요가 없다. 모멘텀이란 주가의 힘 즉 추세를 말하는 것이며, 주가의 추세는 강할 때도 있고 약할 때도 있으며 수시로 변화하기 때문이다.

나는 보통 15개에서 20개 정도의 종목을 가지고 포트폴리오를 구성하는데, 이 단계에서는 단 2가지만 살펴본다. 첫 번째는 기업의 '스토리'다. 기업 스토리에는 4차 산업혁명과의 연관성이나 시장의 잠재력, 그리고 경제적 해자처럼 기업의 미래 성장을 예측하는 데 도움이 되는 여러 가지 정황들이 포함된다. 두 번째는 바로 기업의 '펀더멘탈'이다. 여기에는 4장에서 강조했던 시장 침투율, 시장 점유율, 성장률, 컨센서스 변동 추이 외에도 하나의 평가 지표가 더 추가되는데 바로 기업의 '수익률'이다.

기업의 수익률을 측정하는 지표는 여러 가지가 있지만, 그중에서 투자자가 관심 있게 살펴봐야 하는 2가지는 순이익 마진과 영업현금흐름 마진이다. 순이익 마진은 순이익을 매출로 나눈 값이고, 영업현금흐름 마진은 영업현금흐름을 매출로 나누어 산정한다.

순이익이라는 것은 매출에서 모든 경비 및 비용을 차감하고 남은 이익이고, 영업현금흐름은 기업의 주요 영업활동을 통해 창출된 실제 현금의 흐름을 나타낸다. 얼핏 보면 비슷해 보이지만 이 두 수치에 차이가 나는 이유는 각각 다른 회계 원칙을 사용하기 때문이다.

순이익은 발생주의 회계 원칙에 따라 계산되며, 실제 현금 거래와 관계없이 수익과 비용이 발생한 시점에 기록된다. 반면, 영업현금흐름은 실제 현금의 유입과 유출만을 고려한다. 개인사업을 하는 독자라면 이해가 빠를 것이다.

예를 들어, 미주은이라는 기업에서 2024년 12월에 120억 달러짜리 계약을 확보했다고 해보자. 미주은 기업의 현금흐름은 2024년 12월에 갑자기 120억 달러가 상승한다. 하지만 순이익의 회계 처리는 다르다. 만약 계약 기간이 1년이라면 향후 12개월 동안 미주은 기업의 매출은 이 계약으로 인해 10억씩 추가될 것이며, 이 계약으로 인해 사용된 비용 역시도 12개월로 나누어서 기재하는 것이 발생주의 회계 원칙의 핵심이다.

이야기가 잠시 다른 곳으로 샜는데, 투자 종목 선정에서 이 수익률이 중요한 이유는 바로 '꽝'을 피하기 위해서다. '주가 = 실적(EPS) × 밸류에이션(PER)'이라는 공식을 기억할 것이다. 만약 기업의 수익률이 적자에 허덕이고 있다면, 이 공식에서 '실적'은 '0'이라는 뜻이 된다. 이론적으로는 주가가 '0'까지 하락해도 이상할 게 없다는 말이다.

한 가지 더 덧붙이자면 적자 기업이라도 상황에 따라 훌륭한 투자처가 될 수 있다. 순이익은 아직 적자지만 현금흐름이 이미 흑자로 전환되었고, 또한 꾸준히 증가하는 추세를 보인다면 말이다. 영업현금흐름이 이미 흑자로 전환되었고 그 금액이 꾸준히 증가하고 있다면, 이 기업은 조만간 순이익 역시 흑자로 전환될 가능성이 높기 때문이다. 기업 순이익의 흑자 전환은 해당 종목의 투자 가치와 매력을 급격하게 상승시킬 수 있는 커다란 촉매제임과 동시에 종목 펀더멘탈의 커다란 개선을 의미하기 때문에 주가가 크게 상승할 수 있는 시발점이 되는 경우가 많다.

2023년 중순부터 미주은 탑픽에 포함된 팔란티어가 그 전형적인 예가 될 것이다. 2022년 4분기에 처음으로 순이익이 흑자로 전환되었던 팔란티어는, 2023년 5월 8일 발표된 1분기 실적에서도 흑자를 달성하면서 2분기 연속 플러스 순이익을 보고했다. 당시 9달러 수준에 불과했던 팔란티어의 주가는 2024년 12월 6일 현재 76달러를 넘어서면서 700% 이상 폭등했다. 투자자에게 기업의 수익률이 이렇게나 중요하다.

물론 적자 기업에 투자해서 대박이 나는 다른 경우도 종종 있다. 하지만 꽝이 나오는 경우 역시 그만큼이나 자주 발생한다는 것이 중요하다. 펀더멘탈이 튼튼한 우량 종목에 비해 꽝이 나올 확률이 수 배 이상 높다는 사실을 기억해야 할 것이다.

주식 투자자들이 적자 기업에서 관심을 접지 못하는 이유 중 하나는 아마도 텐배거에 대한 욕심 때문이 아닐까 한다. 실제로 테슬라나 아마존 같은 기업이 적자일 때 투자해서 장기간 보유했다면 엄청난 투자 수익을 달성할 수 있었을 것이다. 하지만 텐배거의 기회가 꼭 적자 기업에서만 발견되는 것은 아니다.

아주 가장 가까운 예로, 최고의 수익률을 자랑하는 엔비디아는 2024년 6월 단 8개월 만에 텐배거를 달성했으며, 또 다른 미주은 탑픽 종목인 앱러빈(APP)은 2024년 1월부터 12월 초까지 11개월간 무려 950% 이상 폭등했다. 데이터센터 냉각 장치로 유명한 버티브홀딩스(VRT)의 주가 역시 1년 반 만에 텐배거를 달성했으며, 최근 분식 회계 문제로 어려움을 겪고 있는 슈퍼마이크로컴퓨터(SMCI)의 주가 역시 2024년 정점을 찍기 전까지 2년도 되지 않는 짧은 시간에 텐배거를 찍은 종목이다.

위에서 열거한 예시들이 우리에게 안겨주는 교훈은 명백하다. 텐배거를 찾는다는 목적으로, 리스크가 큰 적자 기업에 투자하면서 험난하고 고달픈 투자 여정을 자초할 필요가 없다는 것이다. 시대가 요구하는 기술력을 제공하는 기업 중에서 타의 추종을 불허하는 경쟁력과 단단한 해자를 바탕으로 끊임없는 성장세를 보이는 기업이 있다면, 수익성이 뛰어난 우량 기업이라 할지라도 충분히 텐배거를 이룰 수 있다. 그리고 이렇게 펀더멘탈이 튼튼한 기업들 위주로 포트폴리오를 꾸려 나간다면, 우리의 투자 여정에 '꽝'이라는 불운은 다시 찾아오지 않을 것이다.

주식 시장 최고의 발명,
ETF를 멀리하라

이번에는 미주은 유튜브 채널에서는 좀처럼 다루지 않는 주제, ETF(상장
지수펀드) 이야기를 좀 해볼까 한다. ETF의 역사는 생각보다 짧다. 1993
년에 최초의 ETF인 SPDR S&P 500 ETF(SPY)가 출시되었으니 이제 막 30
대에 접어든 비교적 젊은 투자 상품이라고 할 수 있겠다.

ETF는 주식 시장 역사에 있어 최고의 발명이라고 칭송될 만큼 투자
세계에 엄청난 변화를 불러일으켰다. ETF는 뮤추얼 펀드와 개별 주식
의 특징을 결합한 독특한 투자 수단이며, 특정 지수, 섹터, 종목, 원자재,
가상화폐 혹은 기타 자산의 성과를 추적하도록 설계되었다. ETF는 위
에 나열된 기초 자산을 소유하고, 이러한 자산의 소유권을 주식으로 나
누는 방식으로 운영된다.

먼저 ETF의 장점부터 보자. ETF는 시장이 오픈한 시간 동안 증권 거
래소에서 거래되기 때문에 개별 주식과 마찬가지로 시장 수요에 따라
가격이 변동한다. 이런 구조 덕분에 투자자는 장중 언제든지 ETF 주식

을 매수 또는 매도할 수 있어서 기존 뮤추얼 펀드와는 차원이 다른 수준의 유연성을 제공한다.

즉각적인 분산 투자를 할 수 있다는 점도 매력적이다. ETF는 다양한 투자 종목을 보유함으로써 여러 자산 또는 섹터에 위험을 분산시켜, 단일 종목 투자로 인한 성과 저하의 영향을 잠재적으로 줄일 수 있다. 이 특징은 포트폴리오 리스크를 관리하려는 투자자에게 특히 매력적일 것이다.

또한 투명성이 보장된다. 대부분의 ETF는 보유 종목이 매일 공개되므로, 투자자는 언제든지 자신이 보유한 종목을 정확히 알 수 있다. ETF는 비용 효율성이 뛰어난 것으로도 유명하다. 대부분의 ETF는 수동적으로 관리되므로 일반적으로 운영 비용이 낮다. 펀드 매니저가 직접 관리하는 뮤추얼 펀드에 비하면 투자자가 감당해야 하는 수수료가 훨씬 낮다.

이렇게 다양한 장점 덕분에 ETF는 출시 이후 다양한 투자자를 끌어들이며 투자 환경에 말 그대로 혁명을 일으켰다. 개인 투자자는 물론이고 연기금 및 자산 운용사 같은 대형 기관 투자자까지도 포트폴리오 관리 및 시장 노출을 위한 강력한 도구로 ETF를 채택해 왔다. 특히 개인 투자자가 이전까지 투자하기 어려웠던 다양한 포트폴리오와 틈새시장에 쉽게 접근할 수 있게 되었다는 점에서, 투자 민주화에 중요한 역할을 했다는 역사적인 의미를 부여하기도 한다.

당연히 ETF의 성장과 인기는 경이로운 수준이었다. 2023년 말까지 전 세계적으로 관리되는 ETF 자산은 무려 11조 1,000억 달러에 달했는데, 이는 2008년 이후 연평균 19.8%의 성장률을 기록한 것이다.

이렇게 ETF는 현대식 투자의 초석이 되어 금융 환경을 재편하고 투자자에게 복잡한 글로벌 시장을 탐색할 수 있는 강력한 도구를 제공했다. 투자의 민주화에 기여했고, 주식 시장 역사상 중요한 발전 중 하나로 자리매김했다.

하지만 나는 개인적으로 이렇게 훌륭한 ETF 투자를 선호하지 않는다. 개별 주식에 직접 투자하는 것이 ETF와 비교할 때 몇 가지 잠재적 이점이 있기 때문이다.

가장 큰 장점은 더 높은 수익 잠재력이다. ETF는 보유 종목의 가중 평균 성과를 제공하지만, 개별 종목 투자는 종목만 잘 선택한다면 전체 시장을 크게 능가할 잠재력이 있다. 물론 이게 생각보다 어렵기는 하다.

또 다른 이점은 투자자가 직접 포트폴리오 구성을 완전히 통제할 수 있다는 것이다. 개별 주식 투자를 통해 투자자는 자신의 가치관, 투자 전략 또는 시장 전망에 부합하는 기업을 직접 선택할 수 있다. 일반적으로 미리 정해진 주식 그룹을 포함하는 ETF에서는 이러한 수준의 맞춤 설정이 불가능하다.

2020년 9월 미주은 유튜브 영상에 SOXX를 소개하는 영상을 올린 적이 있다. SOXX는 미국 반도체 기업을 모아놓은 필라델피아 반도체 지수를 추종하는 ETF이다. 이 영상에서 나는 S&P 500을 추종하는 SPY나 나스닥 100 지수를 추종하는 QQQ에 비해 SOXX가 ETF 투자자에게는 최고의 선택이 될 수 있다는 주장을 펼쳤었다. 배당률도 더 높고, 과거 성과도 훨씬 더 뛰어나다는 게 이유였다. 그렇게 주장하면서도 직접 SOXX에 투자하지 않은 이유는 내가 원하는 대로 포트폴리오를 구성할 수 없기 때문이었다.

당시 나는 엔비디아(NVDA)라는 기업을 4차 산업혁명의 최대 수혜주로, 인텔(INTC)은 떨어지는 별이라고 판단했었다. 하지만 SOXX에 투자하면 내가 원하는 만큼 충분한 투자 비중을 엔비디아 주식에 집중할 수 없었다. 반면, 투자 매력이 떨어지는 인텔 주식은 내 의지와 상관없이 보유해야 하는 것이 싫었다. 실제로 이 영상을 개시했던 2020년 9월 24일부터 지금까지 엔비디아 주가는 1,000% 이상 상승했고, 인텔의 주가는 58% 이상 하락했다.

www.youtube.com/watch?v
=jkPdp-0UxVk

또한 개별 주식은 뛰어난 세금 효율성을 제공한다. 투자자는 손실을 본 주식을 선별적으로 매도하여 이익을 상쇄하거나, 고평가된 주식을 자선단체에 기부하여 세금 혜택을 받는 등의 세금 절세 전략을 사용할 수 있다. 이러한 세금 관리 '편법'은 ETF에서는 실행할 수 없다.

비용 측면에서도 개별 주식을 보유하는 것이 장기적으로 더 경제적일 수 있다. 많은 ETF가 매우 낮은 수수료를 내세우지만, 대부분의 국내 할인 증권사를 통해 개별 주식을 보유하면 지속적인 비용이 발생하지 않는 경우가 많다. 최근에는 많은 브로커가 수수료 없는 거래를 제공하므로 개별 주식 포트폴리오를 구성하는 데 드는 거래 비용이 크게 줄어들었다.

사실 내가 개별 종목에 투자하고 있는 정말 중요한 이유는 따로 있는데, 바로 '재미' 때문이다. 다음에는 우리 인생에서 너무나 중요한 '재미'에 대한 이야기를 나눠볼 생각이다

03

소비하는 재미 vs. 생산하는 재미

"인간은 유희의 동물이다"라는 말이 있다. 이 개념은 네덜란드의 역사학자 요한 하위징아(Johan Huizinga)가 그의 저서 《호모 루덴스 - 유희에서의 문화의 기원》에서 제시한 이론이다. 이 책에 따르면 인간의 본질적 특성 중 하나는 유희 즉 놀이라는 것이다.

실제로 우리는 일단 의식주가 해결되고 나면 삶의 나머지 부분을 재미로 채우기 위해 노력한다. 재미있는 콘텐츠를 소비하기 위해 영화나 뮤지컬을 보고, 여행하면서 새로운 문화와 사람들을 만나기도 하며, 지적인 호기심을 충족시키기 위해 책을 읽거나 강연에 참석하기도 한다. 혹은 정서적인 만족감을 느끼기 위해 음악회나 전시장을 찾기도 한다.

재미와 건강을 동시에 챙길 수 있는 스포츠 활동에 매진하면서 몸짱이 되는 사람도 있고, 카지노나 경마장 같은 곳에서 빠져나오지 못해 패가망신하는 사람도 있다. 나는 이 모든 모습이 근본적으로 사람들이 재미있는 인생을 살기 위해 각각 다른 선택을 하면서 나타나는 방법의 차이라고 생각한다.

인생에서 재미를 추구하기 위한 수많은 방법은 모두 둘 중 하나에 속하게 된다. 하나는 '소비'라고 부르는 범주의 활동, 또 하나는 '생산'이라고 부르는 범주의 활동이다. 여기서 많은 사람의 머릿속에 그들의 미래를 결정지을 수 있는 무서운 편견 하나가 존재하는데, 바로 '소비'는 재미있고 '생산'은 재미없다는 것이다.

우리는 언젠가부터 쇼핑이나 외식, 음주가무 등의 소비활동은 재미있는 것이고, 운동이나 독서, 외국어나 재테크 공부 등의 생산활동은 재미없는 것으로 간주하는 고정관념에 빠지게 되었다. 심지어는 학창 시절 그렇게 열심히 준비해서 남들이 모두 부러워하는 좋은 직장에 취직하고 나서도, 하루빨리 그 직장을 떠날 날만을 손꼽아 기다릴 정도로 일하는 기쁨을 느끼지 못하는 직장인도 많다.

도대체 어디부터 무엇이 잘못된 것일까? 어느덧 해외 생활 25년 차에 접어든 내가 보기에, 우리 한국인들이 이렇게 생산적인 활동에 재미를 느끼지 못하는 이유는 너무 어려서부터 인내하면서 살아왔기 때문인 것 같다.

영국에서 초등학교(Primary School)에 다니는 우리 딸아이는 방과 후에는 전혀 공부하지 않는다. 아트, 글짓기, 프레젠테이션 등 가끔 진행하는 프로젝트를 제외하면 학교 숙제도 전혀 없다. 그러다 보니 아이들은 방과 후에 삼삼오오 모여 축구를 하거나 수영이나 댄스 같은 운동, 음악이나 미술 같은 예술 활동 등을 함께 하면서 '재미' 있는 하루하루를 보내게 된다.

올해 중학교(Secondary School)에 들어간 아들의 일과도 별반 다르지 않다. 학생 대부분은 방과 후에 한국의 대학생들처럼 동아리 활동을 하면서 친구들과 시간을 보낸다. 우리 아들은 올해 뮤지컬 클럽, 조정(rowing) 클럽, 피트니스 클럽, 이렇게 3개의 동아리(Club)에 가입했다. 중학생이 되어서도 학교 숙제는 부담스러운 수준이 아니다. 중학교부터는 매일 숙제가 있기는 하지만 보통 책상에 앉아있는 시간은 1시간이 채 되지 않는다. 대신 거의 매일 수영장에서 한두 시간을 보내고, 나머지 시간은 자기가 좋아하는 피아노와 바이올린 연습으로 하루를 채운다.

결론적으로 보면 한국 아이들처럼 이곳의 아이들도 하루 종일 열심히 살아가는 건 마찬가지인데, 영국 아이들은 재미있게 놀고 있는 느낌이다. 그래서 이들의 인생에는 '인내'라는 단어가 빠져있다. 어려서부터 성인이 되기 전까지 중요한 생산활동 중 하나인 학습 기간에 '인내'라는 요소가 빠져있다 보니, 이 아이들은 '소비활동은 재미있고, 생산활동은 재미없다'라는 고정관념에 빠지지 않을 수 있게 된다.

그래서 우리 관점에서 보면 영국 어른들의 삶은 참 '재미' 없어 보인다. 집마다 있는 작은 정원을 가꾼다거나 공원에서 조깅하거나 산책하고, 거실에 앉아 책을 읽는 모습에서는 재미있는 소비활동이 발견되지 않기 때문이다.

하지만 단 한 번이라도 운동이나 공부 같은 생산활동이 가져다주는 재미에 빠져본 사람이라면, 생산활동이 소비활동 못지않게 커다란 재미를 안겨줄 수 있다는 사실을 인정할 것이다. 꾸준한 운동으로 건강하고 섹시한 몸을 만들거나, 열심히 공부한 내용을 바탕으로 자격증을 취득하거나, 블로그나 유튜브를 운영하는 등의 생산활동이 가져다주는 즐거움과 재미는 쇼핑이나 음주가무 같은 순간적인 쾌락에 비할 것이 아니다. 이 책의 독자 중에도 개인사업이나 부업을 하는 사람들이 있을 텐데, 사실 돈 쓰는 재미보다 훨씬 더 중독성 있는 것이 돈 버는 재미다.

최근에는 테크놀로지의 발전으로 소위 방콕을 하면서도 인생의 '재미'를 추구하기가 엄청나게 쉬워졌다. 실제로 많은 사람이 PC나 모바일 게임에 빠져 지내기도 하고, 하루 종일 넷플릭스나 유튜브를 시청하기도 한다. 하지만 시대가 바뀌어도 한 가지 변함없는 진리가 있는데, 소비는 우리의 자산을 소모하면서 이루어지며, 생산은 오히려 우리의 자산을 증대시켜 준다는 사실이다.

여기서 내가 지칭하는 자산은 단순히 재정적인 자산을 말하는 것이 아니다. 건강, 지식, 정서적 안정감, 영적인 충족감 등 '나'라는 존재를 구성하는 포괄적인 자산을 의미한다. 소비에 집중하면서 인생의 재미를 추구하는 사람과, 생산에 집중하면서 재미있는 인생을 영위하는 사람과의 자산 차이는 시간이 지나갈수록 점점 더 벌어질 수밖에 없다.

"學而時習之 不亦說乎 학이시습지 불역열호"라는 유명한 격언이 있다. 논어의 첫 구절인데, 공자의 유명한 말씀 중 하나로 알려져 있다. 한 번쯤 들었던 '배우고 때때로 익히면 또한 기쁘지 아니한가?'로 직역할 수 있다. 공부나 학습은 단순한 의무가 아니라 기쁨의 원천, 즉 커다란 재미가 될 수 있다는 공자의 교육 철학을 잘 보여준다. 지속적인 학습과 실천의 중요성을 강조하며, 이를 통해 얻는 내적 만족감을 높이 평가하는 말이라고 생각한다.

나도 젊었을 때는 '평생 교육'이라는 말을 들을 때마다 '재미없는 공부를 뭐 하러 평생 하려고 하나?' 하고 의구심을 가졌었다. 하지만 나이 먹고 더 이상 학습이라는 행위가 의무가 아닌 선택이 되고 나니, 공부가 가져다주는 기쁨과 재미가 무엇인지 어느 순간 이해할 수 있게 되었다.

나는 주식 투자야말로 성숙한 어른들이 추구할 수 있는 최고로 재미 있는 인생의 소일거리가 될 수 있다고 믿는다. 미국 주식에 투자를 시작한 이후, 특히 미국 주식 관련 유튜브까지 운영하면서 나의 삶은 전에 비해 훨씬 더 재미있고 풍요로워졌다. 전에는 별다른 감흥 없이 관망했었다면, 이제는 세상이 변화하고 진화하는 모습에 적극적으로 참여하며 보조를 맞추기 위해 매일 열심히 정진하고 있다.

스트레스를 견디면서 인내하는 것이 아니라 아주 재미있게 공부하고 있다. 클라우드나 전기차 혁명, 빅데이터, 인공지능처럼 최근 들어 세상의 모습을 바꾸고 있는 새로운 키워드에 익숙해졌다. 그뿐만 아니라 자율주행, 로보택시, 증강현실, 가상현실 등 다가오는 미래에 우리의 삶을 완전히 변화시킬 새로운 테크놀로지에 대해 이해하고, 대비하고, 투자하면서 너무나 재미있고 보람된 하루하루를 보내고 있다.

그게 다가 아니다. 개별 주식에 투자하는 주주라면 3개월에 한 번씩 찾아오는 어닝 결과 발표일의 긴장감과 스릴이 얼마나 대단한지 잘 알 것이다. 애정을 가지고 장기간 보유하고 있는 기업의 어닝 결과는, 자식들이 학교에서 받아오는 성적표만큼이나 투자자의 마음을 설레게 한다. 시장의 예상을 초과하거나 실망스러운 어닝 결과로 보유 주식의 주가가 출렁거릴 때 느껴지는 환희나 실망감은 어지간한 스릴러 영화에 비할 바가 아닐 정도로 강력하다.

이렇게 개별 종목 투자는 투자 과정에서도 수동적으로 운영되는 ETF 투자와는 전혀 다른 수준의 흥미와 몰입도를 제공한다. 자기 지식과 인사이트를 직접 적용해 투자 종목을 선정하고 투자 결정 역시 100% 제어하므로, 그 결과에 따른 희열과 후회 역시도 온전히 투자자의 몫이 될수 있다.

재미있는 삶을 원하는가? 지금 바로 미국 주식 투자를 시작하라.

04

현금은 쓰레기다?

'현금은 쓰레기'라는 말을 많이 들어봤을 것이다. 2005년 이후 자산 규모 기준 전 세계 최대 규모의 헤지펀드 자리를 유지하고 있는 브리지워터 어소시에이츠(Bridgewater Associates)의 회장인 레이 달리오(Ray Dalio)가 자주 사용한 말이다. 실제로 레이 달리오는 2020년 1월 다보스 포럼에서도 "현금은 쓰레기"라고 표현했다.

이렇게 레이 달리오가 현금의 가치를 폄하하는 이유는 인플레이션 때문이다. 현금은 시간이 지남에 따라 물가의 상승치만큼 구매력이 떨어진다. 현금을 보유하면 잠재적인 투자 수익을 놓칠 수 있으니, 보유보다 생산적인 자산에 투자하는 게 더 나은 전략이라는 의미로 해석할 수도 있을 것이다.

나는 개인적으로 이 말에 동의하지 않는다. 아니, 오히려 '현금은 왕이다'라고 치켜세우고 싶다. 왜냐하면 현금이야말로 '행복한 투자'를 가능케 하는 최고의 무기이기 때문이다. 투자의 대가로 알려진 존 템플턴

(John Templeton)은 다음과 같은 유명한 격언을 남겼다. "강세장은 비관 속에서 태어나 회의 속에서 자라며, 낙관 속에서 성숙하고 행복 속에서 죽는다." 이 격언은 주식 시장의 주기를 설명할 때 자주 인용되는데, 영원한 하락장도 영원한 상승장도 존재하지 않음을 투자자들에게 일깨워 준다.

물론 개인적으로는 모멘텀을 가장 중요하게 생각한다. 대세 상승장의 추세를 전환시킬 만한 부정적인 촉매제(Catalyst)가 출현하기 전까지는, 하락장은 찾아오지 않는다는 전제하에 긍정적인 투자 마인드를 유지하면서 투자하고 있다. 추세가 전환될 때까지는 주가 상승에 계속 베팅하는 것이 현명하다고 판단한다.

그러나 시장이 10~20% 정도 하락하는 현상, 즉 '조정'은 특별히 커다란 악재 없이도 쉽게 발생할 수 있다는 사실 역시 기억해야 한다. 조정장은 특별한 촉매제 없이 주가가 올라갔다는 이유만으로도 충분히 발생할 수 있다. 상승장 초기에는 선뜻 들어오지 못하고 대기하던 투자 자금이, 강세장이 확실해지면 너도나도 뛰어들면서 2024년 같은 뜨거운 장세가 연출된다.

하지만 FOMO(Fear Of Missing Out)로 인해 모멘텀이 극에 달하는 상황에서는 시장에 추가로 들어올 수 있는 자금이 점점 줄어들게 된다. 누군가는 주식을 계속 더 비싼 가격에 사고 있기 때문에 발생하는 것이 강세장이기 때문이다. 게다가 주가가 지속적으로 상승하다 보면 강세장 초기에 진입했던 투자자들은 이익을 실현하고 싶은 마음이 늘어날 수밖에 없다. 결국 매도세가 매수세를 넘어서는 시점이 찾아오게 되고, 그때부터는 투자자들이 서로 앞다투어 이익 실현을 서두르게 되면서 시장은 조정을 맞이하게 되는 것이다.

앞에서 자세히 알아봤지만, 지수의 하락폭이 20%를 넘어가는 약세장, 즉 베어마켓에 너무 겁먹을 필요는 없다. 2020년 이후 미국 증시에는 이미 2번이나 베어마켓이 발생했고, 지금처럼 경제가 단단한 모습을 지키는 동시에 금리 인하가 실행되는 상황에서는 당분간 심각한 약세장이 찾아올 가능성은 적어 보인다. 설사 다시 베어마켓이 찾아온다 해도 앞에서 설명한 이동평균선 투자법이나 모멘텀에 입각한 투자 전략 규칙을 지키면서 투자한다면, 투자 손실을 최소화할 방법은 얼마든지 있다.

아무튼, 이 대목에서 전하고 싶은 메시지는 따로 있다. 건강한 마인드를 가진 투자자라면 시장이 과열되는 모습을 보였을 때 저가 매수 기회가 찾아올 수도 있다는 기대를 품고, 현금 비중을 늘리거나 유지할 필요가 있다고 생각한다. 시장이 과열되었다는 것은, 투자자 대부분의 포트폴리오에서 현금이 차지하는 비중이 자연적으로 하락했을 가능성이 높기 때문이다.

간단한 예로, 1억 원의 투자 자금을 가지고 상승장에 진입한 투자자가 처음에 20%에 해당하는 2천만 원의 현금을 확보하고 있었다고 가정해 보겠다. 만약 2023년, 2024년처럼 매우 강력한 상승장으로 인해 단 1~2년 만에 포트폴리오가 2억 원까지 성장했다면, 추가로 주식을 매수하지 않았더라도 포트폴리오의 현금 비중은 20%에서 10%로 감소했을 것이다.

나는 이 시나리오에서 투자자가 처음 자신과 약속했던 현금 비중이 20%였다면, 주식 투자에 들어간 자금 중 2천만 원을 매도해 현금을 4천만 원으로 늘리면서 자기 자신과의 약속을 지켜야 한다고 생각한다. 만약에 추가적인 현금을 포트폴리오에 투여했거나 주가가 더 많이 상승하면서 포트폴리오 규모가 3억 원까지 성장했다면, 현금 비중은 6천만 원으로 올려야 한다는 계산이 나온다. 이렇게 해야 '성투'보다 더 중요한 '행투'를 실천할 수 있다.

상승장이 장기화할 때 이런 식으로 자기가 정한 현금 비중을 맞추기 위해 보유하고 있던 주식 일부를 매도하는 순간, 우리가 주식 시장을 바라보는 시각은 180도 바뀌게 된다. 주가가 떨어져도 스트레스를 받는 대신 조금만 더 떨어져 주기를 기다리는 아주 낯선 자신을 만나게 될 것이다. 따지고 보면 3억 원 중 6천만 원이 현금이고, 나머지 2억 4천만 원을 주식에 투자하고 있다면 당연히 주가가 올라가는 것이 이득이다.

하지만 인간의 심리는 때때로 같은 상황을 지극히 비이성적인 시각으로 바라볼 때가 있으며, 보유하고 있던 주식을 일부 현금화했다는 이유만으로 주가의 하락을 기분 좋게 기다리는 신기한 경험을 하게 되는 것이다. 이렇게 자신의 투자 전략대로 현금을 확보한 투자자는 조정장이 찾아왔을 때 남들처럼 주식을 팔지 않고 오히려 더 살 수 있는 여유를 가지게 된다. 주가가 올라가도 좋고, 주가가 떨어져도 좋은 행복한 투자 여정을 만들 수 있게 되는 것이다.

투자 결정은 각 투자자의 상황에 따라 달라져야 한다고 믿는다. 단순히 시장이 급등했다고 해서 주식을 팔아야 할 필요는 없다. 물론 3대 지수가 모두 최고치를 경신한다는 것은 그 자체만으로도 좋은 소식인 게 맞다. 하지만 현금 비중이 매우 적은 투자자라면 급등, 폭등 추세를 이용해 투자 이익을 실현하면서 이런 식으로 현금 비중을 확대해 보자. 확정된 수익에 대한 만족감을 누릴 수 있는 동시에, 조금은 더 느긋한 마음으로 시장의 상승 추세 혹은 하락 추세를 즐길 수 있는 유리한 포지션을 구축하는 방법이다.

05

비트코인 투자를 결정한
진짜 이유

나는 2024년 3월에 들어서야 비트코인 투자를 시작했다. 1월 초에 4만 4천 달러에 불과했던 가격이 이미 6만 달러를 넘어선 상황이라 조금 망설여지기도 했지만, 단 9개월 만에 비트코인은 10만 달러를 넘어섰으니 나름대로 성공적인 베팅이었다.

내가 가지고 있던 비트코인 투자 논리는 간단했다. '수요와 공급'의 법칙이라는 가장 근본적인 이유를 바탕으로 투자를 시작했었고, 누구나 잘 알고 있는 2가지 사실에 근거한 결정이었다.

비트코인 투자 결정의 첫 번째 근거는 비트코인 현물 ETF의 출시였다. 2024년 1월 미국 증권거래위원회(SEC)는 비트코인 현물 ETF 출시를 승인하면서 비트코인 시장에 커다란 이정표를 세웠다. 비트코인 현물 ETF는 비트코인을 직접 담고 있는 펀드라고 생각하면 된다. 마치 금 현물 ETF가 금괴를 실제로 사서 금고에 보관하는 것처럼, ETF 운용사가 실제 비트코인을 사서 펀드에 보유하는 방식으로 운영된다.

비트코인 현물 ETF가 출시되면서, 일반 투자자들도 암호화폐 거래소를 이용하지 않고 주식 계좌를 통해 쉽고 안전하게 비트코인에 투자할 수 있게 되었다. 복잡한 지갑 관리나 개인 키 보관 등 어려운 과정 없이 주식처럼 간편하게 비트코인을 사고팔 수 있게 된 것이다. 나는 당연히 투자 수요가 자연스럽게 증가할 것으로 예측했다.

하지만 그게 다가 아니었다. 비트코인 현물 ETF의 출시는, 연기금이나 보험사 같은 기관은 물론이고 일반 기업 투자자들이 비트코인 시장에 쉽게 들어올 수 있도록 길을 터주는 역할을 할 것으로 기대했다. 여러 가지 제약으로 비트코인 시장에 뛰어들지 못했던 기관과 기업들에게 비트코인 ETF 출시는 그야말로 '게임체인저'였기 때문이다. 이렇게 비트코인 현물 ETF 출시는 시장의 판을 키우고 수요를 활성화하는 결정적인 역할을 하면서, 비트코인 가격 상승을 촉진하는 긍정적인 영향을 미친다는 것이 나의 첫 번째 투자 논리였다.

비트코인 투자 결정의 두 번째 근거는 '공급'의 감소였다. 나는 2024년 4월에 있었던 비트코인 반감기가 결국 비트코인의 공급과 가격에 큰 영향을 미칠 것이라고 믿었다. 비트코인 반감기는 비트코인 네트워크에서 새로운 비트코인의 생성 속도를 절반으로 줄이는 이벤트다. 쉽게 말해, 비트코인 채굴 업체가 동일한 컴퓨팅 파워로 채굴 활동을 진행했을 때, 그 보상으로 받게 되는 비트코인이 반으로 줄어드는 것을 의미한다.

이번 반감기 이전에는 블록당 6.25 BTC가 채굴되었지만, 반감기 이후에는 3.125 BTC로 감소했다. 이는 신규 비트코인의 공급량을 절반으로 줄이는 효과를 가져왔고, 비트코인은 더욱 희소해졌다. 결과적으로 이러한 희소성 증가는 비트코인의 가치 상승에 대한 기대감을 높이면서, 많은 사람이 비트코인에 몰려드는 이유가 되었다.

과거에도 반감기 이후에는 비트코인 가격이 급상승했던 경험이 있었기 때문에, 투자자들은 이번에도 가격이 오를 것이라고 예상하고 적극적으로 매수에 나섰다. 2024년에 들어서만 비트코인의 가격이 120% 이상 상승할 수 있었던 두 번째 결정적인 이유였다.

하지만 내가 비트코인 투자를 결정한 진짜 이유는 따로 있다. 바로 '행투'를 위해서였다. 나는 앞에서 말한 것처럼 수요와 공급의 법칙에 따라 막연히 비트코인 가격이 상승할 것으로 기대하고 있었지만, 정작 비트코인 자체의 투자 가치에 대해서는 회의적이었다. 2009년에 등장한 비트코인이 15년이라는 긴 시간 동안 가치 교환 수단인 화폐로서 인정받지 못한 점이 마음에 걸렸다. 무엇보다도 그 내재가치를 측정할 수 있는 펀더멘탈이 존재하지 않는다는 결정적인 약점 때문에 비트코인 투자를 망설일 수밖에 없었다.

결국 나는 '행복한 투자'라는 목적에 충실하면서 비트코인 투자를 감행했다. '수요와 공급의 법칙'이라는 가장 근본적인 경제 이론에 따랐을 때 비트코인 가격 상승은 자명해 보였다. 더욱이 옆집의 순이도, 앞집의 철수도, 뒷집의 영수도 투자하는 마당에 나 혼자 비트코인을 멀리할 수는 없었다. FOMO에 빠졌던 셈이다. 남들이 모두 참석하는 파티에 나만 불참한다면 언젠가는 분명히 후회하는 날이 찾아올 것 같았다. 그래서 나는 '모 아니면 도'라는 생각으로, 투자 자금의 10%를 비트코인 레버리지 ETF(BITU)와 마이크로스트래티지(MSTR) 주식에 베팅했고, 그 결과는 완전 대박이었다.

얼마 전 나는 BITU와 마이크로스트래티지 주식을 반 가까이 매도했다. 그동안 주가가 100% 이상 상승하면서, 나의 포트폴리오에서 이들이 차지하는 비중이 지나치게 높아졌기 때문이다. 만약 앞으로도 이 주식들이 지속적으로 상승한다면, 나는 투자 비중을 10%에 맞추기 위해 꾸준히 이익 실현을 해나갈 계획이다.

왜냐하면 나의 비트코인 투자는 코인에 '몰빵' 하면서 억만장자가 되고 싶은 욕망에서 기인한 것이 아니기 때문이다. 나는 단지 비트코인 파티에 참석하고 있다는 행복감을 느끼기 위해 비트코인 투자라는 티켓을 구매했다. 그래서 나는 설사 이번 파티가 끝나는 날이 오더라도 몹시 아프거나 크게 아쉽지는 않을 것 같다.

06

미국 주식 뉴스를 읽어라

워런 버핏은 "제일 좋은 투자는 당신이 자신에게 하는 투자다"라고 말했다. 이는 금전적인 투자 못지않게 자기 계발과 개인의 성장이 중요하다는 것을 의미한다. 나 역시 행복한 투자는 단순히 돈을 버는 것을 넘어 개인의 성장과 발전을 동반해야 한다고 믿는다. 투자를 통해 새로운 지식을 습득하고, 분석 능력을 키우며, 자기 절제와 자기 통제력을 기르는 과정은 그 자체로 가치 있는 경험이 될 수 있다. 또 이러한 자기 계발이 장기간 지속된다면 투자 성과 향상뿐만 아니라 개인의 전반적인 삶의 질 향상으로 이어질 수 있다는 것이 나의 믿음이다.

그런 이유로 나는 미주은 유튜브 채널에서 매일 '오늘의 미국 주식 뉴스'를 시청자에게 읽어주고 있다. 거시 경제와 투자 대상 기업에 관한 뉴스 기사를 읽는 것은, 투자 성공뿐만 아니라 투자자의 자질을 향상하는 데도 결정적인 역할을 할 수 있다. 매일 발표되는 금융 뉴스를 통해 정보력을 최신 상태로 꾸준히 유지하는 투자자는 정보에 근거한 투자 결정을 내릴 수 있을 것이다.

거시 경제 동향과 기업별 뉴스를 읽음으로써 투자자는 시장 상황을 종합적으로 이해하고, 잠재적 위험과 기회를 파악하며, 다양한 섹터와 산업의 성과를 평가할 힘을 갖게 된다. 쉽게 말해 주가가 상승하면 왜 올라가는지, 주가가 하락하면 왜 떨어지고 있는지 각각의 상황을 완벽히 이해하면서 증시를 바라볼 수 있게 된다는 말이다.

간혹 "기업의 뉴스는 우리 개인 투자자들에게 전달될 때쯤 이미 주가에 반영되어 있으니 읽을 가치가 없다"라고 뉴스의 가치를 폄하하는 사람들이 있다. 그들은 기업이 지닌 비즈니스 잠재력과 경영진의 비전을 바탕으로 해당 기업의 미래를 추측하면서 '신념'과 '인내'를 가지고 장기 투자한다. 개인적으로 확률이 매우 떨어지는 투자 방법이라고 생각한다.

나는 사람의 미래가 정해져 있지 않듯이, 기업의 미래 역시 확정된 것이 아니라고 생각한다. 기업의 오늘은 어제 그들이 실행했던 비즈니스 전략과 실행의 결과인 것처럼, 기업의 내일 역시 오늘 그들의 모습을 가까이에서 따라가다 보면 어느 정도 예상이 가능하다는 것이 나의 믿음이다. 쉽게 말해, 오늘 발표되고 있는 특정 기업에 관한 크고 작은 뉴스가 쌓여 그 기업의 내일이 만들어진다는 것이다.

어떤 기업이 계속 시장 점유율을 넓혀가고, 건강한 비즈니스 파트너십을 구축하고, 쌈박한 신제품을 줄이어 출시하고, 새로운 비즈니스 모델을 구축한다는 뉴스가 계속해서 쌓인다. 그렇다면 우리 투자자 역시 그 기업의 주식을 쌓아가야 할 것이다. 반면에 아무리 훌륭한 비전과 무한한 잠재력을 지닌 기업이라도 하루가 멀다고 좋지 않은 뉴스가 줄을 잇는다면, 그 기업의 미래 비즈니스와 주가 흐름은 긍정적일 가능성이 적다고 보는 것이 합당한 판단이다. 이렇게 뉴스를 따라가면서 주식 투자를 진행하는 방식은 확률이 떨어지는 미래 예측에서 벗어나, 현재 시점에서 보이는 기업의 동향과 발전 모습에 초점을 맞추고 대응함으로써 투자의 성공 확률을 쉽게 배가시킬 수 있다.

주식 투자가 첫 번째 이유긴 하지만, 미국 주식 뉴스를 읽어야 하는 진짜 이유는 따로 있다. 투자자 자신의 발전과 진화를 위해서다. 얼마 전까지만 해도 10년에 한 번씩 변한다던 강산은 이제 눈 깜빡하는 사이에 다른 모습으로 탈바꿈하는 시대가 도래했다. 불과 2년여 전에 등장했던 챗GPT가 세상의 모습을 급격하게 바꿔놓은 것처럼, 요즘 세상은 잠시 한눈을 팔 여유도 없이 시시각각으로 진화한다.

내가 처음으로 컴퓨터를 사용했던 것은 군대 제대 후 복학생이 되었던 1996년이었다. 애플의 첫 번째 컴퓨터가 출시된 것이 1976년이었으니, PC가 등장한 지 20년 만에 세상의 변화를 받아들인 셈이다. 그래도 지금까지 잘 따라올 수 있었다. 그때는 세상이 움직이는 속도가 나만큼이나 느렸기 때문이다.

하지만 이제는 자칫 방심하다 보면 바보가 되기 십상이다. 잠시 멍때리고 있다 보면, 세상은 이미 저만치 앞서 있을 가능성이 크다. 그래서 우리 모두 미국 주식 뉴스를 열심히 읽고 들어야 한다. 미국 기업의 뉴스를 따라가는 것만큼, 이 세상의 변화를 쉽게 파악하는 방법은 없다. 세상의 모든 변화는 기업을 중심으로 그중에서도 미국 기업을 중심으로 가장 먼저 일어나기 때문이다. 그래서 한 사람의 투자자로서뿐만 아니라 현대 사회의 한 구성원으로서, 우리는 우리가 살아가는 세상의 진화 속도에 발맞추기 위해 필수적으로 미국 주식에 투자하고 미국 주식 뉴스를 읽어야 한다.

개인에 따라 많은 차이가 있기는 하겠지만, 우리 세대의 아버지들은 대체로 자식 세대들에 대해 아는 것이 별로 없었다. 나는 중학교에 진학하면서 가수 이문세가 진행하는 〈별이 빛나는 밤에〉라는 라디오 프로그램을 매일 청취했었다. 적어도 3~4년 정도는 거의 하루도 빼먹지 않고 이 방송을 들으며 공부 시간의 지루함도 달래고, 떨어지는 낙엽만 봐도 아프던 사춘기를 이겨낼 수 있었다. 그만큼 '별밤'은 내게 커다란 의미가 있는 인생의 한 부분이었다.

하지만 우리 아버지는 이문세가 누군지 모른다. 이런 식으로 우리 아버지와 아들인 나 사이에는 공통적인 화제가 존재하지 않았고, 결국 지난 30년이 넘는 시간 동안 아버지와 나는 '대화는 나누면서도, 인생은 나누지 않는 사이'가 되어버렸다.

지극히 보수적인 성향의 아버지는 아들 세대가 이끌어가는 시대에 적응하지 못했다. 아니, 적응하지 않았다. 당시 지금의 내 나이와 비슷한 연배였던 아버지는 단 한 번도 컴퓨터를 사용하지 않았고, 이메일 계정을 만든 적도 없다. 당연히 아주 최근까지도 페이스북이나 쿠팡, 유튜브가 뭔지도 잘 몰랐다. 다행히 요즘은 아들이 유튜버가 되는 바람에, 헤어나기 어려운 유튜브의 세계에 입성해서 매일 내가 올리고 있는 방송을 시청하고 있다.

아버지와 같은 시대를 살았지만, 함께 세상을 공유하진 못한 아들이 이제 50대에 들어섰다. 나는 우리 아버지의 실수를 반복하지 않으리라 항상 다짐하며 살아가고 있다. 게다가 우리 아이들은 큰아이가 12살, 작은 아이가 10살이라 나와 꽤 나이 차이가 있다. 내가 주식 투자를 오랫동안 열심히 하는 중요한 이유 중 하나가 바로 이것이다.

주식 투자는 기업의 미래에 베팅하는 것이다. 앞으로 5년, 10년, 15년 후 우리가 살아갈 세상을 만들어 가는 기업들을 따라 함께 미래를 향해 나아가는 것이 주식 투자인 셈이다. 그래서 주식 투자를 열심히 하면, 특히 세계 정상의 테크 기업들이 모여있는 미국 주식에 투자하다 보면 변화하는 세상에 뒤떨어지지 않는 미래지향적인 사람이 될 수 있을 것이라 기대하고 있다.

나는 그동안 테슬라, 아마존, 메타, 구글, 엔비디아 같은 전 세계 최고 기업의 주식을 보유하면서 인공지능이나 자율주행, 메타버스와 같은 차세대 테크놀로지와 너무나 가까운 사이가 되었다. 그리고 이제 막 12살, 10살이 된 우리 아이들과 그들이 살아갈 미래를 함께 고민하며 준비하고 있다. 나와 아이들이 앞으로도 오랫동안 살아갈 미래의 세상을 공유하고 대화할 수 있도록 나의 미래 공부, 미국 주식 투자는 계속될 것이다.

우리는 모두 평생 행복한 삶을 추구하면서 살아간다. 학창 시절에 열심히 공부하는 것도, 젊은 시절에 열정적으로 직장 생활을 하는 것도, 미국 주식에 열심히 투자하는 것도 결국은 '행복'이라는 궁극적인 인생의 목표를 달성하기 위한 단계별 전략이라고 할 수 있다.

나는 개인적으로 행복한 삶을 유지하기 위해서는 2가지 조건을 만족해야 한다고 믿고 있다.

첫 번째는 삶의 향상 즉 '발전'이다. 우리 인간이 행복하기 위해서는 지금 살아가고 있는 현실, 즉 오늘이 어제의 기억보다는 조금이라도 더 나아져야 한다. 그렇지 못하면 사람은 늘 만족스럽지 못한 현실을 부정하면서 과거의 추억 속에 갇혀 살 가능성이 높다.

두 번째 조건은 첫 번째보다 열 배는 더 중요한데, 오늘보다 나은 내일에 대한 기대감, 바로 '희망'이다. 삶이 고달프고 초라하더라도 내일이 오늘보다 나아질 것이라는 희망이 존재한다면, 오늘을 살아가는 우리는 힘들어도 웃을 수 있다.

이 책을 읽고 있는 젊은 독자들은 이렇게 생각할 수도 있겠다. '행복하기 참 쉽구나! 어제보다 오늘이 더 나아지고, 오늘보다 내일이 더 나아지는 게 그렇게 어려울까?' 맞는 말이다. 내가 언급한 2가지 행복의 조건은 인생의 전반기까지는 참 쉬워 보일 수 있고, 실제로도 어느 정도까지는 쉽게 달성할 수 있다.

학교를 졸업하고 사회 초년생에서 30대를 지나 40대에 이르기까지 대부분은 가면 갈수록 조금이라도 더 풍족해지며, 여러 측면에서 더 풍요롭고, 더 다채롭고, 더 재미있어진다. 한동안은 미래에 대한 걱정보다 희망이 가득할 것이다. 경제적인 사정이 나아지면서 조금 더 큰 집에 살게 되고, 조금 더 비싼 차를 몰게 되며, 회사의 직책이나 사회적 지위도 남부럽지 않은 위치에 오르게 된다.

문제는 이러한 인생의 황금기가 생각보다 오래 지속되지 못한다는 것이다. 첫 번째 신호는 우리 몸에서 발생한다. 어느 날 갑자기 책을 읽기 어려울 정도로 원시가 심해지고, 건망증에 시달리는 등 예전에 비해 신체적 능력이 떨어지는 낯선 자신을 발견하게 된다. 내 몸이 예전 같지 않다는 징후가 발견되는 나이가 되면, 직장이나 사회적인 지위에도 문제가 생길 가능성이 높다. 한국의 법정 정년은 60세지만, 많은 사람이 이보다 일찍 일자리에서 퇴직하고 있기 때문이다.

KB금융지주 경영 연구소의 '2023 KB 골든 라이프 보고서'에 따르면, 한국 가구의 실제 은퇴 나이는 평균 55세로 나타났다. 통계청의 '2022년 경제활동인구조사 고령층 부가조사'에 따르면, 자신의 주된 일자리에서 물러나는 실질 은퇴 연령은 49.3세에 불과했다. 40대 후반이 되면 많은 사람이 직장에서 은퇴하거나 바짝 다가온 은퇴를 근심하게 된다는 뜻이다.

단순화시켜 말하면 50대에 접어드는 시점이 되었을 때, 상당히 많은 사람이 앞에서 언급한 행복의 2가지 조건을 충족하지 못했을 가능성이 크다. 이렇게 어제보다 못한 오늘을 살아가는 사람들, 특히 내일은 오늘보다 오히려 더 비참할 것이라는 두려움을 안고 살아가는 사람들의 삶은 행복과는 거리가 멀어 보인다.

문제는 여기에서 그치지 않는다. 우리가 살아가는 시간이 계속해서 길어지고 있다는 사실을 기억해야 한다. 최근 발표된 '제10회 경험생명표'에 따르면, 여성의 평균 수명이 처음으로 90세를 넘어섰고 남성도 86세를 돌파했다. 머지않아 100세 인생이 현실화될 수 있다. 100세 시대가 눈앞에 다가왔지만, 그 중간 지점에 불과한 50대에서 행복의 2가지 조건을 채우지 못한 사람이 너무 많다.

그래서 미국 주식에 투자해야 한다. 이제 미국 주식 투자는 재테크 옵션 중 하나가 아니라, 100세 시대를 살아가는 현대인들의 필수 활동이 되어야 한다는 것이 나의 생각이다.

한 번쯤 '복리의 마법'에 대해 들어봤을 것이다. 주식 투자에서 복리의 마법은 시간이 지남에 따라 투자 수익이 기하급수적으로 증가하는 현상을 말한다. 이는 원금에 대한 이자뿐만 아니라 이자에 대한 이자까지 계속 재투자되어 수익이 누적되는 원리를 말한다. 복리는 원금과 이자가 함께 재투자되어 수익이 누적되며, 시간이 지날수록 그 수익 증가 속도가 더 빨라지고, 장기 투자일수록 더 큰 효과를 발휘한다.

예를 들어, 1억 원을 S&P 500의 평균 수익률과 비슷한 연 10% 복리로 투자한다면 10년 후에는 약 2억 5,937만 원, 20년 후에는 약 6억 7,275만 원, 30년이 경과하면 투자금 1억 원은 약 17억 4,494만 원까지 불어난다. '마법'이라는 단어가 붙은 이유를 단숨에 이해할 만한 수치가 나오는 것이다.

이렇게 주식 투자가 자랑하는 '복리의 마법'은 적어도 경제적인 관점에서 어제보다 나아진 오늘, 그리고 오늘보다 나은 내일을 보장한다. 어디 그뿐인가? 주식 투자는 갈 곳과 할 일이 없어진 노후 생활을 여전히 생산적으로 그리고 정열적으로 만들어 줄 수 있다. 주식 투자 자체가 계속해서 새로운 것을 배우고 따라가는 과정을 수반하기 때문이다.

특히 이 세상의 변화를 창조하고 끌어나가는 미국의 테크 기업에 투자한다면, 투자자들은 혁신적인 기업들의 성장에 직접 참여할 수 있다. 시대의 변화에 앞서 나가고 있다는 정서적인 만족감까지도 얻을 수 있을 것이다. 이는 은퇴 후 흔히 겪을 수 있는 목적 상실감을 완화하고, 자존감을 높이는 데 엄청난 도움이 될 수 있다고 확신한다.

소중한 시간을 투자해 이 책을 읽어준 모든 독자가 행복한 미국 주식 투자와 함께 어제보다 더 나은 오늘, 그리고 오늘보다 더 나은 내일을 만들어 나가기를 간절히 기원한다. 우리 모두 미국 주식 투자로 은퇴하는 그날까지 다 함께 화이팅이다!

미국주식 투자의 정석

2025년 1월 21일 초판 1쇄 발행
2025년 2월 5일 초판 2쇄 발행

지은이 | 최철
펴낸이 | 이종춘
펴낸곳 | (주)첨단

주소 | 서울시 마포구 양화로 127 (서교동) 첨단빌딩 3층
전화 | 02-338-9151
팩스 | 02-338-9155
인터넷 홈페이지 | www.goldenowl.co.kr
출판등록 | 2000년 2월 15일 제2000-000035호

본부장 | 홍종훈
편집 | 문다해
교정 | 주경숙
디자인 | 조수빈
전략마케팅 | 구본철, 차정욱, 오영일, 나진호, 강호묵
제작 | 김유석
경영지원 | 이금선, 최미숙

ISBN 978-89-6030-643-1 13320

- **BM 황금부엉이**는 (주)첨단의 단행본 출판 브랜드입니다.

황금부엉이에서 출간하고 싶은 원고가 있으신가요? 생각해보신 책의 제목(가제), 내용에 대한 소개, 간단한 자기소개, 연락처를 book@goldenowl.co.kr 메일로 보내주세요. 집필하신 원고가 있다면 원고의 일부 또는 전체를 함께 보내주시면 더욱 좋습니다. 책의 집필이 아닌 기획안을 제안해주셔도 좋습니다. 보내주신 분이 저 자신이라는 마음으로 정성을 다해 검토하겠습니다.

"

우리 모두가 미국 주식 투자로
은퇴하는 그날까지
다 함께 파이팅입니다.

"